隆美尔与非洲军

立骏 许昆鹏 著

图书在版编目（CIP）数据

隆美尔与非洲军/立骏,许昆鹏著.—武汉：武汉大学出版社,2009.8
(2015.6 重印)
经典战史回眸·二战系列
ISBN 978-7-307-07185-8

Ⅰ.隆… Ⅱ.①立… ②许… Ⅲ.第二次世界大战战役（1939～
1945）—史料—北非 Ⅳ.E195.2

中国版本图书馆 CIP 数据核字（2009）第 120540 号

本书原由知兵堂文化传媒有限公司以繁体字出版。经由知兵堂文化
传媒有限公司授权本社在中国大陆地区出版并发行简体字版。

责任编辑:王军风 责任校对:刘 欣 版式设计:马 佳

出版发行:武汉大学出版社 （430072 武昌 珞珈山）
（电子邮件：cbs22@whu.edu.cn 网址：www.wdp.com.cn）
印刷:武汉中科兴业印务有限公司
开本：720×1000 1/16 印张:16.5 字数:279 千字 插页:17
版次:2009 年 8 月第 1 版 2015 年 6 月第 2 次印刷
ISBN 978-7-307-07185-8/E·22 定价:42.00 元

■第3侦察营是第一批抵达的黎波里非洲军作战单位，同时到达的还有第39战防炮营，时间是1941年2月14日。随后非洲军的其余部队陆续开进非洲大陆。

■着魏玛标准灰色涂装的Ⅲ号战车，主炮是42倍口径炮管的50公厘战车炮。战车前面是两名尉官和一名校官。

■一队战车兵，注意他们的骑兵装束。其中不少是党卫军外籍军团（NCO）士兵。德国非洲军的到来，一下子使军心士气稳定下来，轴心国北非战局一扫意军溃退的阴霾。

■一名战车兵在两棵小棕榈树下留影。这样繁盛的鲜花并非处处可见，棕榈树常常成为安营扎寨的庇护所。

■一个装甲兵正悠闲地坐在编号为"521"的Ⅲ号战车上，膝上的军帽并不适合沙漠作战，倒是右侧的钢盔较为普遍，钢盔的涂装和战车一致，适合沙漠隐蔽的要求。装甲兵军靴没有沙漠作战步兵所穿军靴的鞋钉，以避免划伤战车涂装。

■卡车里两名士兵收到了邮寄包裹，食品难得绿色和新鲜了，不过能够小小地享受一下美食，其欣喜之状如图。

■一队仍逗留在意大利那不勒斯的非洲军士兵，正在感受古罗马的气息。远景维苏威火山是意大利西南部的一座活火山（也是欧洲大陆唯一的活火山），位于意大利南部那不勒斯湾东海岸。

■容克52是德军最重要的运输机，由于在的黎波里至托布鲁克一线没有良好的港口，无法对非洲军团进行海上补给，容克52尤其性命攸关。紧急时刻，甚至连燃油都需要容克输送。起先从意大利的西西里岛的供给基地，后来从雅典、克里特岛等地向前线提供包括邮件、食物的大量急需的后勤物资。旁边的吉普车上覆盖一幅国旗，以免遭到己方飞机误炸。

■一股装甲步兵正在小憩。远处着黄色卡其布服装的是空军防空高炮部队人员。

■一个车队正奔赴前线，不远处是一座城镇，在北非，城镇寥若星辰。

■班加西厄尔库夫河床（El Kuff），这条道路延伸至沙漠，离开城镇，极度缺水的沙漠中后勤保障至关重要。后来很多士兵在严酷的沙漠气候中因为缺水干渴致死。

■怡人的德尔讷小城很受德军官兵欢迎，因为它有充足的优质饮用水和洁净的天空。这在浩瀚的沙漠中是找不到的。

■在卡普措堡附近，一个车队行驶在穿越埃及和利比亚边境的公路上。

■哈尔法亚隘口后面的萨卢姆，这里是沿岸公路必经之地，因此哈尔法亚隘口数次成为双发争夺焦点。

■在车队缓慢地爬坡或者下坡时，往往成为敌军战斗机和轰炸机空袭的最佳目标。为此防空部队如影随形地护卫车队。一辆敞篷车旁是石块堆起来的防护墙，以降低遭受射击时的损伤。

■一名正在瞭望执勤的士兵。这是一幅广为流传的宣传照片，背景是典型的北非荒漠。

■一挺车载20公厘防空机枪正实施对空警戒。

■一名战地宪兵在哈尔法亚隘口指引方向。

■一座被炮火炸毁的清真寺，萨卢姆附近。

■通往马特鲁的街道。画面中的区域及其周边在1942年6月28日，在经过英军艰苦的防守作战之后，最终被德军夺去，同时6000名英军成为战俘。

■背景是西迪艾比德埃尔拉哈曼的一座白色清真寺，德军攻击到这个地方，受制于后勤补给的匮乏，几成强弩之末，这里往南数英里，就是空战王牌非洲之星马瑟里的阵亡之地。当时马瑟里的Me109引擎故障，由于高度不够，尽管他成功弹跳，还是当场坠地身亡。

■德军空军防空部队88mm炮战斗小组，载运88炮的是半履带装甲车。北非战场上隆美尔创造性地使用88防空炮对付战车，在整个战役过程中起了至关重要的作用。对于闪击战术娴熟的德军而言，运用火炮的效率也是早期盟军无法相提并论的。

■88mm炮炮手正在擦拭炮弹，准备发射。为了安全起见，炮弹的引信在发射前才会安装。88mm炮成为非洲军最有效的战防武器。

■88mm炮夜间射击情景。

■一架英军的飞机被击落，残骸正在燃烧。

■坠毁在地面的英军惠灵顿轰炸机残骸，燃烧后只剩下金属骨架。

■战斗人员正在调整75mm战防炮位置。注意他们五花八门的制服，从米黄色到橄榄绿都有。

■炮手正在观测敌人目标，一旁的战友计算着弹道和所需弹药量。

■一门210mm口径的大炮正在开火，炮手和装填手们都捂上耳朵，避开巨响带来的伤害。210mm口径大炮是非洲军的最大口径火炮了。

■装填手把还在冒烟的炮弹壳取出，手上戴着隔热手套。帽子上的炮兵标记清晰可见。

■刚刚发射完炮弹的210mm大炮。

■两名德军在一个伞兵坑小憩。在沙漠中，他们无法挖掘工事，只好用沙袋遮挡一下。

■两个士兵在英军阵地上找到淡水，在装满他们的20升水罐之后，开始用意大利酒瓶分装剩下的水。在阿拉曼会战中，每滴水都很宝贵。困难的时候，每人每天只配有1升淡水，严酷的沙漠中这点水简直是杯水车薪。

■非洲军的后勤供给难题不仅仅是弹药和燃料，淡水和食品供应同样是个棘手的问题。大本营一直把东线作为主要战场，非洲军始终艰难度日。很多食物在北非很快腐败变质，德军被迫以黑面包以及干豆取代欧洲人习惯的马铃薯以及白面包，黄油在热带气候中太容易挥发，因此也以橄榄油取代，此外还有咖啡、食油、果酱以及肉罐头，但是食品多数索然无味，加之缺乏新鲜水果和蔬菜，德军不少士兵出现败血症。隆美尔生活俭朴，与士兵同甘共苦，但是他也患上严重的胃病。

■连队的裁缝忙里偷闲伏在缝纫机上写家书。

■停车查看地图，确定方位。

■德军的精神生活并不单调，从祖国寄来的画报在德军中广为传阅。惊人的战斗力也许部分来自丰富的精神世界。

■非洲军与贝都因人在一起。尽管有语言障碍，德军仍然与贝都因人和谐相处，常常也和他们做些商品交易。

■得知阿拉曼面临得到大大加强的英军新一轮攻势的严峻局面，隆美尔匆匆结束休假，于1942年10月25日返回北非前线。战事吃紧，隆美尔马不停蹄地向一线指挥官询问战况。

■撤退中的侦察营一部，殿后的掩护部队努力将英军保持在一定距离之外。

■撤退的车队。尽管希特勒和墨索里尼都一再来电要他坚守阿拉曼阵地，但是隆美尔经过和凯塞林元帅通气后决定保全部队，违抗命令实施撤退。

■这是一辆重达18吨的半履带车，因为引擎故障而丢弃，为防止英军利用，索性把它烧毁。

■一架Me109飞机在迫降时着陆轮毁损，没有时间修理了，为防止英军利用，索性也炸毁了事。

■阿拉伯居民对德军很友好，德军用糖、茶和其他物品，从这些阿拉伯人手中换来鸡蛋等。

■孩子们对初来乍到的外国人和军用车辆感到好奇。

■第164轻装师师长列别斯坦将军在指挥车上。

■从利比亚沙漠长途跋涉撤出后，德军终于可以喘口气了。在山坳里扎个小帐蓬，放松一下，写一封家书报平安。

■撤到突尼斯的山区，气候和食物都是利比亚沙漠无法比拟的，帐篷也很好地掩映在丛林中。

■在仙人掌形成的篱笆后面，宣传连的士兵设置好了帐篷，周围是一棵棵开着鲜花的树，令人产生和平的幻觉。

■一名正在取水的德军，回避正面形象大概是因为着装不够帅气。突尼斯的生活肯定是舒适无比了，然而这些恬静的日子很快就将结束，多数德军要在战俘营待上几年。

■为防范空袭，这个帐篷搭在地面以下，为了隔热，覆盖了2层隔开一些空间的帐篷帆布。

■一辆行驶在蜿蜒的公路上的德军车辆遭盟军空袭击毁。一旁的车队小心地通过仍在冒烟的车辆残骸一边。车队上白色标记表明这是空军元帅赫尔曼－戈林的伞兵师部队。

■一名通讯兵驾驶摩托车飞驰在意大利的公路上，非洲军幸存部队一路从北非撤到意大利的西西里，更严重的溃败还在后面等待他们。

序

1940年6月，当德国在欧洲大陆上节节胜利时，意大利也对英、法宣战，墨索里尼自知无法在欧洲大陆分到多少残羹，便把目光投到了英国力量空虚的非洲。意大利在北非、东非共有2个集团军，总兵力约50万，而英国在非洲的总兵力仅有5万。

7月初，意军在东非首先发起进攻，起初意军进展很顺利。但从11月英军在得到增援后开始兵分两路实施反击，至1941年5月，东非意军投降，英军不得已抽调部队增援北非战场。

北部非洲位于撒哈拉大沙漠与地中海之间，历来便是兵家必争之地，1869年苏伊士运河开通后，这个地区的战略地位就更加重要，对英国来说，控制了北非，就能保住通往亚洲殖民地的生命线，也就能保住在中东的石油供应基地。而亚非两大洲之间的红海航线当时是美国与英国之间的重要通道。因此北非也就自然成为了非洲战场的主战场。

1940年9月，意军从利比亚东部席兰尼加（Cyrenaica）向埃及英军发起进攻，企图夺取英军重要的海军基地亚历山大港和苏伊士运河。12月英军加强了其在埃及的力量后，以第7装甲师和第4英印步兵师为主力发动反攻，一举收复了先期放弃的失地，再乘胜推进，攻入利比亚，先后于1941年1月、2月攻占了席兰尼加的重要港口托布鲁克（Tobruk）和班加西（Benghazi）。

意军在北非的表现简直可以说是一溃千里，在短短两个月里，英军推进超过800公里，意军9个师被歼灭，被俘达13.3万人，而英军的损失仅仅是475人阵亡、1373人受伤和55人失踪。此时，意大利在北非战场的形势可以说是岌岌可危。

为了挽救意大利在非洲的危局，纳粹德国决定伸出援手。1941年2月，日后被人们谈论最多的二战德国将军——埃尔温·隆美尔（Erwin Rommel），此时刚刚因为率领绰号"魔鬼之师"的德国陆军第7装甲师横扫法国而被晋升为陆军中将，被希特勒紧急召回柏林，受命担任德国非洲军（Deutsches Afrika Korps，简称DAK）的军长。非洲军最初由第5轻型装甲师和第15装甲师为核心，加上一些战术后勤辅助支持单位而组成。非洲军的传奇故事就此展开。

目　　录

隆美尔与非洲军

——初战非洲

自波拿巴以来，在英国人民的耳朵里，最令人感到恐惧的敌军将领的名字就属隆美尔了……

—— 戴斯蒙德·杨

注：1.波拿巴即拿破仑·波拿巴。

2.戴斯蒙德·杨（Desmond Young，英国第8集团军旅长，在加扎拉一战中成为德国非洲军的战俘，隆美尔的第一部传记的作者）。

非洲军之前的北部非洲战场

1940年夏，当英法联军在欧洲大陆上丢盔卸甲的同时，自诩为古罗马帝国的后裔、"恺撒"再世的意大利法西斯党魁墨索里尼目睹德军在西欧的攻城略地，以及英国

当时在非洲殖民地军事力量的空虚，也开始按捺不住了。6月10日，几乎与法国宣布投降同时，意大利宣布站在德国一边参战。墨索里尼随即从北非利比亚和意属东非派遣军队，入侵英国控制下的埃及和东非，企图实现把地中海变为意大利内湖的梦想，重建新

罗马帝国的荣光。

作为争斗的一个部分，北部非洲位于撒哈拉大沙漠与地中海之间，面积极其广袤。这个地区自古便是兵家必争之地，著名的罗马帝国和迦太基之间长达百余年的"布匿战争"（Punic Wars，罗马人称迦太基人为"布匿"人）也曾把这里当作战场。1869年，在苏伊士运河开通后，这个地区的战略地位更加重要，列强在该地区的争夺也愈演愈烈。对英国来说，控制北非，就能保住通往亚洲殖民地的生命线，此外，通过亚非两大洲之间红海的运输线当时也是美国"租借"和援助物资的重要通道。而对意大利统治者来说，在法国投降后，只有把英国赶出北非和东非，才能向国内证明参战的意义，实现建立非洲帝国的梦想。

1940年7月初，东非阿比西尼亚（即今埃塞俄比亚）的意军首先向苏丹和肯亚的英军发起进攻。1940年9月，驻北非的意军趁德国正在大规模轰炸英国本土之机，从利比亚东部席兰尼加（Cyrenaica）省的东部向埃及英军发动进攻，企图夺取亚历山大港和苏伊士运河。英军为了维护在地中海、北非的殖民利益和

■ 北非沙漠中的英军装甲巡逻车队。

■ 墨索里尼一副趾高气扬的神态，其身后背景是古罗马竞技场遗址。

苏伊士运河这条生命线，调遣增援部队保卫埃及这一战略要地，与北非意军形成对峙局面并伺机准备转入反攻。

在北非沙漠这样最适合机械化部队行动的地形中，装甲力量的薄弱无疑是意大利军队（虽然墨索里尼号称他拥有"800万把刺刀"）的一个致命弱点。意大利数量不多的所谓"飞雅特"坦克其实只是装备了机枪的薄铁皮装甲车，早已过时了。英国军队只要把重机枪架设在装甲汽车上就能够和意大利坦克相抗衡，甚至轻而易举地把后者击穿。好大喜功的墨索里尼宁可把金钱花在毫无意义的巨型纪念碑和大型阅兵仪式上，也不懂得给意大利军队多采购一些先进装备（意大利糟糕的国际收支状况使得大量先进装备只能优先出口换取外汇）。

意大利的其他武器装备也同样问题多多，数量虽然很充分，但大多是老掉牙的货色，有些甚至是第一次世界大战中从奥匈帝国获得的战利品。如他们在北非一直要大量使用到1942年的149/35型重炮（149mm或5.87英寸是意大利重炮的标准口径，是他们师从奥匈帝国的标准），是阿姆斯特朗公司早在1900年的设计，每发射一次，巨大的后坐力使得大炮要费很大的劲才能回复到原来的位置，代替这种炮的是1934年设计定型的149/40型重炮，虽然这是一种很不错的炮，但直到1940年9月整个北非意军才拥有12门（再加上意大利本土布置的3门，而军方的订单早已下了590门）。

意大利的利比亚总督巴尔博（Maresciallo Italo Balbo，著名的飞行家，具有讽刺意味的是他在开战几天后坐飞机时在托布鲁克上空被1艘老朽的意大利巡洋舰"吉尔季奥"号的高射炮火击落，这样也好，他可以对以后意大利军队的一连串悲惨的失败眼不见心不烦）在1940年6月开战时写给意大利总参谋长巴达格利奥（Badoglio）将军的一封信中，就绝望地认为意大利军队将要经历一场"肉体和钢铁

■ 意大利的149mm重炮，是1900年设计的老掉牙装备。

的战斗"。这种想法其实早已弥漫于色厉内荏的意大利军队上下，因为他们知道自己只能勉强应付对阿比西尼亚土著人的殖民战争，一场使用"欧洲人的武器"的"欧洲人之间的战争"是他们所不能想象的。

在第二次世界大战中，相对较为贫弱的意大利一共组建了超过70个的陆军师，但是其中只有4个师，即第131"人头马"（Centauro）、第132"阿雷特"（Ariete）、第133"利托里奥"（Littorio）和1943年4月最后组建的第135"阿雷特"装甲骑兵师这4个师勉强可以称得上是真正的装甲师，其他如号称装甲师的第136师，其所有的装甲力量充其量只是把几门大炮装在卡车上而已。而且在北非战场上，装备了L3/35轻型坦克（还有少量M11/39中型坦克，意大利的坦克编号L代表轻型，M代表中型）的"阿雷特"装甲师要一直到1941年2月才随德国非洲军全部运到利比亚。

北非英军在阿奇博尔德·珀西瓦尔·韦维尔（Archibald Percival Wavell）将军的指挥下，英国、印度、澳洲和新西兰

■1941年1月21日，澳洲军队占领了意军在利比亚的重要港口——托布鲁克。燃料、垃圾产生的浓烟笼罩了小镇的上空，澳洲士兵在缴获的意军坦克上画上了袋鼠的图案。

共计9个师于1940年12月开始向意军发起反攻，英联邦军队以澳洲第6师为主力，一路所向披靡地从埃及向利比亚推进。数量庞大的意大利军队，训练不足、武器装备也不充分、战斗意志更为薄弱，一交手就接连败北，成千上万地被俘，大量物资丧失，一溃上千公里，而英军自身伤亡甚少，墨索里尼只能在广播中自欺欺人地宣称进攻意大利军队的盟军有"25万澳洲野人和1000架飞机"来为自己遮羞。

1941年元旦，英国第7装甲师切断了利比亚、埃及边境重镇巴迪亚（Bardia）以西

的公路，澳洲第6师——刚刚转归新组建的英第13军，是第13军仅有的2个师之一。于1月3日向巴迪亚发起进攻，4天后攻陷该地，装备了100门大炮的英军居然一下子缴获了400多门大炮，己方的伤亡也只有456人。同一天，第7装甲师继续挥戈西进，再次故伎重施，包围了意大利在利比亚的重镇托布鲁克（Tobruk）。1月21日，澳洲人攻克托布鲁克，俘虏了30000名意军，自身伤亡仅仅400人（49人阵亡），拥有120辆坦克和76门大炮的意军竟然如此不堪一击。事实上，意大利人已经对凶狠的澳洲第6师产生了严重的心理畏惧，他们惊恐地发现澳洲士兵使用0.55英寸口径的反坦克枪把他们建在岩石中的机枪巢和机枪手统统撕成碎片，这种霸王打法是他们闻所未闻的。雪崩还在继续，在紧接着的贝达弗姆（Beda Fomm）之战中，意军25000人、100辆坦克和216门大炮成为英军的战利品，席兰尼加省的首府、又一个重镇班加西（Banghazi）也终告失陷。

意大利陆军在这次北非战役中的表现实在是丢人现眼（对此唯一合理的解释是绝大多数中下级军官和士兵对这场战争毫无兴趣，意大利不像德国，其国内对于是否参战并没有形成上下一致的意见），短短的时间内，总计133000人被俘，损失400辆坦克，在这过程中仅仅给兵力一直没有超过2个师、空中支持也极为有限的英军造成500人阵亡、1373人受伤和55人失踪的损失。从英军发起反击后，仅仅10个星期的时间，英军突进超过500英里，意大利非洲陆军的脊梁

■ 北非战场上成群的意大利俘虏，甚至不需要英军押送，快乐地走进战俘营。

英国第7装甲师在和意大利人作战时的编制

英国陆军第7装甲师（1940年）
　第4装甲旅
　　第7轻骑兵团
　　第6皇家坦克团
　第7装甲旅
　　第1皇家坦克团
　　第8轻骑兵团
　师直属部队
　　第11轻骑兵团
　　第3皇家马拉炮兵团
　师支持部队
　　第4皇家马拉炮兵团
　　第1国王亲卫来复枪团
　　第2来复枪旅

被基本打断，法西斯意大利在北非战场的形势岌岌可危。

在这次横扫意大利人的战役中立下汗马功劳的英国第7装甲师是1939年英国第一批成立的2个装甲师中的1个（另一个是在英国本土成立的第1装甲师），它的前身是埃及机动部队（由包括3个轻骑兵团的开罗骑兵旅和第1皇家坦克团组成），是由德国"闪电战之父"古德里安的英国"导师"——帕西·霍伯特（Percy Hobart）将军（德军坦克部队二战前每一次军事演习后军官们都要以"为霍伯特干杯"来表达对这位坦克战理论先驱者的景仰之情，而著名

军事评论家李德·哈特（Liddell Hart）曾用"他是为数不多的几位真正能称得上军事天才的将领"这样的话语来评价霍伯特的军事造诣）一手调教出来。

这个师的第一任师长是克雷格（Michael O'Moore Creagh）将军，他的妻子别出心裁地用开罗动物园里的一只跳鼠的形象作为该师的徽章，被该师官兵欣然接受。这个师使用这个徽章参加了北非绝大多数战役，其出色的战绩为他们赢得了"沙漠之鼠"的绰号，英国西非沙漠部队司令奥康纳（Richard O'Connor）中将曾连连称赞第7装甲师是他"曾经见过的最训练有素的部队"，该师以后登陆意大利和诺曼底，攻进布鲁塞尔、跨越莱茵河，一直打到北德重镇汉堡，最后光荣地作为英国占领军到达第

■ 1940年7月，丘吉尔在将领的陪同下，视察英军防线。

三帝国的心脏——柏林。

就这样，一年多下来，意大利非但没有达到开战的目的，反而将自己几乎弄到面临崩溃的境地，拥有多达50万兵力的意大利非洲兵团，却在南北两个战场上被区区数万英军打得狼狈逃窜，直至丢掉了包括埃塞俄比亚和利比亚东部在内的广大地域，意大利一百多年的殖民心血亦付之东流，外强中干的意大利军队成为世人的一个笑柄（在以后的希腊战役中，极端蔑视意大利军队的希腊军队在考弗甚至拒绝向对阵的意大利伞兵投降，坚持要到德国军队到达后才肯交出武器）。

就在韦维尔即将在北非西部沙漠的决战中取得全胜、意大利人即将被赶出北非的时候，德国军队进入巴尔干半岛（这也要

归功于意大利人惹出的麻烦），南斯拉夫沦陷，希腊告急。在英国首相丘吉尔的要求下，韦维尔将北非英军主力尽数调到希腊，参加了希腊和随后的克里特（Crete）岛战役，许多精锐部队和装备都葬送在那里，在利比亚的意大利人由此暂时逃过了一劫，北非战场从这时开始也就不在英国人的轨道上运行了。

"隆美尔，不论到哪儿都要走在最前面"

除了德国海军总司令雷德尔（Raeder）海军元帅曾极力建议从地中海方向打击英帝国以外，在希特勒和纳粹德国高层的战略计划中，北非原来是暂时排不上

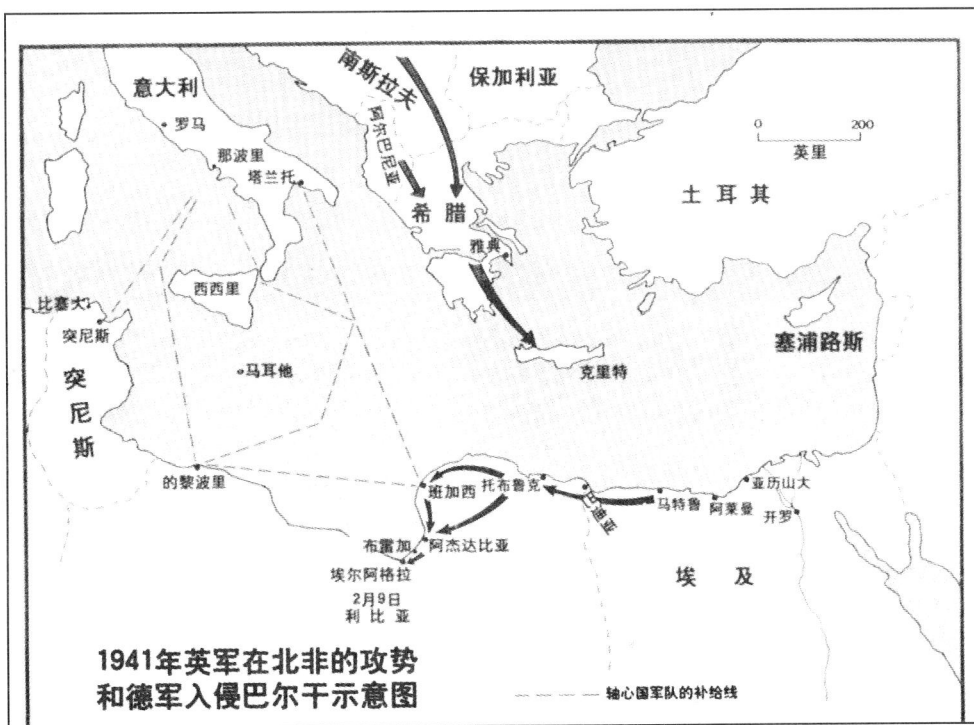

1941年英军在北非的攻势
和德军入侵巴尔干示意图

队的。但是从战略、政治和心理上，希特勒都不能容忍盟友意大利的一败涂地，德国决定派出非洲军帮助墨索里尼"稳住"战线（作为代价之一，意大利要派出百万劳工为德国工作），一代名将隆美尔由此被希特勒挑选担任了非洲军的指挥官。

1934年，一部德国彩色电影记录下了阿道夫·希特勒在德国中部哈兹山区戈斯拉（Goslar）检阅一支部队（即隆美尔当时指挥的德军第17步兵团第3营，这个山地猎兵营几乎都是由职业或业余的滑雪运动员组成）的情景，当时在希特勒身旁笔挺地站着一位头戴尖顶钢盔、脚穿一双擦得晶亮的马靴的矮小、看上去有些瘦弱但却目光坚毅、果敢的少校军官，站在他身旁，身材平常的希特勒显得特别高大，这个军官就是日后二战中被人们谈论得最多的德国将领——埃尔温·隆美尔（Erwin Rommel），这也是这位传奇人物和希特勒的第一次偶然相遇，或许就在这次相遇中，希特勒和纳粹党的宣传喉舌戈培尔博士发现了隆美尔这个平民出身的军事天才，他也就此开始了作为一位伟大的战术家的生涯。

1941年1月，刚刚率领"魔鬼之师"（德军第7装甲师）横扫法兰西的隆美尔被提升为陆军中将，并在2月被召回柏林担任刚组建的德国非洲军（Deutsches Afrika Korps，DAK）的司令（这个名称是由希特勒亲自决定的）。非洲军最初由2个师组成，即第5轻型装甲师和第15装甲师，此外还有一些零星的战术后勤辅助单位，他们的使命

■ 德国非洲军的标志。

就是支持已经从1940年起在北非和英联邦军队战斗的那个不争气的意大利盟友。

在此之前，鉴于地中海上意大利和利比亚之间正常航道上英国马耳他海空军基地的存在和巨大威胁。希特勒在1940年12月已经命令德国空军第10航空队（拥有近200架飞机）从挪威移驻意大利西西里岛，准备压制马耳他和地中海地区的英国皇家海空军，为非洲军提供空中掩护和支持。到了1月，第10航空队的Ju87"斯图卡"俯冲轰炸机和Ju88轰炸机已经做好了一切攻击的准备。

意识到意大利海军并不足以和英国皇家海军相抗衡，德国通过地中海向非洲军实施海上后勤补给的能力注定薄弱，德国总参谋部给非洲军的指令是保守和防御性的，但是隆美尔的性格使得德国非洲军以及以后的非洲军团注定要在战争中担当更为重要的角色。

从一开始，德国非洲军就处在一个非常尴尬的环境中，他们的上级只是希望他们在非洲保有一个基地而已，因此给了他们非常有限的支持，而他们的统帅隆美尔则抱有更大的抱负，希望他们承担更大的职责。问

题是，他们刚开始的服装很不适合北非灼热的沙漠环境；在这个寸草不生的地方，他们带来的却是烧木材的行军炉；他们的口粮也根本不适合热带沙漠地区的营养要求，最后连隆美尔本人的身体都搞坏了。在这个他们一点也不熟悉的环境里，他们唯一的优势也许就是他们自己和他们的统帅。

"他知道怎样激励部下，就像迪特尔站在纳尔维克（挪威港口名，世界上最北端的不冻港口，德国将军迪特尔指挥德国水兵和山地步兵在德国海军失利的情况下最终依靠顽强的精神迫使英国军队知难而退，夺取了这个港口）一样。这对于一位必须在特别艰苦的气候条件下——诸如北非或者北极这样的环境里作战的指挥官来说，是绝对必要的。"希特勒后来对一位意大利外交官谈起

当初他挑选隆美尔任非洲军指挥官的初衷时，是这样说的。更何况，有些英国在北非的官兵来北非之前，在脑海深处已经深深记住了这个狂热的德国装甲师师长。在法国瑟堡（Cherbourg），正是他驱使着"魔鬼之师"的坦克群，差一点就把此地的英国远征军全都俘虏，那种在海边焦虑地等待着救援船只，心里不断祈祷德国坦克慢一点到来的恐惧心情至今仍在英军的脑海中挥之不去。

1941年2月12日，隆美尔受命抵达利比亚首府的黎波里（Tripoli）的卡斯特尔·本尼托机场，这是他第一次踏上非洲的土地。2月14日，隆美尔的先头部队——第5轻型装甲师部分人员和大约60吨军事装备也通过海陆两条路线到达的黎波里，这支先头部队主要包括第3侦搜营和第39反坦克营。第5轻型

■ 德国的Ju52飞机正在的黎波里机场降落，运来非洲军的人员和装备。

■ 初抵北非的隆美尔踌躇满志，可是这只"沙漠之狐"最终败给了蒙哥马利。

装甲师的主力第5装甲团（拥有120辆各式坦克）要到3月11日才能全部到达，将与他们同时到达的还有意大利"阿雷特"装甲师的主力。由于运输工具的匮乏和护卫力量的不足，第15装甲师则计划要到5月份才能完全到达。

的黎波里是意大利非洲帝国最闪亮的明珠，意大利人的辛勤努力使得它有着非常漂亮的街道和建筑，但是那些在运兵船上好奇地观看热带风景的德国士兵们并不知道，他们即将朝夕相处的生活环境是迥然不同的。

第5轻型装甲师是在1个月前刚刚以精锐的德军第3装甲师的部分军官和几个完

整的小单位作为骨干，补充后备兵员后在德国本土组建的。其首任师长是冯克将军（Hans Freiherr von Funck），先期到达非洲的冯克将军由于受意大利人的失败主义情绪影响太大，被希特勒认为不适合非洲军的指挥职责。2月7日，改由49岁的施特莱彻（Johannes Streich）任师长，同年8月，又在北非的胜利中被改编成第21装甲师。

至于意大利"阿雷特"装甲师，它于1939年在意大利米兰由第2装甲旅扩编而成，番号是第132师，由第8摩托化步兵团（3营制）、第32坦克团（3营制）以及第132炮兵团（2营制）组成，其中第32坦克团的坦克第1和第2营在登陆北非前最新装备的是M11/39中型坦克，第3和第5营装备的是M13/40中型坦克，登陆北非时，又加强了第132坦克团（以后完全取代了第32坦克团的编制），第132坦克团的坦克第7、8、9营装备的是M13/40或者M14/41中型坦克。这个师是意大利参战时陆军中唯一装备了最新型中型坦克的装甲部队，也是二战中意大利陆军表现较为出色的一个师，后来在北非战场因其显赫的战斗力和战绩获得了与隆美尔原来指挥过的德国第7装甲师一模一样的"魔鬼之师"的称号。如果不是意大利的坦克装甲、火力都相对薄弱的缘故，相信这个师也能有更大的作为。该师在1942年的阿拉曼战役中遭到盟军歼灭性打击后一蹶不振。

意大利迷你型的M11/39坦克在战斗中很快就显现出它的缺陷，于是，以它的引擎、变速箱和行走装置等为基础，很快发展

装备了M型中型坦克后的意大利装甲师编制简况（1941年）

师部

装甲侦察分队

坦克团（辖3个坦克营，1个防空连，1个救援和维护分队）

摩托化步兵团（2个机械化营，1个机枪营，1个指挥连，1个汽车分队）

装甲炮兵团（2个自行火炮中队，2个野战炮中队，1个重野炮中队，1个高射炮中队）

装甲工兵营

后勤保修分队

　　正常编制下，1个齐装满员的意大利装甲师应该拥有8600人、189辆M型中型坦克、40辆装甲车、20门自行火炮、70辆火炮和1120辆各种车辆，这和德国装甲师的编制还是有一定差距的（东线德军人员最少的第9装甲师也有12768人，还不算装备上的差距）。

出了二战中意大利装备最多的（大约生产了2000辆）、乘员4人的M13/40中型坦克，装备了优秀的47mm坦克炮和4挺机枪，但是重量也才14吨，装甲最厚处也只有40mm（差不多只相当于英军"马蒂尔达"坦克正面装甲的一半）。

　　显然，意军的坦克只适宜担任辅助任务，无法担任主战坦克的职责。二战中意大利坦克的落后与垄断意大利坦克和装甲车辆生产的意大利飞雅特－安萨尔多（Fiat-Ansaldo）公司在战前追求垄断利润、极少向国外购买成熟的生产专利有着直接关系，同时飞雅特－安萨尔多自身又缺乏这个领域的研发能力。整个二战期间，英国试验了26种新坦克设计，最后投产了9种；美国试验了28种，投产了5种；德国试验了13种，投产了4种；意大利则仅仅试验了8种，最后投产了4种。也许我们无法过多指责飞雅特公司的自私，因为德国戴姆勒－奔驰公司在二战中和日本三菱公司以及飞雅特公司谈判有关飞机引擎和坦克设计的专利费时也是毫无商量余地的。

　　当隆美尔在2月12日抵达的黎波里时，

十分担心英军乘胜追击到此地，当时他缺乏人员和装备组建强有力的防线（德军第5装甲团先头部队初抵的黎波里时只有区区10辆III号坦克和3辆IV号坦克，而且极度缺少反坦克武器和地雷）。因此他反其道而行之，把希望寄托在极力显示他的防御力量的强大上来"吓阻"英国人。他后来是这样写道的："我相信如果英国人感觉到阻力，他们很可能会继续向前推进，但是如果他们看出他们将不得不进行一场恶战，他们就会首先停下来筹备军需物资。这样我们就可以赢得时间加强自己的力量，直到我们强大到足以抵抗敌人的进攻。"

　　于是，隆美尔在非洲军一到的黎波里后，就立即组织德军进行了旨在鼓舞人心和震慑敌人的阅兵式，邀请了意大利人和当地居民来一睹横扫欧洲大陆的德国铁军的英姿。诡计多端的隆美尔此时耍了一个小小的花招，他命令参加检阅的坦克在向东驶去之前，要绕着的黎波里的检阅台转上好几圈，被英军打得胆战心惊的意大利军队望着隆美尔那似乎"无穷无尽的"强大的钢铁阵容，再把意大利军队原先多少有些可笑的"飞雅

飞雅特M11/39坦克

乘员：3人

长度：4.74公尺

宽度：2.17公尺

高度：2.25尺

重量：11吨

装甲（最厚处）：30mm

武备：1门37mm坦克炮以及2挺"布雷达"30型8mm机枪

动力："飞雅特"8缸柴油发动机（125马力）

公路行军速度：33公里/小时 最大行程：200公里

■被英军俘获的意大利的M11/39坦克，英军用它来执行辅助任务。

特"3吨坦克和重达20多吨的德军III号和IV号坦克比较一下，在被威武的德军阵容压得端不上气来的同时，心里多少恢复了一些信心。

但是这种欺骗对于敌人一方的效果究竟如何是需要打一个问号的，虽然英国人要到1941年11月才完全破译德国非洲军团所使用的代号为"Chaffinch"的电报密码，但此时英国人至少已经部分破译了德国空军所使用的密码，因而对于非洲军能利用的地中海航线的运输船只数量、航期等相关情报都有所了解。事实上，韦维尔对非洲军1941年二三月间的实力（德军1个加强坦克团及2个意大利师）做出了还算比较准确的判断，由此他认为德意军队在短时间内（当年夏末秋初前）不会主动发动进攻。

作为这种赌博的结果，他把战斗力完整的部队或是调回埃及休整补充，或是调到希腊作战。但是，他不了解隆美尔，不知道隆美尔对于荣誉和胜利的那种渴望，而这种极度的渴望是可以战胜一切物质上的不利条件的。准确的情报并不一定能带来准确的决策，这在战争中是司空见惯的，隆美尔很快就会让他大吃一惊的。

比起英国人来，隆美尔对对手的情况反而要了解得多许多，这要归功于一个当时没有人能够想得到的情报来源——美国驻开罗大使馆武官波纳·菲勒斯（Bonner Fellers）上校。这位上校每天工作的一个重要部分是要把他所了解到的北非英军第13军的实力、装备、位置、动向和士气情况报告给华盛顿，美英两国的特殊关系使他得以在前线随意行动和观察，由此他掌握了较为准确的第一手资料（而且他又是一位出色的观察家）。不幸的是，意大利人早已破译了菲勒斯发送报告所使用的美国外交"黑色密码"（Blackcode），这样隆美尔就能够每天从罗马得到菲勒斯报告的同步副本，在情报战中占了上风。

早在1937年写就的《步兵攻击》一书

■ 隆美尔（右一）在意大利将军陪同下视察轴心国部队。

中，隆美尔就提出在战争中要多运用欺骗和恫吓等手段。老于此道的他此时身体力行，再次暗中施展另一诡计：命令部下用木头和纸板做了几百辆假坦克，让卡车和摩托车在这些"坦克"之间绕来绕去，而真正的坦克却避开英国侦察机，悄悄向东开去。

大吃一惊的并不将只有英国人，还会包括柏林和罗马。希特勒和墨索里尼都认为像阳台一样伸向地中海的（同时又有许多机场）利比亚东部席兰尼加省对于轴心国来说有着重要的作用，占领了席兰尼加，以克里特岛和席兰尼加为基地的德国空军就可以有效地抑制马耳他岛，而从意大利本土到席兰尼加的班加西港更是一条便捷、安全许多的补给输送路线。因此到了3月21日，德军总参谋长弗兰兹·哈尔德（Franz Halder）要求隆美尔首先制订一个重新征服席兰尼加省的作战计划，规定他不得迟于4月20日交出这份计划，以便在第15装甲师到达后发动一次攻势。但是隆美尔却很快让总参谋部的那些官僚们明白在北非指挥的是一个什么样

的军官，在4月11日，离交出作战计划的最后时间还有9天，隆美尔已经依靠手里有限的兵力完全占领了除托布鲁克以外的整个席兰尼加省，兵锋已达利比亚、埃及边界。那么，旋风般的这个变化究竟是如何发生的？

飞抵的黎波里仅几个小时后，隆美尔就登上"亨克尔"式轰炸机，对的黎波里以东的沙漠进行空中侦察。经过观察，他决定首先派出部队向东进行威力挺进以改善自己的防御态势，位于锡尔特（Sirte）湾的埃尔阿格拉（El Agheila）是他认为建立前进基地和防御阵地的良好所在。第5轻型装甲师的部队在施特莱彻指挥下开始向东出发，一路上出乎意料地没有怎么遇到敌人，一直推进到埃尔阿格拉。

韦维尔原来依据自己得到的情报，认为德意军队在的黎波里登陆的速度很慢，而从的黎波里到埃尔阿格拉的距离是471英里，到班加西是646英里，中间唯一的一条公路有超过410英里的路段是极度缺少饮水的。因此他认为德意军队最多只会派出侦察部队对埃尔阿格拉的英军实施威力侦察，没有能力也没有想法立即收复整个席兰尼加。

英军的不作为极大地刺激了隆美尔，在了解到英军布置分散、没有进取心的情况后，他很快决定不待全部力量到达，有多大

兵力打多大的仗。理论上，隆美尔此时要受意大利的加利波尔蒂（Gariboldi）上将的指挥，已经没有多少斗志的加利波尔蒂当然不愿冒险让他尚存的为数不多的部队向着敌人的方向大举前进，但是隆美尔坚持这样做。"鉴于形势的紧张和意军指挥的迟缓"，他说："我已决定尽快将前线指挥权掌握在自己手中。"为了重新鼓起意大利人的斗志和信心，所有的德国军官在和意大利同僚交谈时，都按照隆美尔的指示，用一种斩钉截铁、不容置疑的口气说话（也许和俄

■隆美尔和意大利加利波尔蒂（左侧）将军在的黎波里一起迎接刚刚到达的非洲军，正是在北非这块土地上，这位此时还不出名的隆美尔成就了其军人生涯的巅峰，并以"沙漠之狐"的美称名垂青史，现在英国人还不了解隆美尔对于荣誉和胜利那份强烈的渴望，这种极度的渴望甚至可以使他战胜所有物质条件上的不利，毕竟在战争中准确的情报并不一定能做成准确的决策，所以英国人很快就会因此而大吃苦头。

国人一样，意大利人对他们的德国邻居本来就有一种天然的敬畏）。就这样，在隆美尔的坚持下，2个意大利步兵师和"阿雷特"装甲师也开始向东进发。

2月14日，英军第11轻骑兵团（阿尔伯特亲王亲卫队）的1辆装甲巡逻车在利比亚大沙漠中遭到1架Bf109s在超低空使用机关炮和机枪进行的娴熟大胆的攻击，这架飞机属于德国空军第10航空队，英国人马上意识到，一个完全不同于意大利人的敌人就要出现在这片沙漠上了！

胜利是不是来得太容易了？

应该说，隆美尔和他的非洲军的运气很好，他们到达北非的时候，正值（3月4日）英国发起了对希腊的远征，训练有素、战力强大的英军主力澳洲第6师和新西兰第2师被从北非调走了，换上的是新组建的没有战场经验的澳洲第9师；英国第7装甲师和第13军（由西非沙漠部队改编而成）的军长奥康纳将军也被调回了埃及，他们将在埃及尼罗河三角洲等待新的装备（前期战斗消耗太大，第7装甲师此时全师只剩下12辆堪用的A13巡洋坦克和40辆MK6型"维克斯"轻型坦克）补充，顶替他们驻防在布雷加（Mersa El Brega）一线的是大多用老掉牙的或者是缴获的意大利装甲车装备起来的刚从英国本土调来的英国第2装甲师；雪上加霜的是，大多数英国沙漠空军力量也调去了希腊。

■ 澳洲第9师的战地指挥部。

由于意大利军队的不堪一击，席兰尼加现在再次成了由"少得不能再少的"部队负责维持治安的"守势战区"。名义上，这支部队尚包括澳洲第9师和英国第2装甲师，但这2个师都抽调了部分人马（第2装甲师所属的第1装甲旅被整旅调走，第9师原来的2个旅被调走，代替的是澳洲第7师的2个装备差得多的旅）用于希腊战役，这样所剩的只有1个缺少训练、装备不全的步兵师和1个经验不足、战斗力下降的装甲旅及部分辅助单位，而且极其分散地布置于埃尔阿格拉至布雷加一线，这样，北非英军的西翼便处于非常易受攻击的危险境地。

历史是不能重写的，假如丘吉尔能够将调到希腊的这些英联邦军队迟一些调走，继续向西横扫已经被打得犹如惊弓之鸟的意大利人，那么，意大利人也许会很快被赶出的黎波里塔尼亚（指利比亚西北部地区）以及整个北非，德国非洲军也将失去在北非的

登陆基地，也就不会给隆美尔以表演的机会。在当时意大利人的战斗意志已经相当薄弱的时候，这最后的"扫尾"工作相信既不会需要很多时间，也不大会付出很大代价，北非部队依然能够赶得上参加希腊和克里特岛战役。可惜的是，丘吉尔和韦维尔都没有这样的战略眼光，历史注定要让隆美尔这个名字和这片广阔的不毛之地联系起来。

2月24日，非洲军首次在席兰尼加和英军发生小规模战斗，英军纷纷避战后退，战斗显示出一边倒的趋向。从2月到3月这段时间内，非洲军的后勤保修也非常及时和充分，德意方面想尽一切办法，向的黎波里发出了20万吨各种物资，只有2万吨在途中遭到损失。3月11日，第5轻型装甲师基本全部到达的黎波里，现在非洲军拥有了70辆轻型坦克和8轮装甲车以及80辆III号和IV号坦克。此外，德军还拥有不少优秀的Pak38型50mm反坦克炮和一些可怖的88mm高射炮。但是无论如何，英军的兵力还是比全部实力只有1个装甲团、2个机枪营、2个侦搜营、3个炮兵连和1个高射炮营的隆美尔雄厚许多。

在摸清了当面敌人的真实情况后（英军已经从埃尔阿格拉第一线纷纷撤退），再加上非洲军自身的无线电侦听工作表明当面

III号坦克

III号坦克是德军预定装甲师的核心坦克，1935年在I号坦克开始生产后即下达了开发命令，其性能要求为总重量15吨，最高时速40公里/小时。除了主炮及同轴机枪外，另需装配旋转式机枪，乘员5名（车长、驾驶员、无线电话务员、炮手及装填手）。但在主炮的选择上武器局限于现实的考虑，要求安装37mm炮，而装甲兵将领却坚持要求安装50mm炮，最后以设计安装37mm炮而预留50mm炮空间的方式解决，而此结论对III号坦克未来的发展产生了极大的影响。

在1937年开始生产了A、B、C、D共4个型号，不过都属于测试型，直到1938年年底才开始生产量产型的E型，至波兰战役打响时只生产了98辆。此后直到1940年5月法国战役前夕，III号F型坦克开始大量装备装甲师，而法国战役中37mm的主炮已难以洞穿英法联军的坦克，所以预留设计空间的50mm主炮，就成为东线战场的主力。初期是短炮管的50mm炮，到1941年底III号J型安装的长炮管50mm炮开始登场，并且装甲厚度增加到50mm（原为30mm或37mm），使得该车重量由16吨增为21.50吨，III号J型遂成为此型的极限版，而且超过2600的生产量亦冠于其他型号。而后的L、M、N型均只是局部的改良。但是III号坦克毕竟在火力与装甲防护力等方面仍逊于苏联的T-34及美国M-4等中型坦克，所以到了V号"黑豹"坦克开始生产后而逐渐减少，并在1943年8月停产。

北非战场初期的非洲军所配置的III号坦克主要是G型及H型，为了配合沙漠地形及气候，除了涂装外，还改良了冷却系统及空气滤清器，并首先在非洲军的炮塔后加装了人员用的置物箱以利于长时间的作战。

■德国III号坦克G型。

■德国III号坦克长炮管J型。

III号坦克G型参数：
全长：5.41公尺
全宽：2.95公尺
车高：2.50公尺
最大重量：20.3吨
武装：50mm42倍口径火炮1门，7.92mm MG机枪2挺
装甲厚度：10－50mm 引擎：MaybachHL120TRM（300匹马力）
最高速度：公路40公里/小时
续行距离：公路155公里
乘员：5名

英军对德军的进攻极其恐惧，已经陷入一片混乱之中。隆美尔不由得雄心大起，在回柏林接受了一枚橡叶骑士十字勋章后，他和施特莱彻不顾上级要他等待5月底2个装甲师完全运到后才进攻的命令，决定在3月底以1个德国轻装师和2个意大利师全面突袭席兰尼

英军马蒂尔达II型（A12）坦克和德国非洲军装备的III号坦克主要指标比较					
型号	武器	装甲	重量	动力	速度
马蒂尔达II型	1门40mm2磅炮，1挺7.92mm机枪	30－78mm	27－30吨	174马力	25公里/小时
PzKpfw III号	1门50mm坦克炮，2挺7.92mm机枪	30－70mm	22吨	320马力	40公里/小时

加。为了虚张声势，他将德国的福斯牌汽车在战场上伪装成坦克，还以卡车扬起漫天尘埃来掩盖缺乏坦克的真相，这以后将成为他在北非屡试不爽的手段。

3月31日，非洲军以第5装甲团为主力对布雷加的英军发动了一次成功的进攻。当天下午，第3侦搜营的初次试探性进攻归于失败，随即第8机枪营在发出令英军胆寒的啸声的德国空军"斯图卡"俯冲轰炸机的支持下不停顿地再次发动进攻，于当天黄昏时候彻底粉碎了布雷加英军的抵抗，占领了布雷加。

在丧失斗志的第2装甲师师长错误的撤退命令下，英军全线溃退，从意军手中夺取的军事重镇又一个个地丢给了德军。从这一天起，隆美尔或是坐在他的"斯托奇"轻型飞机里，或是坐着他的Sdkfz 251半履带装甲指挥车，甚至有时步行，指挥着德意混合部队给了英军狠狠一击。

4月1日，在隆美尔的亲自督率下，第5轻型装甲师所属的第5装甲团、第8机枪营和第3侦搜营以及支持的反坦克和炮兵分队从布雷加沿着海岸公路向阿杰达比亚（Agedabia）继续前进。第2机枪营和1个反坦克分队则从南面迂回攻击，但是这一路部队在路上迷了路，未能取得大的战果。

德军明显地在许多方面胜过英军，其一是非洲军有着丰富的战场经验，在需要高度的机动灵活性的北非战场上，一周的实战经验显然要胜过半年的演习训练；其二，德军的装备也较英军胜过许多，IV号坦克（世界上第一种装有无线电的坦克）在战场上占有明显优势，这种优势主要来自德国坦克的机动性和火力，有5名乘员的德国III号坦克可以一口气跑上110英里，同时它配备的由德国埃森军工厂生产的50mm炮能够把高爆炮弹和穿甲弹打到一英里的远方，直到阿拉曼战役时英国人得到了美制"谢尔曼"（Sherman）式坦克，德国人才不再拥有这种优势。而德国的"秘密武器"88mm高炮更是英军的梦魇。再次，非洲军相对比较集中，情报准确，指挥泼辣果断，而对应的英军则布置分散，情报不准，战场指挥也是优柔寡断。

如果说德国的武器要比英国的来得精良，英国人也许可以用他们作为民主国家，在遭受了经济危机的两次大战之间的年代里被迫削减军事开支来作为辩解，但是许多其他附属设备和装备，德国制造的依然胜过英国许多。举个例子来说，英国沙漠远程侦搜分队就为他们的质量低劣的小小的汽车油箱而烦恼不已（在长途跋涉中有时漏掉的油要比用掉的还要多），非常羡慕德国的同类却可靠得多的产品。

隆美尔与非洲军

以一部电影里的卡通鸭子的名字命名的英国"马蒂尔达"（Matilda）坦克原先的设计思想是要对步兵的进攻提供支持，要求要"和步兵跑得一样快"，所以被称为"步兵坦克"。英军第1集团军坦克旅使用"马蒂尔达"I型（乘员2人，9.9吨，装备机枪）和II型坦克参加了法国战役，在敦刻尔克大撤退后，剩余的不堪实战的I型主要用于训练，乘员4人的"马蒂尔达"II型开始全面担任作战任务。"马蒂尔达"坦克是英军唯一一种一直使用到战争结束的坦克，它装甲厚实，但是速度缓慢、火力薄弱，而且由于炮塔过小，也无法换装更为强大的坦克炮。隆美尔对"马蒂尔达"坦克还是比较熟悉的，因为使用I型和II型"马蒂尔达"坦克的英军第1集团军坦克旅在法国阿拉斯（Arras）战役中的对手就是隆美尔以前指挥的第7装甲师。

德军方面，早期的III号坦克装备的是37mm坦克炮，而后期（从E型起）装备的是威力大了许多的50mm炮，而且非洲军的III号坦克许多装的是长身管的50mm炮。至于IV号上的75mm坦克炮的威力，就更是令所有现役的英国坦克望尘莫及。

此外，隆美尔初抵北非，就已经显示出这个战场是最适合他的地方，沙漠作战中，前后方的区别被极大地缩小了，对指挥员和部队的机动灵活性则要求很高（有点类似海上作战），而这正是隆美尔和非洲军的长处。英军一方对于条令和命令的执行就较为死板，缺乏机断处理的能力。

4月2日，第5轻型装甲师的其余部分、意大利的"阿雷特"装甲师和"布雷西亚"（Brescia）步兵师也开始进攻，英军在德

德国88mm高射炮

88mm高射炮可说是二战德军最具杀伤力的火炮之一，由于其多功能的使用及性能的优异，也使得88mm炮成为德军的传奇性武器，高射炮改为平射炮虽不是非洲军所发明的，但在法国战役碰到英法等重装甲坦克，当时第7装甲师师长隆美尔就大量使用88mm炮重创联军坦克，使得隆美尔深谙88mm炮反坦克的技术运用，而非洲军自然大幅度地使用88mm炮作为对付联军坦克的重要武器，尤其在非洲的宽广地形，加上伪装及海市蜃楼效应，88mm炮自然在非洲战场上声名鹊起，甚至到后期发展的"虎式"坦克都是以88mm炮为基础建造的。非洲军初期仅配置了12门88mm炮，但却发挥了极大的效用。

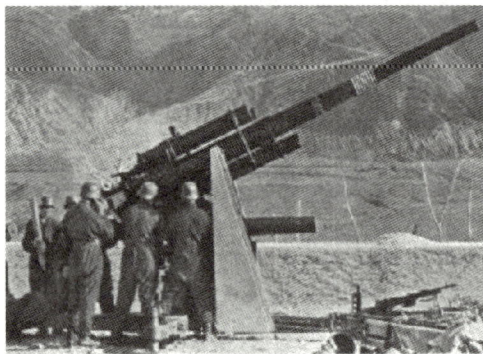

■德国88mm高射炮。

基本战术技术性能：

口径：88mm	射速：15－20发/分
战斗全重：5.5吨	垂直最大射程：10350公尺
俯仰角：-3°－85°	水平最大射程：14500公尺
方向角：360°	战斗编组人员：9人

■英军第7坦克连的"马蒂尔达"II型（A12）坦克上，意大利国旗被当作战利品悬挂着。

■德军驾驶1辆缴获的"马蒂尔达"坦克，前面是1辆德军的轻型II号坦克。

■隆美尔在沙漠中的标准形象，帽子上挂的就是那副著名的战利品风镜。

军猛烈的攻势下撤出了阿杰达比亚。

到4月3日英军已处在全面溃退的境地，他们的撤退是如此狼狈，以致大量在前线堆存的汽油和其他补给品被仓皇丢弃，这就大大减轻了德意军队的后勤负担。4月4日澳洲第9师第13团第2营在班加西以东与第5装甲团稍稍接触便溃退了下来，德军攻克席兰尼加省的首府班加西。2天以后，英军的战场最高指挥官第13军军长尼姆（Philip Neame）将军（继任）和赶到前线帮助指挥战斗的奥康纳将军双双在坐车逃跑的路上，在德尔纳（Derna）附近被德军第8机枪营的1个执行巡逻任务的摩托车分队俘虏，和他们一起被俘的还有前第11轻骑兵团的团长、刚刚升任准将的约翰·康贝（John Combe）。

4月8日早晨，第2装甲师的残部（主要是第3英印摩托化旅，约11700人）在进行了最后一场绝望的突围以后，由师长帕里（Gambier Parry）将军带领在迈基利（Mechili）投降，德军缴获了大量的武器和粮食，施特莱彻慷慨地让隆美尔在战利品里面挑选了两件东西，一是他日后的指挥车——1辆庞大的英国"多切斯特"装甲汽

019

车"猛犸",二是他以后为人们所熟悉的形象的一个重要组成部分——那副英军压克力风镜。

一个月以后,英国第2装甲师这个番号被永久地从英国军队的序列中取消了,而席兰尼加的英军高级指挥官至此也已基本上被隆美尔一网打尽了,尤其需要指出的是,这些指挥官都是当时英军中数得出的装甲部队专家,这就不能不对英军以后的作战造成不利影响。以后,英军曾提出用被俘的6名意大利将军和德国人交换他们最好的装甲部队指挥官奥康纳,但被德国人断然拒绝。在这次席兰尼加反击战中,隆美尔的"拳头"力量实际上一直只有区区大约50辆III号及IV号坦克,再加上德国空军第10航空队的倾力支持,由于英军错误地判断隆美尔会执行柏林和罗马进行防守的命令,力量分散的英军第13军猝不及防之下,被德军各个击破,根本未能形成有效的抗击。

4月11日,刚刚组建不久、训练很不充分的澳洲第9师和部分英军炮兵总算沿着海岸公路逃出了非洲军的合围,但也只能退入托布鲁克,形势岌岌可危,幸亏澳洲第7师的1个旅(步兵第18旅)已经从海路乘着英国军舰到达托布鲁克,才使他们得到了接应。德军的下一个目标旋即指向位于利比亚、埃及边界附近的重镇托布鲁克。

德国装甲部队的威力再加上沙漠地形的特点,还有隆美尔自身的大胆果断的指挥,使得隆美尔在短短12天内从埃尔阿格拉跃进450英里,一路打到托布鲁克,让柏

林、罗马和伦敦都大吃一惊。

隆美尔刮起的旋风还在继续,4月12日,德军攻克巴迪亚,把1门缴获的被称为"巴迪亚账单"(Bardia Bill)的意大利8英寸口径的要塞巨炮(小家子气的意大利人曾在利比亚和埃及边境广造堡垒、部署要塞重炮以防止英国佬对利比亚的可能的野心)调过头来对准托布鲁克的守军和进港的船队进行炮击。4月13日,埃及西部边境上第一个城市萨卢姆(Sollum)陷落。4月14日,卡普措堡(Capuzzo)陷落。隆美尔非洲军的铁蹄已经踏上了埃及的土地。在他们身后,只有托布鲁克还孤零零地落在那里,等待他们的收拾。在这次席兰尼加反击战中,德意联军伤亡仅仅1300人,士气(尤其是初尝胜利滋味的意大利人)高涨,对隆美尔的领导才能钦佩备至。士兵们的这句话最能表达他们对隆美尔的崇敬之情,"向左看,什么也没有;向右看,什么也没有;向前看,隆美尔。"

只是,胜利是不是来得太容易,也太快了?

一打托布鲁克

当时人口只有4000多的托布鲁克位于班加西以东,距埃及边境仅100多公里,是从埃及到突尼西亚之间最优良的一个港口,哪一方控制了托布鲁克,就等于拥有了一个优良的前进补给基地,延长了自己的胳膊,也就有了更多的行动自由。同时托布鲁克

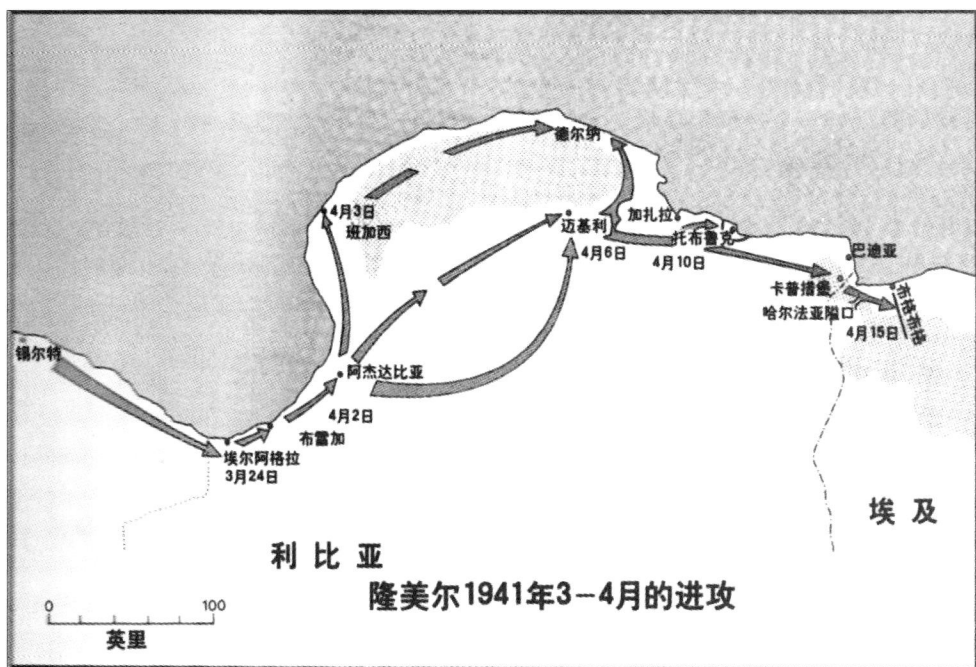

利 比 亚
隆美尔1941年3—4月的进攻

还控制了长达60公里的利比亚到埃及的海岸公路。对于德国人来说，拥有了托布鲁克，他们的海上补给路线就可以大大缩短，同时进攻苏伊士运河就有了一个可靠的基地；而英国人如果保有托布鲁克，就等于在隆美尔的后背上插了一把钢刀，随时可以冲出来切断隆美尔的补给线，正如韦维尔的很简单的想法那样，"积极防御托布鲁克可以威胁敌人的交通线，阻止他们的前进"。（在战略上，韦维尔并不比隆美尔差）因此双方对此都是志在必得，一场恶战在所难免。

早在古罗马时代，托布鲁克就已经是一个罗马人守卫席兰尼加的要塞，到了1941年，铁路、港口和利比亚东部最大的机场（距托布鲁克港15英里）就更使它成为一个具有战略意义的要点，意大利人从第一次世界大战结束后就开始在那里苦心经营许多年，在距离镇中心14公里处，修筑了由两道防线组成的长达50公里的"环形要塞"，之所以范围这么大，是因为托布鲁克市区地形非常平坦，只有把那些可以俯视托布鲁克港的制高点都容纳在内，才能使这个港口稍许有点安全感。和席兰尼加的大多数地方一样，托布鲁克的南面也有许多峭壁陡坡，这些陡坡又往往是南高北低，在托布鲁克和南面的大沙漠之间形成了天然的屏障，非常有利于防守。

有关托布鲁克的重要性，我们还可以来看一个二战北非战场中出现的有趣的"钟摆"现象。从1941年夏天到第二年夏天，利比亚沙漠之中盟军和德军的战线，犹如一个时钟的钟摆一样东西来回摆动，钟摆的摆动轨迹主要沿着地中海岸边，即从布雷加、托布鲁克一直摆动到布格布格（Buq Buq），摆动的两个端点分别是西面利比亚的布雷加和东面埃及的布格布格，这两个端点之间飞机的飞行距离是400英里，而它们之间的道路长度则是550英里。除了东面极小部分属于埃及与利比亚接壤的地区外，钟摆摆动的区域覆盖了整个利比亚东部的席兰尼加省。

这个钟摆现象发生的原因实质就在于后勤的要求。在北非这样的沙漠地形进行作战时，双方的进攻动力都极度依赖充分的补给，当一方进攻的势头达到后勤供应的极限时，就不得不向后撤退，钟摆就得往另一头回摆，等到退回到了自己的补给基地得到充分补给之后，进攻的势头又会重新恢复，钟摆又会再次往前摆动。作战双方犹如被一根无形的绳子拴住一样，补给线都必须在相当的安全限度之内，具体来说，一头是利比亚的的黎波里，另一头是埃及亚历山大港，这两个主要基地之间相距在1400公里以上。这样一来，位于钟摆轨迹中央的托布鲁克这样的前进基地的重要性就凸显出来了。

意大利人在托布鲁克建造的要塞分内外两道防线。第一道防线（意大利人称为"红线"）由水泥结构的地下堡垒（总共有150个地堡或者支撑点）加反坦克壕（意大利人没有全部完成）构成，地堡之间距离500到600公尺，在地堡之间则是高达5英尺的铁丝网和未完成的宽达12英尺的壕沟，深达8英尺，每个地堡的直径约百公尺，由几个地下混凝土工事组成，可容纳30至40人。堡垒的四角挖有机枪射孔，安有反坦克炮和平射炮位，堡垒上面也盖有沙土，外设两道铁丝网，各堡垒之间有交通暗壕相连。攻方在很近的距离内都难以发现这些堡垒，而守方则可以随时随地钻出来对敌施以突然猛烈的射击。第二道防线（意大利人称为"蓝线"）距第一道防线约2500公尺，结构大体相同，只是没有反坦克壕。每道防线后面意大利人又分别建造了4座主要用于屯兵的堡垒。由于工作效率的低下，意大利人一开始并没有把托布鲁克的防御数据交给隆美尔，但是在另一个方面，轻易夺取了托布鲁克的澳洲人同样也不熟悉托布鲁克的防守结构。

托布鲁克此时的守军主力是澳洲第9师，除了第20旅第15团第2营部分在迈基利被德军消灭以外，他们基本还算完整和秩序良好地退入了托布鲁克。此刻一退数百公里的他们最担心的是"别让人家说第6师得到的都让第9师给丢了"。由于席兰尼加的英军高级指挥官大多被俘，澳洲军队的指挥官被任命为守备部队司令，先是拉法瑞克（Lavarack）将军，后换为第9师师长莱斯利·莫斯亥德（Leslie Morshead）将军。

4月8日，韦维尔任命莫斯亥德负责托布鲁克的防御，要求他至少坚守2个月以等待接替部队。这位参加过上次大战的澳洲将军（参军前的职业是个教师）有着钢铁一般的意志，他制订了一个富有进取心的防守计划，告诉他手下的指挥官们："这里不是敦刻尔克，我们如果需要撤退，就要靠自己打出一条生路来，投降和不战而退都是不可能的！"他的命令是紧挨着敌人的阵地设立澳洲部队的阵地，不要在中间留下任何空隙，并且每一个晚上都要对德意军队的阵地进行不间断的反突袭，和他们以刺刀见红的精神进行战斗。

托布鲁克的防守被分成东、南和西部三个区域，最困难的西部由澳洲第9师第26旅防守，该旅辖第23团第2营、第24团第2营和第48团第2营共3个步兵营；南部防线由第9师第24旅防守，该旅辖第28团第2营、第32团第2营和第43团第2营共3个步兵营；而防守东部地区的则是第9师第20旅，该旅辖第13团第2营、第15团第2营、第17团第2营共3个步兵营。第9师的3个旅全部用于第一线，每个一线连队的防守正面超过1英里。属于澳洲第7师的第18旅担任预备队。

隆美尔起初打算趁着英军席兰尼加大败，正处于一片混乱之时以突袭手段拿下托布鲁克，因此命令德意军队在前进中不作停顿地迅速展开对托布

鲁克的进攻。4月10日，刚刚到达北非的德军第15装甲师师长普里特维茨（Heinrich von Prittwitz und Gaffron）受命临时指挥第5轻型装甲师的前方部队（隆美尔认为第5轻型装甲师的师长施特莱彻不能很好地贯彻他的作战意图），他在距托布鲁克大约只有16公里的地方，遭遇一支携带反坦克炮的澳洲小部队所进行的勇敢反击，当即被击毙。这是非洲军在北非阵亡的第一位将军，这也似乎预示着托布鲁克不会是好对付的。

英联邦军队此时的机动作战能力比不上非洲军，但是他们的装备实力并不算弱，

■ 部署在托布鲁克周边阵地的澳洲步兵。

轻型装甲师（Lichte Panzer Division）

轻型装甲师是代表国防军内传统势力的骑兵派与新生势力的装甲兵派在二战前所妥协的产物，在波兰战役前德军有番号第1至第4的4个轻型装甲师，到法国战后均升格为装甲师，番号为第6至第9装甲师。一般正常编制的轻型装甲师只有一个坦克营与两个机械化步兵团，其坦克数量是正常装甲师（二团四营）的四分之一，而派往北非的第5轻型装甲师则是另行组建的，其主要架构来自于第3装甲师，包括了第5装甲团、第3侦搜营、第75炮兵团、第39反坦克营等，由于配属了2个营的坦克，所以其装甲实力并不亚于一个装甲师，加上了配属的第33防炮团第1营的12门88mm高射炮，更使其攻击力非同小可。

隆美尔与非洲军

在防守一个事先筑有坚强防御工事的固定地点时，如果有坚定的决心，还是绝对能够与德意军抗衡的。此时的托布鲁克守军拥有2个反坦克炮兵团：1个英国团和1个澳洲团。一开始没有野战炮兵，但是有一些75mm以下口径的轻型高射炮，还有一个额

■非洲军装甲部队主力Ⅳ号坦克，图为Ⅳ号坦克D型配备了短炮管的75mm坦克炮。

外的有利条件是在托布鲁克还有一些意大利人留下的虽说有些过时的大炮和"几乎无穷无尽"的炮弹。装甲力量方面，不完整的英国第3装甲旅还拥有26辆巡洋坦克、15辆轻型坦克和4辆"马蒂尔达"步兵坦克。此外还有英军皇家燧发枪团的1个营、部分通信兵和工兵，守军总计为36000人，并可以得到每天晚上按时从埃及亚历山大港驶来的补给船只的增援。德军对英军每晚的定时航班无可奈何，只能用意大利巨炮"巴迪亚账单"打几下，以起到吓阻作用。

4月12日，德军对托布鲁克的守军散发了大量传单，要求他们投降，保证"不向挥舞白手帕的士兵开火"。但是这一次德国人看错了对手，这些高大强壮的澳洲人似乎并不像他们的一些英国堂兄那样软骨头。

1941年4月13日，在这个复活节的星期日，隆美尔的部队第一次使用阵地战手段攻打托布鲁克，进攻主力是德军2个团和意大利第21步兵军，第一次托布鲁克保卫战正式开始。由于留下保卫托布鲁克的可怜的3架

英国"飓风"式战斗机很快被尽数击落，空中德军的"斯图卡"轰炸机得以在Bf109的护卫下肆无忌惮地攻击英军阵地，德意军布置在托布鲁克东面8公里处的6个营的重炮也以猛烈的炮火进行支持。地面上德军一次又一次地接连发起进攻，成群的坦克多次冲破防线，只是一次次地受阻于宽大的反坦克壕和猛烈的炮兵火力。相对于澳洲军队，摩托化的德军缺乏步兵战斗技能的训练，因而在短兵相接的战斗中蒙受了惨重的伤亡，德意军有1200多人阵亡，夜间渗入守军阵地的500余人的第8机枪营只剩下了116人。托布鲁克背靠大海，可以得到来自海上源源不断的弹药补给。英军的炮火支持因而极为猛烈和有效，而澳洲步兵也是出奇的顽强。4月13日深夜，第17团第2营第16排的一名名叫约翰·赫斯特·埃德蒙德森（John Hurst Edmondson）的下士和他的6名同伴一起去攻击突破防线的一支30余人的德军，他刚掷出了第一颗手榴弹，腹部和喉部两处就被机枪子弹击穿，血流如注的他依然坚持用刺刀

杀死了正在和带队的麦克柯尔中尉肉搏的2名德军。随即他挺着刺刀，和2个同伴一起杀死了超过12名德军，惊恐的残余德军慌不择路地逃去，这时他才訇然倒下，被同伴抬回阵地后不久他就牺牲了。2个多月后，他的这种不同寻常的勇敢使他获得了澳洲军队的第一枚维多利亚十字（Victoria Cross）勋章。

　　一个在战斗中被俘的德国军医说"在波兰、法国、比利时，只要我们的坦克冲破防线，他们的步兵就败了。你们澳洲人像魔鬼，我们的坦克冲过去了，你们还是照样干"。莫斯亥德指挥的澳洲第9师的步兵们（包括以后参加防守托布鲁克的波兰人、英国人）由此从德国人那里得到了"托布鲁克老鼠"的绰号，但天性爽朗的澳洲人如同美国人当初接受"洋基"（美国独立战争时英国人对新英格兰人的嘲讽称呼）这个英国人馈赠的绰号一样，把这个绰号当作荣誉一般高兴地接受了下来，他们认为自己是隆美尔这只"沙漠之狐"捉不住的老鼠！这些澳洲人还把自己比作阿里巴巴的两万大盗，要和隆美尔在阿拉伯大地上比个高低，这样士气高昂的军队显然是不可轻侮的。

　　围绕着托布鲁克环形防线的战斗一直持续到月底，得到炮兵和坦克支持的澳洲军队越战越勇，他们的阵地也在他们的不懈努力下

变得越来越坚强。4月30日，德意军队对托布鲁克发动了第四次攻势，占领了托布鲁克西部重要的制高点（Ras-el-Medauar），因为其海拔209公尺，也称209高地，整个托布鲁克防守区域地势相当平坦，它的失守给托布鲁克尤其是西部地区以后的防守造成了很大的困难），在澳洲人的防守阵地上打下了一个楔子，但是在澳洲军队不断地顽强反击和坚决抵抗下，依然无法取得进一步的进展，德国人一筹莫展，只能暂时停止进攻。

　　5月3日晚上，澳洲人使用预备队第18旅对209高地发动反击，虽然遭到德意炮兵的沉重打击，澳洲人还是无畏地在黑暗中分成小分队对德军阵地进攻。第9步兵团第2营的霍布森下士和他的3名同伴，接连爬上3辆意大利坦克，掀开顶盖，用手榴弹消灭了里面可怜的意大利坦克手。每一次他们这样做的时候，这些勇悍的澳洲牛仔都要在坦克顶盖上坐上几秒钟，以防坦克手逃走，无怪隆美尔要恨恨地称他们为"那些魔鬼般的澳洲

■ 澳洲步兵正在冲锋，旁边是一辆被摧毁的德国坦克。

人"。虽然对209高地的反击最后未能成功，但是德国人现在总算是对托布鲁克的守军有了一个正确的认识。

其余德军还在继续向东挺进，第5轻型装甲师的第3侦搜营和刚到北非的第15装甲师第15机踏车步兵营，在4月25日继续向东进攻，击败了戈特（Gott）将军的第22近卫旅，占领了埃及境内要地哈尔法亚隘口（Halfaya Pass），第22近卫旅退向布格布格。

4月27日，德国总参谋部派副总参谋长、隆美尔以前的同事保卢斯（Paulus）将军来视察非洲军的情况，在进行了一番冷静的观察以后，他向希特勒报告非洲军由于各种作战物资极度短缺，已处在非常危险的境地，建议在夺取托布鲁克前（同时也建议暂停对托布鲁克的进攻），停止向埃及方面的进一步进攻。同一天，第15装甲师的先头部队开始空运班加西。保卢斯的这个报告自然也被丘吉尔收到了（要感谢英国本土布莱奇利庄园的电报破译工作）。5月初，非洲军停止了进攻，英国人开始跃跃欲试了。

"短促"和"战斧"行动

在对托布鲁克的第一次进攻归于失败以后，一直到这一年的年末，轮到隆美尔进行防守了。在被德国人赶出了希腊和克里特岛以后，英国人反而可以集中力量于他们所称的西部沙漠之中来对付隆美尔，丘吉尔尽大英帝国所能，给韦维尔最大的支持，以让

■ 纽曼·西尔科将军（照片上的他还只是上校军衔）。

他能尽快地在沙漠中发动一次进攻以解托布鲁克之围，并消灭德国在非洲的存在。

一次代号为"老虎"（Operation Tiger）的护航行动，于5月12日把238辆坦克和43架"飓风"式战斗机从英国本土通过直布罗陀海峡送到了埃及亚历山大港，极其重视这次护航行动的英军为之出动了2艘主力舰、1艘航空母舰、4艘巡洋舰和7艘驱逐舰进行护航。这批坦克包括82辆巡洋坦克、135辆步兵坦克（"马蒂尔达"式）和21辆轻型坦克，是用来重建在尼罗河三角洲苦苦等待的英国第7装甲师的，其中重型巡洋坦克（A15"十字军"）将用来装备第7装甲旅所属皇家第6坦克团，"马蒂尔达"则用来装备第4装甲旅，第7装甲师将用这些装备来配

合刚在东非胜利地打垮了意大利人的装备良好的第4英印师来攻击隆美尔。但是这些坦克有很大部分还未曾进行适应沙漠作战的改装（由于装运工作的马虎，许多坦克经过长途海上运输，甚至都在海水的侵蚀下生锈了，这又增加了额外的工作），例如加装沙子过滤器和改换沙漠迷彩，外形漂亮的"十字军"坦克机械故障频频，在缺水的沙漠里却要依赖水来使它的水泵工作，再加上第7装甲师之前由于缺乏坦克和通讯设备而荒废了训练，现在必然又要花费时间来熟悉这些新装备，战斗力的再次形成有待时日。

从5月20日起，由德国第33步兵师（但第33师原来辖有的第110步兵团改隶第112步兵师）加上第10装甲师的部分单位（主要是第8装甲团）改编而成的德军第15装甲师开始分批到达北非（到当年11月才全部运达北非），普里特维茨阵亡后，其师长当时是由艾斯贝克男爵（Hans-Karl Freiherr von Esebeck）代理，主力到达北非后其师长改由瓦尔特·纽曼·西尔科（Walter Neumann-Silkow）担任。由于隆美尔和施特莱彻的关系相当不好（隆美尔桀骜不驯的性格使得他和许多同僚及下属的关系都不好），第5轻型装甲师也改由冯·拉文斯坦（Johann von Ravenstein）担任师长，并得到了更多的III号坦克的加强。隆美尔希望得到更多的88mm炮，但直到11月份英国人的"十字军"行动前他的88mm炮总数才达到35门。

就在隆美尔横扫席兰尼加，野心勃勃地准备向开罗进军时，英国人却首先在海上给了他当头一棒。4月16日，由3艘意大利驱逐舰护航的4艘德国运输船和1艘意大利货船，在往的黎波里的半途中遭到以马耳他为基地的英国地中海舰队第14驱逐舰队的4艘英国驱逐舰的突然攻击（意大利人不可靠的电报密码再加上英国军舰装备了意大利人所没有的雷达），英国海军击沉了全部5艘运输船和货船，船上不仅有非洲军急需的弹药，还有3000名德国非洲军官兵，最后有超过1700名德国军人葬身于地中海，这几乎相当于非洲军发动一次战役要付出的代价，隆美尔和整个非洲军都为之沮丧不已。

意大利海军自从前一年年底被英国海军突袭塔兰托军港成功以后，对皇家海军似乎有了心理障碍，一直对于为船队护航的任务畏首畏尾，而且他们每一次船队出发，英国人好像都事先得到通报一样（意大利人过于相信他们自己的电报密码），都在半途把装载着非洲军急需的补给物资的运输船队毫不留情地送入地中海海底。这就极大地限制了隆美尔的作战能力，久而久之，隆美尔甚至对于意大利人的忠诚度都产生了怀疑。

自然，英国人也有属于他们的问题，他们的问题是太着急了点。还在丘吉尔的支持力量发生作用之前，韦维尔就在这位首相的压力下准备发动反击，计划首先将隆美尔从利比亚、埃及边境击退，并为下一步的大规模进攻扫清道路，主要的目标就是敌人在萨卢姆和卡普措堡的阵地。5月15日，代号坦克团装备的是"马蒂尔达"坦克，所有的坦克中没有1辆是得自"老虎"行动的。

利比亚和埃及边境地带的地形给作战双方留下的选择余地很少，北面是浩瀚的地中海，南面是茫茫的大沙漠，只有中间沿着海岸的一条狭长的公路可以供摩托化部队机动，萨卢姆以东地形险峻的哈尔法亚隘口是一个天然的适合步兵防守以对抗装甲部队的地点，对此，德国人自然不会放过，而英国人自然也无法轻易越过。

拥有24辆重型"马蒂尔达"II型坦克和29辆快速但火力薄弱的巡洋坦克的第7装甲旅皇家第4坦克团和第22近卫旅率先向哈尔法亚隘口发起突然进攻，"马蒂尔达"坦克担任正面进攻，而巡洋坦克则从左翼沙漠中实施迂回包抄。他们惊讶地发现那里只有部分意大利炮兵驻守。虽然士气有所提升的意大利炮兵极力抵抗，击毁了7辆英军的"马蒂尔达"坦克，但最终还是被英军打垮，哈尔法亚隘口再次落入英军手中。

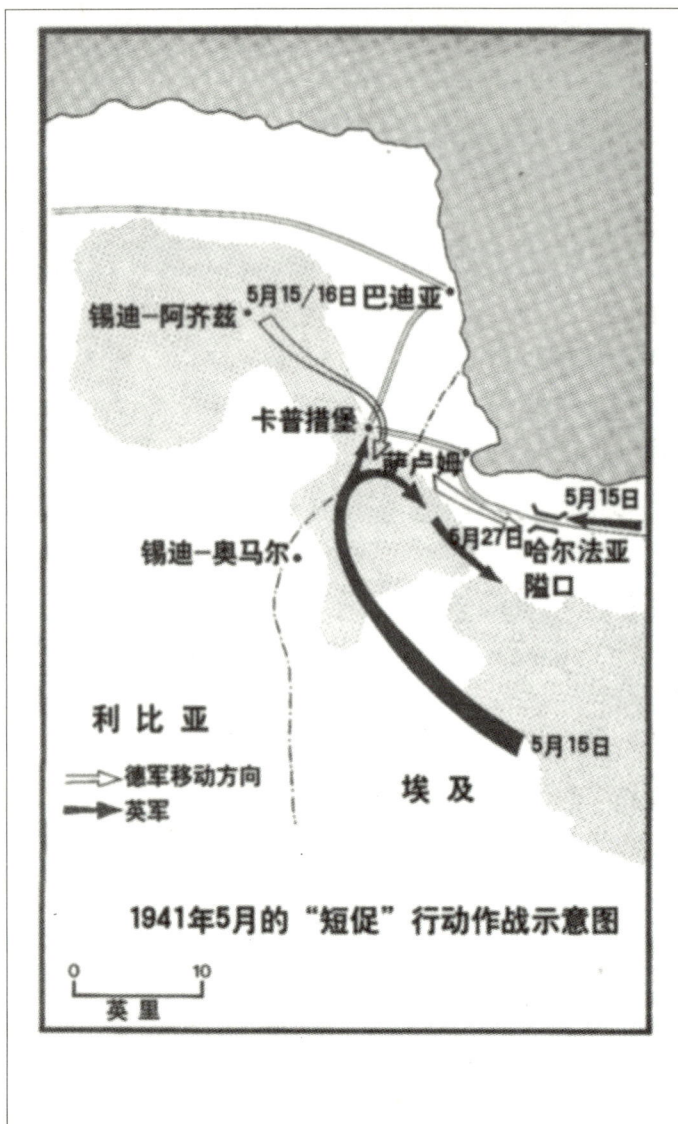

1941年5月的"短促"行动作战示意图

为"短促"（Brevity）的这个反击行动开始了。进攻部队由戈特准将指挥，包括第7装甲旅的2个坦克团、第11轻骑兵团、第22摩托化近卫旅以及部分炮兵，空中将得到皇家空军第274中队"飓风"式战斗机的支持。第7装甲旅所属的皇家第2坦克团此时装备有改进过的A9和A10巡洋坦克，皇家第4

■ 在北非战场正在装填油料的Ⅲ号坦克，油和水是北非最重要的补给品，中间白色十字是水箱。

隆隆的炮声使西面卡普措堡的德军意识到英军的迫近，他们以一阵暴雨般的炮弹迎接皇家第4坦克团的到来。英军依靠兵力优势一度占领了卡普措堡，但很快在德军第5轻型装甲师和第15装甲师第8装甲团的坚决反击下失守。戈特当晚在发现德军的反击越来越猛烈以后，决定撤退坚守哈尔法亚隘口，德军由于油料的匮乏，也无力马上使用坦克追击。

撤退的路上，那门部署在北面巴迪亚的意大利巨炮"巴迪亚账单"巨大的炮弹不断地落在他们从卡普措堡到萨卢姆和哈尔法亚的路上，后面非洲军在凶猛地追击。英国人落荒而逃，1辆满载40名意大利战俘的卡车陷在沙地中无法动弹，开车的苏格兰士兵抛下意大利人一溜烟地去追赶自己人了，非常可爱的意大利士兵经过激烈的争论，齐心协力把卡车推出了沙坑，坚定地追赶上英

军，因为他们认为"我们是你们的俘虏，我们就是要作你们的俘虏"。

至此"短促"（名符其实，只进行了2天）行动结束了，英军损失了20辆步兵坦克和1000余兵力，德意军队的损失大致相当，但是德军修复了大多数他们的受损坦克和俘获的英军坦克（许多是油料耗尽后被英军抛弃在战场上的），"短促"行动被英国BBC广播电台的著名记者——理查德·迪姆布莱贝（Richard Dimbleby）轻描淡写地描述成"边境地区增强的例行巡逻活动"。

隆美尔当然意识到失去哈尔法亚隘口的危险性，立即集中了第5和第8装甲团共160辆坦克于5月26日和27日发动了旨在夺回哈尔法亚隘口的反击。隆美尔这样做是冒着相当的风险的，如果战斗稍稍拖延一下的话，他的装甲部队就会变成一堆废铁，因为由于意大利运输船队之前接二连三地在地

■萨卢姆之战中在沙漠公路上高歌猛进的德军III号坦克。

中海上被皇家海空军击沉，此时他已经把最后一滴汽油都拿出来了。幸运的是，由于德军战场指挥官赫夫（Von Herff）上校的出色指挥（半个月后，他因此被授予骑士十字勋章）和坚定的胜利信念，英国守军第22近卫旅在蒙受了巨大的损失以后被赫夫指挥的德意混合部队打垮了，哈尔法亚隘口被夺回

英国第7装甲师"战斧行动"期间作战序列（1941年6月）

第4装甲旅
　　第4皇家坦克团
　　第7皇家坦克团
第7装甲旅
　　第2皇家坦克团
　　第6皇家坦克团
支援部队
　　第4皇家炮兵团
　　皇家火枪手团第1营
　　第2步枪旅
师直属部队
　　第3皇家炮兵团
　　第106皇家炮兵团
　　第11轻骑兵团
　　师直属通讯队
附属工兵、卫生和后勤部队

了。隆美尔一分钟也没有耽误，迅速加强了哈尔法亚隘口的防御体系，并开始部署和利用他的生力军（第15装甲师），在该处德军部署了大量的意大利大炮以及无与伦比的88mm高射炮，并进行了巧妙的伪装，因为隆美尔根据自己可靠的情报来源知道，英国人的下一次进攻马上就要开始了！

"短促"行动实际上是个失败，它既没有解除对托布鲁克的包围，也没能大量消灭德意军的装甲有生力量，但是丘吉尔认为韦维尔还没有用上"老虎"行动所提供的装备和补充，要求他迅速继续实施下一步的"战斧"行动（Operation Battleaxe）。通过对德军无线电的破译，英军很快也掌握了德军油料缺乏的重要情报，韦维尔在丘吉尔的压力之下做出了决定，决定不顾部队还没有完全完成换装和训练工作，准备卷土重来。几乎与此同时，6月8日，由于担心德国人利用叙利亚作为跳板入侵中东地区，以澳洲第7师为主的英军对当时属于维希法国政

"战斧"行动期间德意轴心和英军组织结构及坦克力量对比（1941年6月）

轴心国方面
非洲军
第5轻装师（70辆坦克）
第15装甲师（80辆坦克）
意大利军队
"阿雷特"装甲师（没有参加作战）
"的里亚斯特"摩托化步兵师
"布雷西亚"步兵师
英军方面
第13军
第7装甲师（180辆坦克）
第4装甲旅
第7装甲旅
第4英印师（配属第4装甲旅的19辆坦克）

权的叙利亚进行了全面入侵，这使得韦维尔的兵力更为捉襟见肘。

韦维尔"战斧"行动的主要力量就是英国第13军的第4英印师和第7装甲师，他计划是将第4英印师应用于海岸，其中第11英印旅沿海岸公路攻击哈尔法亚隘口，在中央拥有近100辆"马蒂尔达"坦克的第4装甲旅和第22近卫旅攻击卡普措堡；第7装甲师主力则以第7装甲旅的100辆巡洋坦克打头阵向西面迂回锡迪奥马尔（Sidi Omar），希望穿过哈菲德岭（Hafid Ridge）后指向卡普措堡后侧的锡迪－阿齐兹（Sidi Azeiz），然后和第4装甲旅会合共同攻向托布鲁克，给托布鲁克解围。

按照韦维尔的估计，德意军队在第一线卡普措堡一带应该有13000人和100辆坦克，在西面80英里外的托布鲁克则有25000人和200辆坦克，韦维尔把胜利的赌注押在英军能在德国增援部队从托布鲁克赶来之前就击败卡普措堡一线的德军。

英军计划在6月14／15日晚上开始行动，将按计划分成三路全面进攻。这个行动的目标非常明确，就是"摧毁隆美尔的部队，在北非战场上取得决定性胜利"，无疑英国人过于高估了自己的力量，而且在迂回行动中又极大地分散了英军本来就薄弱的装甲数量优势，使得三路英军都没有了胜机。

韦维尔估计德国人有220辆中型坦克和70辆轻型坦克，而实际上德国人只有200辆坦克，其中只有100辆是德国人的III号和IV号坦克。但是英军的坦克在质量上处于全面下风，"马蒂尔达"装甲厚，但是速度缓慢、火力薄弱，新装备的"十字军"巡洋坦克还在试验时就发现了多达47处的机械缺陷，在沙漠里的表现更是令人不敢恭维，齿轮箱平均行驶超过70英里出故障、刹车平均行驶超过130英里出故障，何况其装甲（正面最厚处40mm）在实战中被证明不堪德国坦克一击。

实际上，隆美尔的部署是这样的：他把利比亚、埃及边境地带的防御任务交给了新近抵达的第15装甲师，这个师装备了新式的50mm反坦克炮和威力强大的88mm高射炮，德军依靠哈尔法亚隘口的有利地形和威力强大的反坦克利器，再辅之以密布的雷区，将使这个地域成为不折不扣的坦克坟场，该师的80辆坦克则部署在北面待机，随时准备机动反击进犯的英军。第5轻型装甲师撤后休整，布置在托布鲁克和甘布特

隆美尔与非洲军

■ 一辆在哈尔法亚隘口被摧毁的"马蒂尔达"坦克，相信是88mm炮的功劳。

（Gambut，隆美尔的总部和坦克修理工厂所在地）中间，随时可以机动驰援这两个地方，我们可以发现隆美尔的布置是相当具有弹性和灵活性的。

英军的第4和第7装甲旅分别装备有两种坦克，一种是时速15－20英里，作战半径80－100英里的MK型巡洋坦克；另一种则是时速仅有5英里，不加油的作战半径只有40英里的"马蒂尔达"重型步兵坦克。这样的犹如成年人和儿童的作战组合其实际效果可想而知。

另外重要的一点是，英军的战术思想依然极其保守，还是把坦克看成是步兵的支持力量，把坦克平均分配给步兵，而不会集中装甲力量进行大规模迂回突击，而德军则非常擅于此道，彼此的战术差异在沙漠这样特殊的战场上优劣立刻就会分出高低。

由于韦维尔发现自己新装备的坦克在设计、制造和维护上都有许多问题，他被迫留下大约25%的坦克用于随时顶替在战场

上出现问题的坦克，再加上原来按照英军坦克战条例，要留下作为预备队的另外25%的坦克，这样英军在战斗第一线的数量优势也就一点都不明显了。

6月14日，非洲军的电台监听员听到英军每一支部队都收到了一个和"短促"行动发动时一模一样的"比特"将于第二天开始的通知。隆美尔自然明白"比特"是什么玩意，他当即命令萨卢姆前线和后方的机动部队全部做好准备，进入戒备状态。

1941年6月15日，英军发起了"战斧"行动，这也是第二次世界大战中德国军队遭到第一次真正意义上的进攻。早上的第一缕阳光出现的时候，右翼第2喀麦隆高地人团在皇家第4坦克团的掩护下，首先向哈尔法亚隘口发起了攻击。但是他们很快就会痛苦地发现，德国人早已布置好了强大的反坦克雷区、机枪阵地和反坦克炮来对付他们，哈尔法亚隘口注定是一个他们无法越过的"鬼门关"。

在哈尔法亚隘口，再一次证明了在战争中，尤其在沙漠作战中，武器装备的质量要远远比数量来得重要。北非战场的传奇英雄、隘口的德国炮兵指挥官——第15装甲师第104步兵团第1营营长威廉·巴赫上尉（他年纪已50岁，以前居然是个牧

■作战中的88mm炮，单看其"魁梧"的身躯就令人敬畏，更可畏的是它那强大的令人窒息的威力。

功立业的利器。以后在东线，连苏军的KV-1和T-34都不是对手，而可怜的"马蒂尔达"的装甲甚至可以被88mm炮在近2000公尺的距离上如同奶酪遇到餐刀一样被轻易地击穿，要知道在88mm炮出现在北非之前，"马蒂尔达"坦克是被认为几乎无法摧毁的，被称为战场上的"女皇"。在"战斧"行动中，仅仅德军的这13门（哈尔法亚隘口5门，哈菲德岭4门，第15装甲师4门）88mm炮就已经在很大程度上决定了整个战局。此外，德国人还有不少外形低矮、重量为1吨左右的Pak38，一种长管50mm反坦克炮，其有效射程可远达2700公尺，它们和88mm炮一起，在经验丰富的非洲军的布置下，把哈

师）指挥仅有的5门88mm炮和几门Pak38型50mm反坦克炮以杰出的技术和勇敢的精神击毁了英军11辆"马蒂尔达"坦克。英军往往刚看到炮口火光一闪（在1000多码距离内，88mm炮留给英军坦克手的反应时间只有1秒多），自己的坦克就已经被德国人的炮弹撕成了碎片，毫无反应和躲避的机会。按照英军的作战条令要求，在行进中就射击的坦克炮火对德军阵地基本不能造成损伤。巴赫上尉因为在哈尔法亚隘口的出色表现理所当然地获得了一枚一级铁十字勋章。

还在法国战役的阿拉斯之战时，隆美尔就已经成功地使用88mm高射炮给英军的装甲部队以痛击，在北非战场上，88mm炮更成了非洲军建

■一名英军军官正在敬畏地观看一门已经被摧毁的德国88mm高射炮。

尔法亚隘口变成了英国坦克的坟场。战后的一些战史评论甚至尖刻地认为英军坦克对哈尔法亚隘口的进攻只不过是给88mm炮提供了良好的靶子而已。英军在装备上的劣势是全面的，他们的2磅（37mm）坦克炮也要比德军III号坦克上装备的50mm坦克炮逊色许多，德军的坦克炮可以在英军坦克的射程之外轻而易举地将后者击穿。

隆美尔认为沙漠作战可以最形象地比喻成海上作战，谁拥有最大射程的武器，谁就有最长的手臂。他坚持认为"最长的手臂有它自己的优势，我们就有这种最长的手臂，那就是88mm大炮"。保守的英国人则对这种高射炮新用法颇有微辞，曾经有一名被俘的英国军官要求看一眼究竟是什么武器摧毁他的坦克，当看到他的坦克是被88mm高射炮摧毁的时候，居然书生气十足地气愤地大叫："这不公平，竟然用高射炮来对付坦克。"在相当长的时间里，被蒙在鼓里的英国人猜测，他们的坦克是被III号或者IV号坦克上令人生畏的"巨炮"所摧毁，以至于武器评论家谈到隆美尔的坦克时总是充满神秘的敬畏。

由于88mm炮数量有限，隆美尔被迫经常使用骗术，他命令制造一些假炮，摆放在前沿阵地上，而真正的大炮却部署在很远的距离外，但有时，这些以假乱真的东西也骗过了隆美尔本人。

在以后"十字军"行动的撤退过程中，隆美尔曾驱车到离席兰尼加不远的阿杰达比亚视察，他发现，一些88mm炮被安置在十分显眼而暴露的阵地上，正在遭受英国人密集炮火的轰击。隆美尔大发雷霆，发誓要把造成这一灾难的军官揪出来，但是盛怒的将军很快被告知，这些大炮全是假的，隆美尔十分惭愧，他承认："他们把砍倒的电线杆堆集在一起，那伪装的油漆愚弄了我。"他进而建议那位军官，"倘若我们往西撤退，你把这些假目标统统带上，在我们想出新妙计之前，没有必要让敌人识破"。

整个皇家第4坦克团都从无线电里听到了C坦克中队的米尔斯少校那令人恐怖的吼叫，"德国人正在把我的坦克撕成碎片"，

■装备长管75mm坦克炮的德国IV号坦克，这是非洲军当时性能最好的坦克。

但是C中队还是努力地向哈尔法亚隘口进攻，才到到上午10点，C中队就只剩下了1辆"马蒂尔达"和1辆轻型坦克还能动弹，德国步兵在轻重机枪火力的掩护下向喀麦隆团发动了反冲击，英国步兵损失惨重，狼狈地撤了下来。英国人以后心有余悸地把哈尔法亚隘口称作"地狱火隘口"（Hellfire Pass），以哈尔法亚的谐音形容隘口德军炮火的猛烈。

中路英军的进展起初很顺利，德军在这里没有部署"坦克杀手"88mm炮，只能用37mm反坦克炮徒劳地但是绝不放弃试图抗击装甲厚重的"马蒂尔达"坦克，只是很少产生效果。"马蒂尔达"缓慢而坚定地开上来碾压德军的反坦克炮和炮手，最后第4装甲旅第7坦克团以5辆"马蒂尔达"坦克的代价打垮了守卫的德军第8机枪营，夺取了卡普措堡，前锋已经突进到卡普措堡以北，但是后续的第22近卫旅未能及时跟上。德军第15装甲师第8装甲团对卡普措堡的2次反击也未能奏效，这是英国人在这场战役中获得的最好的机会，如果他们此时能够当机立断地把哈尔法亚隘口和左翼哈菲德岭的机动部队迅速调来，从卡普措堡这个德军战线的缺口冲向托布鲁克，也许他们的"战斧"真的能把非洲军砍碎的，然而不幸的是他们没能拥有隆美尔这样的战术天才。

也就在这个时候，西面第7装甲师的主力部队正准备对隆美尔的南翼打出英国军队传统的"左勾拳"（只是这次是不是有些多余），第7装甲师所属的第7装甲旅刚刚换装了新式的"十字军"坦克，全旅上下自信满满，为了出敌不意，他们还是让A9和A10巡洋坦克打头阵。不幸的是，他们再次落入了隆美尔设下的"坦克陷阱"——4门88mm炮和其他反坦克炮构建的反坦克阵地。

哈菲德岭有三条山脊，马虎的侦察工作使第7装甲旅所属的第2皇家坦克团只是占领了一条山脊，而未能发现布置在其他山脊上的德军反坦克兵器，第6皇家坦克团在突然遭到隆美尔从托布鲁克派来增援的III号和IV号坦克打击后，"十字军"坦克在德军坦克和反坦克炮火的打击下纷纷起火，这些经过千里迢迢运来的宝贵坦克刚刚参加战斗就有17辆被击毁，第7装甲旅的坦克实力几乎被消灭了一半，只剩下了48辆坦克。

6月15日晚上，第15装甲师师长西尔科沾沾自喜地向隆美尔报告说，他们击毁了英国佬60辆坦克，而自己的坦克力量几乎完整无缺，但是他无疑高兴得太早了一些。

第二天，正当英国人准备把配属给第4英印师的第4装甲旅的那些更为结实的"马蒂尔达"坦克尽数调到左路，再次进攻哈菲德岭时，沉浸在胜利喜悦中的第15装甲师按照隆美尔的命令凶狠地首先向英国人前一天夺占的卡普措堡发起了进攻。战况进行得极其激烈，第4英印师师长梅塞维（Messervy）不得不扣下了第4装甲旅的那些坦克来对付第15装甲师的进攻，英国人因

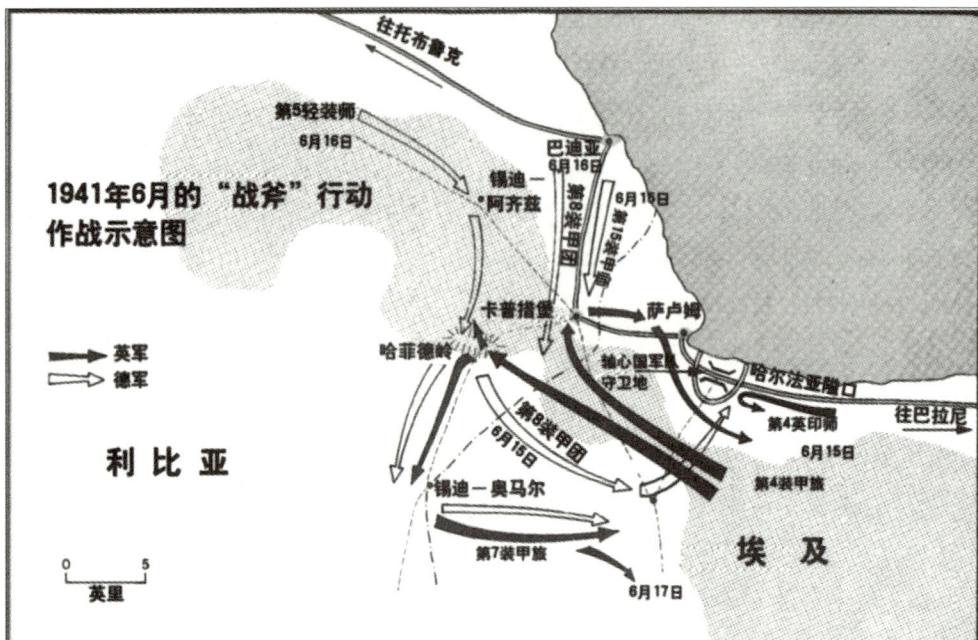

1941年6月的"战斧"行动
作战示意图

英军
德军

利比亚

埃及

而取消了对哈菲德岭的进攻，他们的"战斧"再也举不起来了。但是，德国人与前一天的英国人犯了几乎一样的错误，冲动地使用坦克向英军布置好的反坦克阵地不断发起进攻，最后撞得头破血流，第15装甲师的主力第8装甲团力竭而退，原来的80辆坦克只有35辆还能开动。

与此同时，南线第7装甲旅又和增援来的德军第5轻型装甲师打得难解难分，到了黄昏时分，德军开始占了上风，第7装甲旅的2个坦克团仅仅剩下了区区25辆坦克，其中第6坦克团的"十字军"坦克只剩下了9辆还能动弹。晚上，盘点战局，双方达成了大致的平衡：哈尔法亚隘口这扇大门巍然不动，巴赫上尉的一门88mm炮在炮管上赫然画上了第25道白圈（每一道白圈代表曾击毁1辆坦克）；但是中路贸然进攻的第15装甲师

的坦克也有很大的损失，只有30辆还能继续战斗。

但是，首先撤退的是英国人，在持续了一天的激烈战斗后，在锡迪－奥马尔，第7装甲旅的巡洋坦克没有能够阻止第5轻型装甲师第5装甲团的猛烈突击，伤痕遍体地向西面撤去，准备去补充油料和弹药。这是整个战役的转折点，隆美尔敏锐地捕捉到了英国人又一次力战已竭的信息，16/17日晚上，隆美尔果断命令第15装甲师大部从卡普措堡撤下，不再与中路英军纠缠，而是南下和第5轻型装甲师会合，集中所有的机动力量，两根粗大的箭头一起向第7装甲旅撤退露出的右翼（对于德军来说）空档猛烈进攻。隆美尔的这一招正打在英军的软肋之上，正如我们前面指出的，本来中路英军在拿下卡普措堡后是有相似的机会的，那就是

■北非上空的尖啸死神——"斯图卡"俯冲轰炸机，让英国人吃尽苦头。

不顾左右两路的胶着战况，集中力量猛扑巴迪亚和托布鲁克，就能撕裂德军的整个战线，一举达到战役目的，但是英军总是顾忌自己的侧翼，始终不敢大胆机动突进，最后把主动权拱手让给了隆美尔。

隆美尔这是在赌博，如此让开中路，集中打击英军的侧翼并非一点危险都没有，如果英军的指挥官冷静一些，看穿隆美尔的实力和伎俩，大家把底牌掀开，你打你的，我打我的，而不是被隆美尔的虚张声势所吓倒的话，鹿死谁手还是一件未定的事。只是二战前在花园般的英格兰小练兵场里走出来的大多是因循守旧的绅士，没有可能锤炼出像隆美尔这样的凶狠的不顾一切的战争赌徒。战后有的战史专家把隆美尔在"战斧"

行动中的这个决定称为他一生中最重大的决定之一，是的，因为它的效果，也因为它需要的勇气。

凌晨4点30分，德军的进攻猛烈地开始了，英军的指挥系统不知所措，第7装甲师师长克雷格一边在仓皇后撤，一边和第13军军长在电台里发生了不愉快的争执，克雷格尖刻地建议待在离前线100多公里外的军长贝雷斯福德·皮尔斯（Beresford Peirse）将军最好自己来前线看一下实际的战场情况。

他们的这席谈话被德国电台侦听人员截获了，隆美尔当即断定"英国指挥官似乎

■新任英军中东总司令奥金莱克将军。

非洲军战斗序列（至1941年7月）

军长　隆美尔

第5轻型装甲师　师长　施特莱彻少将（至1941年5月30日）、冯·拉文斯坦少将

　　第5装甲团
　　　　第1坦克营
　　　　第2坦克营
　　第200步兵团
　　　　第2机枪营
　　　　第8机枪营
　　第75摩托化炮兵团第1营
　　第3侦搜营
　　第39反坦克营
　　第605反坦克营
　　第200工兵营
　　第200通信营
　　第606防炮营
　　第200保修营
　　空军第33防炮团第1营（配属）

第15装甲师　师长　普里特维茨少将（1941年4月10日阵亡）、艾斯贝克少将、纽曼·西尔科少将

　　第8装甲团
　　　　第1坦克营
　　　　第2坦克营
　　第15摩托化步兵旅
　　　　第104团（2营制）
　　　　第115团（2营制）
　　（每营建制为三个摩托化连、一个机枪连、一个后勤连）
　　第33侦搜营
　　第33防炮团
　　第33反坦克营
　　第15机踏车步兵营
　　第78通信营
　　第33工兵营
　　第33保修营

已经失去了掌握战局的信心了"，第15装甲师和第5轻型装甲师立即全力向北进攻，切断了第7装甲师已经延长的战线，进攻矛头直指哈尔法亚隘口这个战场的重心。这2个德国师的进攻只是稍稍地受到了英军已经大为削弱的第4装甲旅的"马蒂尔达"坦克群的阻击，从而彻底撕裂了英军的战线，留给英国军队的唯一选择只能是迅速撤退，逃出德军的合围。

17日早上，担心后路被切断的英军全线向东溃退，在空中，负责掩护的皇家空军和南非空军拼命地阻挡"斯图卡"对逐渐溃不成军的后撤英军的屠杀，这才使第7装甲师的剩余人马在索法非（Sofafi）集结起来。

持续了3天的"战斧"行动就这样黯淡地结束了，双方的损失其实差别并不大。但是最后撤退的是英国人，德国人得以对遗弃在战场上的坦克进行修复，这使得德国人最后被完全摧毁的坦克只有区区12辆，而英军则在战场上丢弃了64辆"马蒂尔达"坦克和另外27辆巡洋坦克（不少还能被非洲军再修理利用），北非英军的装甲力量差不多损失了80%，需要指出的是，许多英国坦克都是由于机械故障而被迫在撤退中抛弃的，而非直接战斗损失。双方都伤亡了1000人左右，但德意一方损失的大多是意大利人（德军阵亡的只有93人）。在空中，英军"飓风"式战斗机也在实战中表明自己不是德国空军Bf109F的对手，英国皇家空军损失了33架战斗机和3架轰炸机，而德国空军只损失了10架飞机。

对大英帝国倾尽国力付出的"老虎"行动寄予很大希望的丘吉尔大失所望，根据英军对德意电报通讯破译工作所得来的关于非洲军实力的情报的分析，丘吉尔实在不能

理解为什么韦维尔无法将隆美尔赶出非洲，他的结论就是这个将军肯定能力太差。1941年6月21日，充当替罪羊的韦维尔被调往印度，而原先的驻印度英军总司令、1884年出生的、在这次大战中曾在挪威作战过的克劳德·奥金莱克（Claude Auchinleck）爵士接替他的职位。

"战斧"行动教会了隆美尔两点，对于他以后的战役指挥很有帮助。一点是通过侦听英军的无线电联络，他发现在沙漠作战中，突袭敌人的后方是给敌人造成恐惧、屈服于自己意志的有效方法；另外一点就是要尽量和一线部队待在一起，如英军装甲部队指挥官那样按照教科书的要求，待在离前线超过100公里的地方依赖无线电台来指挥一线部队的方法，在无线电通讯设备效果并不好的北非沙漠里是根本行不通的。

以后的英国战史学家痛苦地发现，英军并没有领会德军在"战斧"行动中成功应用的装甲战战术：即自己的坦克主要用来攻击对方的步兵和运输线以及其他薄弱环节，对付对方坦克主要是反坦克武器的职责。确实，德军的战术非常简单实用：把英军坦克吸引到自己强大的反坦克火网（例如88mm炮阵地前）中狠揍，然后装甲部队适时施以反击。以后这将成为隆美尔屡试不爽的克敌利器。

"战斧"行动结束5天后，"巴巴罗萨"行动开始，德军大举进攻苏联。7月1日，对非洲军所取得的成就喜出望外并且心怀感激的希特勒不顾陆军总司令勃劳希奇等人的极力反对，晋升隆美尔为陆军装甲兵上将（General der Panzertruppe）。此时，隆美尔只有49岁。

"十字军"攻势前的准备工作

夏天的其余部分就这样很平静地过去了，德军最高统帅部正专注于苏德战场，他们明白地告诉跃跃欲试的隆美尔，不要想再指望哪怕是1个师的增援部队了，所有的部队和供应都要先满足东线的需要。此外，德军此时看上去存在从土耳其安纳托利亚高原和苏联高加索打进中东地区、从而和非洲军在中东地区胜利大会师的可能性，这就是希特勒在6月份下令草拟的"东方"（Plan Orient）计划，如果能够实施这个计划，也就不必把宝贵的物资和部队运过危险重重的地中海了。

的确，对于北非战场而言，隆美尔和

■正在遭受空袭的托布鲁克，但依然是德军难啃的骨头。

039

■图中所显示的是88mm高射炮部队sdkf27型半履带装甲车转移阵地。

德国最高统帅部这段时间最大的困扰就是地中海中央的英国马耳他海空军基地的存在，马耳他这颗钉子使得输送给北非德意军队的给养8月份在途中损失了35%，10月份损失了63%，但是直到1941年末，当损失达到令人不能忍受的75%这个比例时，最高统帅部似乎才意识到马耳他的重要性。德意方面开始使用潜艇和小型水面船只给北非德意军运送物资，并大大加强了西西里的德国空军力量来压制马耳他，这样努力的结果就是到了1942年初当隆美尔再次发动攻势的时候，德国空军已经控制了地中海的天空。

但是即便如德国杰出的空军元帅和空军指挥官凯塞林所说的，德国人把马耳他"作为一个海军基地消灭了"，德国人还是没有真正意识到马耳他这颗毒瘤死灰复燃的能力，没有做出努力去试图占领马耳他以一劳永逸地解决问题。这样说也许对于德军最高统帅部并不公平，因为以后的"大力神行动"（Operation Hercules）就是一个使用德国和意大利伞兵，在海空军的配合下夺取马耳他岛的计划。但是由于克里特岛的悲剧（1941年5月德军对克里特岛的空降战役），德军最高当局充分预见到夺取马耳他岛的艰巨性，希特勒和德国最高当局对此一直是三心两意，一直没有实施该计划的勇气，也就注定了德国非洲军队只能是个瘸腿的力士，隆美尔的悲剧也就在于此。

1941年夏秋之间，德国最高统帅部最后决定在马耳他问题和托布鲁克解决以前，隆美尔不得对埃及发起进攻。到了1941年9月，连对进攻埃及非常热心的意大利人也同意了这一点，隆美尔的目光开始紧紧盯住托布鲁克。

1941年8月15日，在希特勒的直接推动下，由德国非洲军扩编而成的非洲装甲军团成立，隆美尔升任司令官，他的手下此时汇集了一些能为他所用，和他关系也较融洽的军官，阿尔弗雷德·高斯（Alfred Gause）担任他的参谋长，威斯特法尔（Westphal）任他的作战处长，默林津（Friedrich von Mellenthin，著名的《坦克战》一书的作者）任情报处长。隆美尔现在所指挥的部队，除了原来的德国非洲军（在费了一番周折后，最后由克鲁维尔接任指挥）和意大利第21步兵军外，还包括意大利第20摩托化军，因为这个军虽说名义上受意大利非洲最高指挥官巴斯蒂柯（Bastico）将军的指挥，但隆美尔更是实际上的指挥者，现在隆美尔实际上已经成为整个非洲德军和意大利军队的总司令。

非洲军此时辖2个德国装甲师（第15和第21师）、1个德国摩托化步兵师（开始称"非洲"师，后称第90轻装师）和意大利萨弗纳（Savona）步兵师；负责围困托布鲁克的那瓦里尼（Navarrini）将军的意大利第21军辖有4个意大利步兵师，分别是"布雷西亚"（Brescia）、"塔兰托"（Trento）、"博洛吉亚"（Bologna）和"帕维亚"（Pavia）步兵师；这样，隆美尔的非洲装甲军团的实力达到了最高峰时的3个德国师和5个意大利师。此外，甘巴拉（Gambara）将军的意大利第20摩托化

军则辖有"阿雷特"装甲师和"的里亚斯特"摩托化师。

第9摩托化步兵师（即后来的第90轻装甲师），是由原来法国外籍军团中的志愿者组建而成的2个营和其他一些在非洲的德军小单位组成的。之所以一开始被称为"非洲师"，是因为只有这个师的各个单位在组成时都已经在非洲战斗了一段时间了。第90轻装师辖第155、200和361共3个摩托化步兵团及非洲装甲掷弹兵团、第190炮兵团，首任师长是马克斯·萨默尔曼（Max Summermann）。

在装备方面，到了1941年9月，隆美尔一共拥有了158门反坦克炮，其中98门是Pak 38型50mm炮，负担前期主要战斗任务的第5轻型装甲师收到了更多的III号坦克，改称第21装甲师。隆美尔不断地向德国方面伸手要求装备和补给，但是在东线如火如荼的形势下，他的要求仅仅得到很少的满足。

■ 英军的"瓦伦丁"式坦克正准备进攻。

隆美尔与非洲军

隆美尔开始积极制订当年11月再次进攻托布鲁克的计划，并开始加强德意军队的防御阵地，但是还在8月份的时候，隆美尔就开始受到各方面的干扰，因为种种迹象表明，英国人可能在他前面发动进攻，德国空军把英国人向西延长铁路的照片放在他面前，意大利和德国在开罗和耶路撒冷的情报机构也都得到了类似的大规模进攻迫在眉睫的情报。但是隆美尔一点也不愿意推迟他预定在11月23日对托布鲁克发起的进攻，他自信地认为他的力量足以应付两个方向的英军，为此他特意带上拉文斯坦飞赴罗马做说服工作。

英军方面，首先来看托布鲁克的情况，艰苦防守了托布鲁克2个多月以后，澳洲政府强烈要求把他们的子弟兵从托布鲁克撤换下来。于是，英国第70步兵师和波兰卡帕西亚（Carpathian）旅奉命接替防务。8月18日到25日，卡帕西亚旅（288名军官和4777名士兵）分成7个船队，在高度保密下毫无损失地到达了托布鲁克，而澳洲第9师也分批在每个月的月朔之时安全地撤到了巴勒斯坦休整，"托布鲁克老鼠"完好地从隆美尔的手心里溜走了。在二战中，澳洲和新西兰军队战斗力都很强，但都对伤亡数字很敏感，作为人烟稀少的人口小国，这也是不难令人理解的。

在防守托布鲁克的几个月里，战力坚强的澳洲第9师蒙受了严重的伤亡，一共有832人阵亡，2177人受伤，941人被俘。他们得到的最高奖励是以后在诺曼底登陆的最严

■新任英军第8集团军司令艾伦·坎宁安将军。

峻的时刻，蒙哥马利元帅的参谋长奎因岗（Francis de Guingaund）将军曾说过的一句话："老天爷，我真希望今天早上澳洲第9师和我们在一起"！

在托布鲁克遭受围困的8个月时间里，英国皇家海军进行了艰苦卓绝的斗争，超过47000人，包括伤员和战俘，被他们从海路撤出了托布鲁克，34000人和34000吨物资被运进了托布鲁克。付出的代价是总计34艘战舰和商船被击沉，33艘被击伤。

那些撤出托布鲁克的伤员所遭受的痛苦是难以形容的，由于大多数返回亚历山大港的船只是在大白天航行，全数暴露在对方空军的攻击范围内，驱逐舰和运输船不得不做大范围的蛇形机动以规避攻击，那些由于舱位紧缺而不得不躺在甲板上的伤员们只能听凭海浪一遍又一遍冲刷身体，而在船舱里的伤员也好不到哪里去，同样被军舰的剧烈摆动折腾得苦不堪言，这场该受到

■II号坦克主要作为坦克营的侦搜部队。

诅咒的战争!

埃及英军方面,虽说从直布罗陀到亚历山大的快捷方式也处在德意海空军的直接打击之下,但由于北非是英国的战略重点,同时他们还有一条绕道南非好望角的较为安全的(虽然路途漫漫)运输路线,因此他们还是很快积聚了比非洲军强大得多的兵力。

1941年7月5日,在奥金莱克接替韦维尔担任中东英军总司令后,他的麾下同时又大致增加了115000人马,包括英军第50师、第30军军部、新西兰第2师,此外澳洲第7师和第9师全部归来,南非第2师也有部分人马抵达。根据计划,南非第2师和澳洲第9师将不参加这次进攻,而是担任预备队,在尼罗河三角洲和巴勒斯坦整训。

奥金莱克的部队来自四面八方,澳洲、法国、印度、波兰、南非以及新西兰,

其着装当时也是五花八门,1941年,意大利人曾俘获第2皇家格洛斯特轻骑兵团的一名名叫克雷(Clay)的上尉军官,他的穿着曾被有趣地记录如下:这名被俘军官没有任何表明军阶的标记,没有佩戴勋表,上身是一件高尔夫夹克,夹克里面是一件粉红色衬衣和一条黄色丝巾,下身是一条绿色的休闲长裤加上一双昂贵的小牛皮靴子。这活脱脱是一个伦敦西区的花花公子形象,而不是一个铁血战士!也许这是个特别的案例,同时克雷上尉这样的穿着在北非沙漠里也并非一点道理都没有,但是多少反映了奥金莱克所面临的问题,即他手下的部队单独也许是一个个相当不错的战斗单位,但是要把所有的部队捏成如非洲军那样的挥洒如意的"铁拳"还有待时日。

作为老牌帝国主义和殖民主义者,

傲慢的英国人显然还有许多其他自以为是的又给他们带来很多烦恼的传统，二等巴思勋爵、身高1.90公尺的瓦特·考文（Walter Cowan）从1898年起就在尼罗河的一艘炮艇上开始了他为大英帝国服务的生涯，1941年4月加扎拉战役中意大利人俘虏了这位在沙漠里脾气暴躁但又力不从心地继续指挥战斗的74岁的军官后，立即释放了这位显然"对英国的战争努力不会有任何帮助的"年迈的绅士（由于与许多上层人物有私交，这位老战士以后居然还一直服役到战争结束），意大利人还是很有幽默感的！

在这里，我们要感叹的是，非洲军那些德国士兵，不管是坐船还是坐飞机来的，不管旅途有多么疲惫和担惊受怕，只要一踏上非洲大陆的土地，不需要多少适应性训练，马上就能组成令人生畏的战斗团体，投入激烈的战斗，这无疑是隆美尔的幸运！

在丘吉尔的大力支持下，大量军用物资源源不断地涌入北非，到了10月，驻埃及英国第8集团军总共收到了300辆"十字军"、300辆"斯图尔特"式和170辆"瓦伦丁"（Valentine）式坦克，此外还有34000辆卡车、600门野战炮、200门反坦克炮和900门迫击炮。

注意到英军的战备工作，隆美尔在9月中旬举行了一次代号为"仲夏夜之梦"的旨在摧毁英军战备堆存物资的长距离突袭行动，德军甚至信心满满地带上了准备运送战利品的车队（曾经依赖英军的口粮过日子的那些德军是不会忘记它们的滋味的），但是情报被证明不准确，没有什么战果，反而是

■正在沙漠中前进的英军"十字军"坦克。

参战的第21装甲师遭到了严重损伤。英军第7装甲师很有技巧地向后撤退，等到第21装甲师耗尽油料后，南非空军的2个中队对他们进行了无情的轰炸，连隆美尔的"猛犸"指挥车也被炸伤，第21装甲师的坦克实力从110辆降至43辆（虽然只有5辆彻底无法修复），直到11月份都没有完全恢复过来。

"仲夏夜之梦"还有一个后果就是由于隆美尔在这次袭击中没有发现任何英军大规模进攻的迹象，使他产生了一种错误的安全感，开始全力准备对托布鲁克的进攻。这中间英国人可能在1辆南非第4师的指挥车上的文件中作了手脚，故意让隆美尔缴获，以给他造成英军没有进攻计划的错觉。

还在隆美尔的"仲夏夜之梦"行动进行得如火如荼的时候，在焦急的丘吉尔的压力下，奥金莱克就已经向新成立的英国第8集团军总司令艾伦·坎宁安（Alan Cunningham，海军上将、英国地中海舰队司令安德鲁·坎宁安的弟弟，曾指挥东非战役横扫意属东非）建议要制订计划重新夺回席兰尼加，这个行动被命名为"十字军"（Operation Crusader）。奥金莱克提供了两个选择，或者从大沙漠的北端沿杰阿勒巴布（Giarabub）、杰阿罗（Gialo），向班加西发起进攻；或者沿着海岸边的道路向托布鲁克前进，同时辅之以"中央和南方"的掩护性进攻，后者实际上几乎是"战斧"行动的翻版。根据训练和装备的准备时间，行动开始时间初步定在11月初。

为了"十字军"行动，英军集结了大量的部队，由戈特少将的第7装甲师、布尔克（Brink）少将的南非第1师和马里雷特（Marriott）准将的第22近卫旅组成的英国第30军成立了，军长是诺里（Norrie）中将。另一方面，曾经在衣索匹亚担任过南非第12师师长的戈德温·奥斯汀（Alfred Godwin-Austin）中将担任由弗里博格（Freberg）少将的新西兰第2师、梅塞维少将的第4英印师和瓦特金（Watkins）准将的第1集团军装甲旅组成的英国第13军军长。3个步兵师里，新西兰第2师和第4英印师都是3旅制，装备和战斗力都比较强，南非第1师是2旅制，实力较弱。为了沙漠中新的攻势，这2个军于1941年9月18日组成了第二次世界大战盟军序列中赫赫有名的英国第8集团军。

9月末，在开罗英军司令部宽大的桌子上，坎宁安提出了自己的计划，得到了最高层的同意。他的计划是这样的：新成立的第30军，将在锡迪－奥马尔德意军队据点南面40英里处穿越边境地带，粉碎靠近托布鲁克的德国装甲部队，为托布鲁克守军解围；而第13军的任务则是孤立边境地带最前沿的意大利"萨弗纳"步兵师，以钳形攻势瓦解并消灭他们，而后向托布鲁克作正面推进；装备了"斯图尔特"坦克的第7装甲师第4装甲旅将布置在2个军中间，保护2个军的侧翼，并根据德军装甲部队的动向决定运动和打击方向；托布鲁克守军将在适当时候发动突围作战，以配合正面进攻部队；第29英印旅将和第7南非侦搜营的装甲车一起沿杰阿勒巴

■非洲军捕获的英军南非制造的S.A.MKII装甲侦察车。

布、杰阿罗路线前进，以制造英军的主要进攻路线在南方的假象。

双方在这次行动中的坦克力量的对比如下：

英国方面拥有213辆重型步兵坦克（"马蒂尔达"和"瓦伦丁"式），220辆"十字军"，150辆巡洋坦克（A10或A13），165辆美制M3"斯图尔特"，共计748辆。

德意方面则有70辆II号轻型坦克，139辆III号，35辆IV号，5辆缴获的"马蒂尔达"，146辆意大利M13/40型，共计395辆。

意大利的那些M13中型坦克（全部为甘巴拉的第20摩托化军所拥有），英国的任何一型巡洋坦克都胜

过它们许多，自然不在第8集团军的眼中，但是如果考虑到德国那些III号和IV号坦克在技术上的优势和卓有成效的战场修复工作，英军的这个看上去令人印象深刻的数量优势就不是那么牢靠了。

例如，英军根据"租借法案"刚刚从美国得到的12吨重的M3"斯图尔特"是一种行动迅速（最高公路行驶速度可达58公里/小时）、机械性能相当可靠的轻型坦克。英国坦克手们刚接收这型坦克时非常喜爱，给它起了一个"蜜糖"（honey）的绰号，但是在实战中"蜜糖"很快就会使英军失望不已。因为按照1941年的北非标准，"蜜糖"装备的37mm坦克炮的火力过于微弱，无法和德国坦克凶猛的火力相抗衡，而且它需要2名乘员操作的炮塔在战场上是一个致命伤，在战场上它还将会显示出被击中后很容易起火的弱点。由于这些原因，到了第二年（1942）夏天，等到英军接收到足够的美

■德军半履带人员输送装甲车sdk251/1，可装载步兵12人。

制中型坦克（"格兰特"和"谢尔曼"）后，"斯图尔特"就不再担任主要作战任务，而是承担战场侦察任务，许多甚至连炮塔都除去，以便提高速度和作战半径。顺便提一下，缅甸中国远征军的装甲部队装备的主要就是"斯图尔特"坦克，而且太平洋战场上活跃的也大多是"斯图尔特"，显然，这种轻型坦克对付日本人要比对付德国人优越许多。

■非洲军8轮装甲车，主要配属在侦察营。

维克斯·阿姆斯特朗公司生产的"瓦伦丁"式坦克在"十字军"行动中也将是第一次投入实战，这种坦克对A10巡洋坦克进行了改进，炮塔也是由2人操作，重达16吨多。由于炮塔的限制，它的2磅坦克炮也无法换装更为强大的坦克炮，装甲最厚处65mm，曾运送多达1300辆给东线的苏联红军。就像绝大多数英国设计制造的坦克一样，它以后也被英军官兵也许有些过激地称为"废物"。

英军的坦克分配并不十分合理，很有点"老兵老枪，新兵新枪"的味道。就拿"沙漠之鼠"的3个旅来说，第7装甲师第7装甲旅的3个坦克团（第7轻骑兵、第2和第6皇家坦克团）都是英军装甲部队中极富战斗经验和作战技能的部队，但是他们拥有的168辆坦克里包括71辆老式的A13巡洋坦克以及26辆更为"鸡肋"的A10巡洋坦克，只有71辆新式的"十字军"坦克；作为初出茅庐的第22装甲旅，包括第3和第4伦敦郡自耕农团以及第2皇家格洛斯特轻骑兵团，毫无沙漠作战经验、也未经过充分适应性训练的他们装备的却是清一色的158辆"十字军"，不过配属支持的炮兵力量又较为薄弱，只有8门第4皇家马拉炮兵团的25磅炮；第4装甲旅的3个团，第8轻骑兵、第3和第5皇家坦克团也是有战斗力的部队，但是他们装备的165辆崭新的"斯图尔特"的作战半径仅有可怜的40英里，这就不能不影响它的战斗力的发挥。

另外，德军的一个装备特点是反坦克炮在所有兵器中占的比例很大，这就大大地抵消了英军的装甲数量优势。隆美尔的王牌——他的35门88mm炮，有23门是用来支持防守在第一线的意大利"萨弗纳"师，因为这个师只靠他们自己的意大利制造的47mm反坦克炮是无法和英国坦克抗衡的。剩余的12门88炮留在了非洲军，和非洲军的96门50mm反坦克炮配合作战。这一次，德军的50mm反坦克炮有更多的是长管型的，威力比短管型的大得多。

野战炮兵方面，到了11月中旬，隆美尔手中已经有了461门德国和意大利的大炮，由新到达的炮兵指挥官卡尔·波特切尔（Karl Bottecher）统一指挥，这将是隆美尔赖以摧毁托布鲁克防御体系的中坚力量。

隆美尔非常清楚，英军一定不会甘于失败，一定会再次大规模进攻。因此他在"战斧"行动以后，紧锣密鼓地做了三件事。首先是在哈尔法亚至锡迪-奥马尔之间的边境地区修建了坚固的防御工事，由意大利"萨弗纳"步兵师和德军的炮兵及反坦克炮兵负责防守。隆美尔修建这些工事的目的是为了在进攻托布鲁克时，他的后方能够有所保护；他的第二件事自然就是准备对托布鲁克的进攻，这一次他将从东南方向发动攻击，但是由于供应问题和空军掩护的不确定性，进攻的时间一拖再拖，始终无法确定下来；隆美尔的第三件乐此不疲的事就是对布

■英国克劳德·奥金莱克上将，他是韦维尔的继承者。"十字军"行动使其在北非赢得了荣誉。

置在托布鲁克和边境地区之间的克鲁威尔的非洲军，即西尔科的第15装甲师和拉文斯坦的第21装甲师实施高强度的训练，训练的重点是88mm高射炮和50mm反坦克炮与坦克之间的战术配合，其后还有坦克和炮兵的配合。

虽然隆美尔并不相信英国人会很快发动进攻，他对于托布鲁克的进攻计划还是有着相当的弹性的。在他的规划下，意大利第21步兵军将全力进攻或者监视托布鲁克，意大利"萨弗纳"步兵师和德军的一些炮兵等单位将在锡迪-奥马尔、卡普措堡、哈尔法亚和萨卢姆一线阻挡可能的英军进攻。第15装甲师和第21装甲师的主力布置在甘布特一带，随时可以向东西两个方向实施打击。

1941年11月，英国第8集团军准备实施它成立以后的第一次大规模行动——"十字军"行动。这场进攻是以一场典型的现代"斩首"行动开始的，11月15日，2艘英国潜艇，"陶贝"（Torbay）和"塔利斯曼"（Talisman）号在席兰尼加的海岸边浮出了水面，一名英国少校，杰奥弗里·柯斯（Geoffrey Keyes）率领一支20人左右的突击队，悄悄在德军后方登陆，他们事先得到了一位化装成阿拉伯人的约翰·海斯顿（John Haseldon）的英国情报人员提供的情报，对位于利比亚贝达利托里（Beda Littoria）的德军指挥部发起了突然袭击，因为海斯顿的情报告诉他们隆美尔就在这个指挥部里。

■一辆SdKfz9型半履带牵引车正在牵引一辆英军的"十字军"坦克。根据一名英国老兵说：当时我们没有驾驶这些坦克进行过训练，甚至连基本的训练都没有。在"战斧"行动开始之前，我们拥有51辆坦克，可是行动3天后我们就只剩下了6辆坦克。

英军采取这个行动实在也是有他们的苦衷，整个英国第8集团军的官兵都搞不明白，隆美尔为什么总能以劣势的兵力打败他们？为什么每次出击总打在他们最软弱的地区？为什么每次的行动总是那么飘忽不定？所以，不知是谁首先把隆美尔称为"沙漠之狐"，这一绰号不胫而走，隆美尔被罩上了一层神秘的面纱。无疑，这个德军将领给英军的心理压力是巨大的。而德国的宣传机构则推波助澜，着力把隆美尔塑造成一个无敌的将军，英国人也似乎完全接受了这一点，在谈论对面的敌人的时候，不知从什么时候开始，不再说敌人的番号，只是用"隆美尔"这三个字代替，他们所听到的不是敌人的哪一支部队在进攻，而是"隆美尔在前进"。在"十字军"行动前，第8集团军内广为流传的一个笑话是：某天希特勒打了个电

话给丘吉尔，提出准备把隆美尔从非洲调走，而开出的条件是丘吉尔要把所有非洲英军的将军们统统调走，可见第8集团军官兵私底下对隆美尔的推崇。

奥金莱克对此情况相当恼怒，为此在"十字军"行动开始前，特别以驻埃及英军总司令部的名义给所有的英军指挥官和参谋人员发出了一个特别命令，命令中说"隆美尔虽说精力旺盛，也很能干，但绝非超人，也不是魔术师和妖怪，只不过是一个普通的德国将军。以后当我们在谈论利比亚的敌人的时候，可以说德国人、轴心势力或者敌人，不许再说隆美尔。"命令中强调"这个命令要放在最重要的地位，马上执行"。只是，天知道这个空前绝后的命令有什么用处？因为所有在北非战场的双方官兵都已经非常清楚，隆美尔，只有隆美尔才是这个战

049

场最好的指挥官，真正的主宰者。

但是，英军这次"斩首"行动所根据的情报是错误的，隆美尔此时远在罗马，正在和他的妻子露西欢度他的50岁生日（就是11月15日），同时也在极力说服墨索里尼同意他的进攻托布鲁克的计划。他接到关于英军这次袭击的报告后诧异不已，因为他基本上不怎么来这个意大利人送给他的房子，他在北非战场上的指挥部总是在最前线。柯斯本人在这次行动中阵亡，隆美尔以真正的骑士精神下令以隆重的军礼下葬了这位勇敢的军官。

在英军的"斩首"行动失败之前，英军自己先遭受了一次无妄之灾，波普（Pope）中将，英国陆军当时最杰出的装甲部队指挥官之一，和他的2名下属，从开罗骑兵旅时代起就指挥精锐的第7装甲旅的鲁塞尔（Russell）准将和尤温（Unwin）准将，在从开罗起飞去前线的飞行事故中遇难。波普是原来特意从英国派来担任第30军军长的，运气好像并不在英国人一边。

"十字军"行动就这样依旧在隆美尔沉重的阴影下进行了，奥金莱克能够打破"隆美尔"这个神话吗？

■非洲军的装甲师配备了27辆，由Ⅰ号坦克所改装的47mm反坦克自行火炮。

隆美尔与非洲军
——托布鲁克的陷落

奥金莱克与"十字军"攻势

1941年11月17日的晚上，天气寒冷、潮湿，在严格的无线电静默措施中，英国第8集团军的各支部队都已经到达了指定的位置。在他们的身后，在之前的数个星期里，向西延长的铁路和输油管把大批的物资都卸在了隆美尔2个月前"仲夏夜之梦"的攻击目标——索法非，一场风暴即将掀起！

英军当时各支部队的具体位置是这样的：在"敌后"托布鲁克方面，主要守备部队分别是英军第70师，由史柯比（Scobie）少将指挥，史柯比同时兼任城防总指挥；波兰"卡帕西亚"第1步兵旅，由科潘斯基（Kopanski）少将指挥；第32集团军坦克旅，由威尔逊（Willison）准将指挥。正面战场的右翼或者说北面是奥斯汀中将的第13军，包括弗里博格少将的新西兰第2师；梅塞维少将的第4英印师；瓦特金准将的第1集团军坦克旅。正面战场的左翼或者说南面是诺里中将的第30军，包括戈特少将的第7装甲师；布尔克少将的南非第1师；马里雷特准将的第22近卫旅，这个集群是一个完全摩托化的进攻集群，主要依靠的进攻力量就是第7装甲师的210辆"十字军"和165辆"斯图尔特"。

在18日清晨时分滂沱的大雨中（这一年北非的这个季节下了多年未有的大雨），右翼的第4英印师和第1集团军坦克旅到达了意大利"萨弗纳"步兵师防御阵地以南15英里的地方，在他们南面10英里处，新西兰第2师负责保护第13军进攻部队的侧翼。

从新西兰师的位置往东南20英里，第7装甲师的3个旅散布在差不多100平方英里的范围之内，他们的左侧或者说是再南面15英里的位置，南非第1师和第22近卫旅也蹒跚着在微弱的晨光中前进，南非师和近卫旅的任务是保护第7装甲师的补给线和堆存的物资，好让第7装甲师这把尖刀更凶猛地插向德国人。

其中师直属部队国王龙骑兵卫队团、第11轻骑兵团和第4南非装甲骑兵团这3个团装备的都是重型装甲车，是用来分别配属给3个装甲旅作为侦察单位的。

英军的"十字军"攻势就这样出乎隆美尔意料地开始了！英军的此次战役的终极目的就是突破德意军的托布鲁克包围圈并彻底消灭德国非洲装甲军团。在这样广阔宽大的正面，坦克在前面打头阵，后面是步兵和炮兵，英国第8集团军的将士们展开了气势雄伟的大规模进攻。

英军官兵们士气高昂，这次大战以来他们似乎还从未以这样的规模对不可一世的德国人发起过进攻，这使得许多第8集团军的官兵们在很多年以后都对这场壮观的进军念念不忘。不过坎宁安还是没有明白奥金莱克的意图，也不熟悉沙漠作战中的指挥特点，再一次从一开始就犯了兵力分散的矛盾，攻击的正面过于宽大，不管他有多么好的理由，这在与隆美尔对战中是个大忌讳。

英军的无线电静默取得了很好的效果，再加上大雨使得德国空军也无法出动，隆美尔因此对于英军的大规模进攻毫无察

英国第8集团军主力第7装甲师在"十字军"战役中的作战序列

师长 戈特 少将
第4装甲旅 旅长 戈特豪斯 准将
第2皇家马拉炮兵团
第8轻骑兵团
第3皇家坦克团
第5皇家坦克团
第2苏格兰卫队团
第7装甲旅 旅长 戴维 准将
第7轻骑兵团
第2皇家坦克团
第6皇家坦克团
第22装甲旅 旅长 考克伯尔尼 准将
第2皇家格洛斯特轻骑兵团
第3伦敦郡自耕农团
第4伦敦郡自耕农团
师支持部队 乔克·坎贝尔 准将
第3皇家马拉炮兵团
第4皇家马拉炮兵团
第1国王亲卫来复枪队
第2来复枪旅
第60皇家野战炮兵团
第51皇家野战炮兵团一个营
师直属部队
第102皇家马拉炮兵团
国王龙骑兵卫队团
第11轻骑兵团
第4南非装甲骑兵团
第1皇家轻炮兵团
师通信连

■第8集团军的车辆在大雨造成的泥泞中跋涉，向前方运送物资。

65补给点补充燃料后，继续冒着大雨兵分三路向西北方向挺进。

18日下午，拉文斯坦只是派出了1连坦克和1连炮兵去支持受到攻击的第3侦搜营。快到晚上的时候，注意到英军进攻规模不同寻常的拉文斯坦向隆美尔建议把第21装甲师的全部坦克，即第5装甲团派

觉，也根本不愿意相信。即便在不久后拉文斯坦报告他的第21装甲师已经和英军大部队交上火后，隆美尔依然对拉文斯坦的焦虑大声斥责，因为他不希望有任何杂音来干扰即将对托布鲁克发起的进攻，坚持认为奥金莱克不过在效仿自己曾经做过的，正在进行一场英国版的"仲夏夜之梦"。

早上天亮后，英军右翼第13军第4英印师已经越过了锡迪－奥马尔以北的边境铁丝网，大约上午10点钟左翼英军第30军先头部队和德军第21装甲师第3侦搜营遭遇接火，隆美尔的装甲军团司令部和重要的坦克修理工厂所在地甘布特实际上已经处在英军的攻击范围内，但是英军并没有意识到机会已经在敲门了，他们开始忐忑不安地等待德国人意想之中的反击，但是德国人没有反击，第15装甲师和第90轻装师大部正在忙于准备对托布鲁克的进攻。第7装甲师这一天的进展非常顺利，在英军事先秘密安排的位于贾布尔萨莱赫（Gabr Saleh）东南方的第63和第

出去打击正在贾布尔萨莱赫以北和侦搜营交战的英军（第7装甲师第4装甲旅）的侧翼。对当前情况有着更为清楚认识的克鲁威尔（非洲军军长）同意了，并且在晚上7点多发出命令给正在海边休息的第15装甲师，让他们对甘布特以南做好戒备，但是8点他们和隆美尔在甘布特会面的时候，隆美尔连这个建议都不同意，更不用说把正在紧锣密鼓地准备进攻托布鲁克的第15装甲师派去和第21装甲师会合以组成一个非洲军的"铁拳"的动作，因为一则他还是认为英军的进攻目的和规模都有限，二则他担心这会影响他计划于2天以后对托布鲁克发起的进攻，潜意识里他也许还期望他甚至有可能在解决托布鲁克后回头再来对付东方进攻的英军，"我们绝不能神经过敏"，这就是隆美尔的反应，老虎也有打盹的时候，这只狐狸似乎大意了。

11月19日，坎宁安仍在按部就班地缓慢推进，左翼第30军第7装甲师的3个旅分成

了3个集群进攻。下午3点，在这个师的左翼，为考克伯尔尼第22装甲旅打头阵的师直属第11轻骑兵团的装甲车，在意军建有坚强工事的比尔艾古比（Bir-el-Gubi）支撑点和意大利"阿雷特"装甲师交上了火，意军很有战术意识地边打边退，把后续进攻的第2皇家格洛斯特轻骑兵团和第4伦敦郡自耕农团的坦克群引入预先布置好的反坦克火力网中（这显然是非洲军预先教会的），"十字军"坦克被击中后纷纷起火，第2皇家格洛斯特轻骑兵团的损失最为惨重，最后只剩下了19辆坦克，在激烈的战斗中，第4伦敦郡自耕农团的坦克曾经勇敢地摧毁了一个意军

反坦克炮阵地，附近受到惊吓的意大利人纷纷爬出战壕，准备投降，但是不幸的是，居然没有英国步兵跟进，而第22装甲旅的坦克群只能在意大利人的炮火中苦苦挣扎，已经爬出战壕的意大利人看到这幅情景，又纷纷回到了战壕中继续战斗。在作战中第22装甲旅整个旅损失了40多辆坦克，只能向上级要求增援。"阿雷特"装甲师虽然也损失了35辆坦克和12门大炮，并且还有15辆坦克受伤，但是他们还是顽强地守住了阵地，脱胎换骨的意大利人让英国人碰了一个大钉子。

第7师中央的第7装甲旅进展一开始较为顺利。下午2点，第4南非装甲骑兵团报告

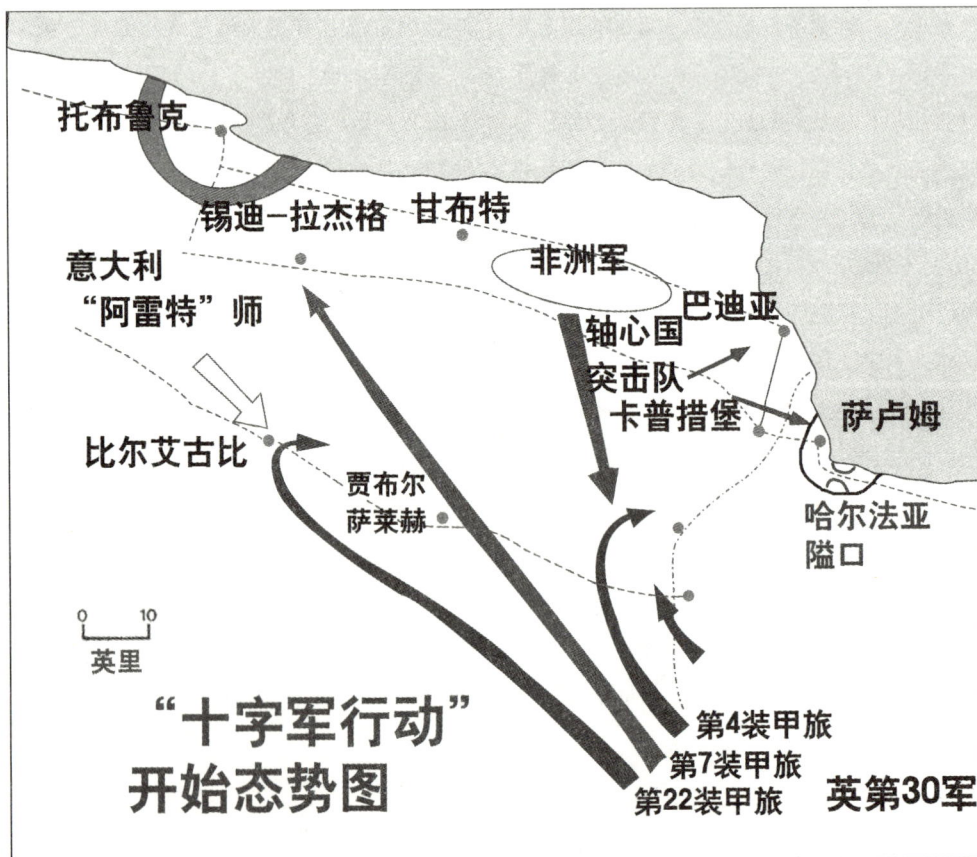

"十字军行动"开始态势图

锡迪－拉杰格（Sidi-Rezegh）机场毫无戒备，一片平静。下午4：30，第6坦克团准备对锡迪－拉杰格机场发起进攻时，德国飞机还在正常地不停地起飞和降落，英军坦克随即在机场上横冲直撞地把试图起飞的德国飞机压成一堆堆废铁，并且还缴获了十多架飞机。第7装甲旅继续前进，占领了锡迪－拉杰格北面可以俯视托布鲁克南面平原的一个山岭（上面有穆斯林圣人锡迪－拉杰格的墓），托布鲁克近在咫尺！但在那里，他们遇到了负责围困托布鲁克的德军第90轻装师第361团使用88mm炮进行的坚决阻击，英军跟进的步兵不够（只有一个摩托化步兵连），双方形成对峙。

第7师右翼（第4装甲旅）的战斗是最激烈和混乱的，这天早上，拉文斯坦显然对于英军的进攻规模有了更为清晰的认识，中午12：30，他把他的拥有85辆III号和IV号、35辆轻型II号坦克的唯一的一个装甲团（史蒂芬上校的第5装甲团）以及第21装甲师的12门105mm榴弹炮、4门88mm高射炮，再加上部分摩托化步兵组成了一个强有力的"史蒂芬"战斗群，向南去支援在贾布尔萨莱赫北面受到英军攻击的德军第3侦搜营，随后再移向东南方向的锡迪－奥马尔。与此同时，组

曼·西尔科的第15装甲师也得到命令，在入夜前转移到甘布特西南。如果说英国军队已经犯了分散力量的错误，那么显然现在隆美尔也正在犯同样的错误。

戈特豪斯第4装甲旅的3个坦克团此时正散成一片，负责侦察搜索的国王龙骑兵卫队团及第3皇家坦克团在和第21装甲师第3侦搜营交火后，不知不觉地向东北方向越追越远了，前锋甚至已经望到了大海，事实上已经插到了意大利"萨弗纳"师和拉文斯坦之间；第8轻骑兵团位于贾布尔萨莱赫东北6英里处，第5皇家坦克团离第8轻骑兵团还至少有10英里。下午2：30，疾驰而来的"史蒂芬"战斗群突然出现在第8轻骑兵团面前，突然爆发的战斗持续了整整2个小时，"史蒂芬"战斗群在质和量上面都占了上风，德军坦克可以在1500码的射程内准确地射出凶猛的炮火，而英军的"蜜糖"（M3"斯图尔特"坦克）只能拼命地冒着弹雨迅速驶向

■这张照片是1917年11月20日康布雷战役开始当天拍摄的即将上前线的新式武器——坦克，这天也是英国坦克部队的传统纪念日，在1941年的这天，第4装甲旅承担了德军第15装甲师的全部攻击压力。

德军坦克，以便使德军坦克进入它的1000码的有效射程。这样的战斗对第8轻骑兵团无疑是一场灾难，第4装甲旅旅部因此拼命地呼叫第3皇家坦克团和第5皇家坦克团赶来支援处于下风的第8轻骑兵团。

坦克对抗战的高手"史蒂芬"战斗群刚刚配备的长管50mm反坦克炮的运用极为成功，这种外形低矮的武器在发射后可以很迅速地转移到下一个安全的发射阵地，它的射程更是超过了英军所有的坦克炮射程（英军因此自惭形秽地把他们的2磅37mm反坦克炮称为玩具），在有效射程内可以击穿除了"马蒂尔达"坦克以外的英军所有型号的坦克装甲。前一段时间内在隆美尔督导下反复演练的反坦克炮和坦克的战术配合在实战中显示出了它的威力，德军把他们重量轻、机动性很强的反坦克炮部署在坦克前方和坦克协同作战，英军往往都不知道他们的坦克究竟是被德军的反坦克炮还是坦克炮击中的。

等到离得最近的第5皇家坦克团蹒跚着赶到战场时（第3皇家坦克团是赶不过来了），德国人已经敲掉了第8轻骑兵团的20辆"斯图尔特"，顺带把赶来的第5皇家坦克团的坦克也干掉了3辆，而后从容不迫地撤出了战斗，第8轻骑兵团声称他们最起码击毁了德军19辆坦克，也许击毁了26辆，但是实际上德军只有3辆坦克被彻底击毁，另外有4辆暂时失去了战斗能力，这样的战果汇报显然无助英军指挥机构对双方力量做出正确的判断。

■一辆被击毁的德国III号坦克。

整个20日，由于天气原因，德军飞机还是无法出动对英军进行侦察，因此虽然他们第一次集结起来试图对分散的英军进行打击，但是由于战场讯息的缺乏，对于英军的分布和动向还是处在一片迷雾之中。德军集结困难的另一个原因是第21装甲师的燃料经过前一天的剧烈战斗后也已经消耗殆尽，第15装甲师只有独立行动了。还有一个原因则是第3皇家坦克团的莽撞追击行动却取得了意想不到的结果，克鲁威尔把它看成是英军的一个主要威胁，准备用第15装甲师来对付它，第21装甲师则留在锡迪－奥马尔北面对付意想中的另一路英军。

锡迪－拉杰格机场和边上的埃尔杜达（El Duda）和贝尔哈姆德（Belhammed）岭两个制高点对于作战双方来说都是至关重要的。如果英军控制了它们，就离托布鲁克的守军只有一步之遥，并且切断了德军哈尔法亚隘口和萨卢姆守军的退路，这是隆美尔无法忍受的，因此萨默尔曼的非洲师（第90轻装师）在意大利"博洛吉亚"步兵师的部分兵力的配合下，加强了贝尔哈姆德岭的防御工事，不让第7装甲旅北进，并且还使用第90轻装师的第155和361步兵团在早上对锡迪－拉杰格进行了两次不成功的反击。

上午09：40，第7装甲师师长戈特来到了锡迪－拉杰格机场，第90轻装师不成功的进攻让他觉得在戴维的部队（第7装甲旅）和托布鲁克之间并没有多少障碍，假如是这样的话，就应该迅速地给托布鲁克的史柯比（第70师）发出配合突围的命令，不过在这样做之前，首先应该把防守机场的任务转交给正在赶来的坎贝尔的第7装甲师支持部队的步兵，他们担任这个任务显然更为合适。戈特和第30军军长诺里向坎宁安提出了这个诱人的建议，但是坎宁安不以为然，他的看法是根据电报破译结果和空军侦察，克鲁威尔即将组织2个德国装甲师对第7装甲师的右翼，即戈特豪斯的第4装甲旅实施打击，第22装甲旅应该摆脱比尔艾古比的"阿雷特"师向东前去增援。坎宁安的指挥无疑是中规中矩的，但是缺乏进取心，虽然重要的锡迪－拉杰格被轻易地攻克了，"阿雷特"师看上去也没有勇气出击，但是坎宁安还是吃不准隆美尔究竟会在何时何地发起反击，无法决定下一步究竟应该干什么。给第22装甲旅的命令也下得太晚了，第22装甲旅此刻极度缺少油料，直到21日晚上才到达锡迪－拉杰格以南第4装甲旅的位置。

前一天受到打击的英军第4装甲旅的职责是双重的，既要保护中央第7装甲旅的侧翼，又要为正在向北推进的第13军新西兰师提供侧翼保护，在这个英国坦克部队的传统纪念日（11月20日是"康布雷日"，1917年的这一天英国坦克首次在法国北部康布雷投入战斗，这也是世界上第一次坦克投入实战）里，它再次独自承受了第15装甲师全部的攻击压力，到夜幕降临时只剩下了98辆坦克，德国人在这两天的战斗里，由于战场抢修小组的出色工作，大多数受伤的坦克都在晚上得到修复，仅仅损失了7辆坦克。英军还是没有学会集中兵力的战术，在第4装甲旅苦苦奋战的时候，第7装甲旅只知道坚守锡迪－拉杰格机场按兵不动。当天晚上，坎贝尔准将指挥的第7装甲师支持部队赶到了机场，和第7装甲旅会合了。

11月20日晚9点，隆美尔收听了英国BBC广播电台的新闻报道："装备精良的

■英军的25磅炮正在猛烈开火，掩护步兵向锡迪－拉杰格机场北面的山岭攻击。

隆美尔与非洲军

第8集团军的75000名官兵在西部沙漠中开始了一次总攻，他们的目标是消灭非洲的德意军队。"在这以前，隆美尔的直觉虽然已经告诉他这一点，但是由于对托布鲁克的"痴情"，他还是把主要精力都投入对托布鲁克的进攻准备工作中，也许是这个

■"十字军"战役的危急时刻，隆美尔在战火中研究战局。

新闻最终让隆美尔彻底放弃了他以前所有不切实际的乐观，"沙漠之狐"终于从"十字军"行动最初3天的迷雾中醒过来！

隆美尔终于明白了英军正在进行一场全面的进攻，同时也明白了最迟第二天托布鲁克的守军将在牢牢控制着锡迪－拉杰格的英军配合下实施突围作战，他当即决定推迟对托布鲁克的进攻，回头首先对付威胁最大的锡迪－拉杰格的英国装甲部队，即第7装甲师第7装甲旅和师的支持部队。

21日天亮前，隆美尔在给克鲁威尔的指示中说"现在形势很危急"，他要求克鲁威尔一待黑暗过去，就以最快速度行动，摆脱正在锡迪－阿齐兹和非洲军交战的英军装甲部队，把非洲军迅速西调，集中第15装甲师和第21装甲师的力量打击锡迪－拉杰格机场的英国人。这里是第13军和第30军的结合部，也是对托布鲁克外围德意军队威胁最大的地方，这里的战斗无疑将决定"十字军"战役的结局。

就在隆美尔这样做的时候，各处的消

息纷至沓来，托布鲁克的守军正在蠢蠢欲动地在铁丝网和雷区中开辟道路，很显然托布鲁克守军的突围方向也是锡迪－拉杰格地带。边境一带的英军进攻部队（第13军）也已经开始试图割裂和歼灭边境据点的德意守军。非洲军不可能同时照顾到两个方面，隆美尔也同样不能同时出现在两个地点。隆美尔决定放弃边境地带的守军，他决定自己亲自率领第90轻装师和意大利人去对付托布鲁克突围的英军（这时候他又认为这个方向的情况最危急），克鲁威尔负责指挥非洲军2个装甲师在锡迪－拉杰格的战斗。

所有的机械化部队之间的战斗都是混乱不堪，但是锡迪－拉杰格发生的机械化战斗尤其混乱不堪，它几乎是由一连串的遭遇战组成，各支部队（尤其是英军）只是自动地与他们正前方和侧翼发现的敌人交战，指挥战斗的坎贝尔准将虽然很勇敢，也很尽力，但是在浓重的烟雾中只能任凭他的部队四分五裂地和德国人作战。

锡迪－拉杰格机场的英军是在准备向

北攻击阻挡他们通向托布鲁克的德国步兵时突然遭到2个德国装甲师的凶猛打击的，而且优势德军的进攻是在他们的侧背后发起，即东南面方向。2个德国装甲师按照隆美尔的命令，用速度甩开了考克伯尔尼的第22装甲旅在正面、戈特豪斯的第4装甲旅在东面侧翼的堵击，第22装甲旅最后燃料用尽，而第4装甲旅的"斯图尔特"坦克火力、射程均极有限，只能眼睁睁看着第21师在右面，第15师在左面，突进了锡迪－拉杰格机场。

戴维的第7装甲旅在第7装甲师的3个旅中装备的坦克是最老旧的，其实力也最弱，而且第6皇家坦克团整整一个团已经出发参加坎贝尔组织的对北面山岭的进攻了。在很短的时间内，戴维首先派去抵挡第21装甲师的第7轻骑兵团就几乎被完全消灭了，而第15装甲师的反坦克炮的准确攻击也把第2皇家坦克团的坦克消灭得所剩无几。德国反坦克炮的炮手们非常勇敢，也非常机警，他们携带着反坦克炮，在德国坦克前面或者英军卡车中间丝毫不引人注目地一辆接着一辆地摧毁了英国人的坦克。这样一来，机场上第7装甲师支持部队堆存的补给物资只能听任德军坦克的蹂躏。

几乎就在锡迪－拉杰格机场的英军遭到灭顶之灾的同时，在英军第7装甲师的42门大炮和第6皇家坦克团的猛烈火力的支持下，坎贝尔手头的全部步兵——第1国王亲卫来复枪队和第2来复枪旅一个连的步兵们冒着德军第90轻装师第361团步兵猛烈而又准确的机枪和平射炮的火力，攻上并占领了

北面的这座重要山岭，俘虏了差不多800名德意军，不过重要的175高地还在德军第361步兵团手上。英军取得的这个进展的代价是沉重的，第22装甲旅和第4装甲旅已经来不及挽救锡迪－拉杰格机场上的装备和物资了。

中午时分，占领锡迪－拉杰格北面山岭的英国炮兵已经开始对卡普措堡实施火力封锁了。但是第1国王亲卫来复枪队的指挥官塞利斯中校，缺少兵力占领所有的山头，只能集中兵力固守167高地这个最高点，很快地，德军步兵反攻了上来，占领了其余的山头。

第6皇家坦克团企图继续向埃尔杜达突进，与从北面托布鲁克城中突围出来的威尔逊的第32集团军坦克旅会合。但是隆美尔亲自率领的4门88mm炮及时赶到，终结了他们的前进企图，隆美尔先南后北，靠着这区区4门88mm炮把南北两支英军坦克部队打得一筹莫展，第6皇家坦克团的损失尤其惨重。

与此同时，2个德军装甲师虽然有"斯图卡"轰炸机在空中不遗余力地支持，但是他们的弹药已经耗尽，再加上戴维指挥的2个坦克团残部不顾一切地攻击，也暂时无力继续对坎贝尔集团进行进一步打击。到了下午，戴维指挥下的坦克只剩下了10辆还能战斗。

非洲装甲军团情报处长默林津少将在所著《坦克战》一书中有关"十字军"行动中锡迪－拉杰格战斗这一段的历史是这样写的："第7装甲旅的指挥官决定把第6皇家坦

■ "亡者星期日"当天在战场上指挥作战的非洲军军长克鲁威尔将军。

克团和师支持部队留在锡迪－拉杰格机场，用第7轻骑兵团和第2皇家坦克团去迎击2个德军装甲师的进攻，这是那时典型的英国战术——他们的指挥官不会集中他们的坦克和炮兵来进行一次协同作战。很快第7轻骑兵团的坦克就纷纷着火，第15和第21装甲师的坦克到达了可以从南面俯视机场的高地，非洲军试图从东南方向攻击机场，在坎贝尔准将指挥下的第7装甲师支持集团和第6皇家坦克团的坚决抵抗使得这种努力失败了。英国炮兵部队是英国陆军中训练和指挥最好的单位，这些炮兵们11月21日在锡迪－拉杰格机场的不屈服的战斗为我们证明了这一点。"

隆美尔本人以后为英军在锡迪－拉杰格所犯下的战术错误作了最好的批注，他是这样对一位被俘的英军军官说的："假如你有两辆坦克对付我的一辆，你却一辆一辆地派过来让我来粉碎它们，那么这两辆和一辆又有什么区别？你们就是这样把3个旅一个一个地给我送上门来的。"隆美尔是正确的，战术上的差距可以抹煞军队在数量上和勇敢精神上拥有的一切优势和付出的一切努力。

11月21日的晚上和平时一样潮湿寒冷，但在锡迪－拉杰格哆嗦的人们没有一个人期待第二天的到来，他们都很清楚2个可怖的德国装甲师此刻正向西北方向退去，准备补充油料和弹药后第二天继续锤打机场。但是22日的黎明却还算是平和地到来了，这似乎出乎所有人的意料。也许是缺少汽油，非洲军团第21和第15装甲师还都没有完成进攻前的集结，他们的后卫也都在和赶来支持的第22装甲旅和第4装甲旅交战。另一个好消息就是新西兰第2师第6旅和部分炮兵正在向锡迪－拉杰格赶来。

英军的右翼第13军战役开始的这几天里，进展一直不顺利。第4英印师第7英印旅所属的苏塞克斯团在第42和第44皇家坦克团的"马蒂尔达"坦克的支援下，经过血战攻克了锡迪－奥马尔。但是对于利比亚奥马尔（Libyan Omar）的进攻则遭到了德军

■ "亡者星期日"战斗中，克鲁威尔仅凭着残存的非洲军军部，指挥3个装甲师作战，这个成就是相当可贵的。图为克鲁威尔将军（左二）、军参谋长拜尔莱因上校（右二）及他们的副官合影。

"绿洲"部队的顽强抗击。新西兰第21营对意大利"萨弗纳"师师部所在的比艾吉赫巴（Bir Ghirba）的进攻同样不成功，并且遭受了惨重的伤亡。守军配属的88mm炮再次击毁了第13军的35辆坦克（都属于第42和第44皇家坦克团），第13军这几天的进攻虽然抓获了1500名意大利战俘，但是自己本身仅阵亡就在500人以上。唯一值得欣慰的是，他们所付出的代价将会影响隆美尔几天后所做出的决策。

22日天亮后没有多久，坚守锡迪－拉杰格机场的第7装甲师支持部队的残余就观察到了大量敌人的车辆，包括大约80辆III号和IV号坦克正从西面疾驶而来，坎贝尔准将命令第60皇家野战炮兵团的25磅炮迅速开火，与此同时，坎贝尔在指挥车里大力挥动着他的指挥旗，示意第6皇家坦克团仅剩下的12辆坦克冲上去迎击敌人。

德国人用猛烈的火力还击，坦克群从西面、步兵从北面攻了过来，锡迪－拉杰格机场和南北两侧的山岭很快都是燃烧的车辆、破损的大炮、死去或者受伤呻吟的步兵。坎贝尔准将亲自操作一门反坦克炮向冲过来的敌军坦克不停顿地开火，四周炮组成员或死或伤地躺了一地，这位勇敢的准将事后也获得了一枚"维多利亚"十字勋章，第7装甲师支持部队（后来改编为第7摩托化旅）以后还特意为他的授勋仪式在开罗举行了一次游行。乐极生悲的是，这位刚刚晋升少将内定的第7装甲师师长却在授勋仪式结束几星期后死于一次车祸。

22日，隆美尔本人一直待在托布鲁克外围，由于他的这个位置，他始终觉得托布鲁克守军的突围行动看上去更加急迫和危险，从而延缓了对锡迪－拉杰格地带英军的进攻。但是实际上正是非洲军2个装甲师在锡迪－拉杰格的奋击使得第7装甲师无暇呼应托布鲁克守军的行动，史柯比第70师向南突进了4000码的距离后就不得不停了下来（他们值得一提的战果只是1000名意大利战俘）。

第90轻装师第361团早上从175高地对第7装甲旅的步兵发动了一次进攻，第155团紧接着又发动一次进攻，他们的进攻得到了波特切尔的原来准备用于进攻托布鲁克的炮兵集群的炮火支援。他们的进攻和装甲师实际上对锡迪－拉杰格的英国军队形成了钳形攻势，但是双方却并不知道，坎贝尔和戴维在这样的熔炉中的日子注定是痛苦万分。

下午4点不到，在第21装甲师第5装甲团的凶猛打击下，第60皇家野战炮兵团已经基本完了。坎贝尔准将命令第22装甲旅占领锡迪－拉杰格机场南面的山岭，把3个装甲旅和支持部队的残部逐渐向这个位置转移。

下午5点，在机场上的炮兵部队还没有完成转移的时候，德军的步兵在坦克的掩护下攻了上来，坎贝尔命令第3和第5皇家坦克团前去增援，掩护这些宝贵的25磅炮的撤退。

于是，失去第3和第5皇家坦克团的第4装甲旅就像前一天的第7装甲旅一样，再次遭到了灭顶之灾。当第3和第5皇家坦克团出发后，德军第15装甲师的坦克群突然出现在第4装甲旅的后面，毫不留情地把担任后卫的第8轻骑兵团的"蜜糖"差不多摧毁殆尽，英军的炮手确实非常尽职，第60皇家野战炮兵团和第4皇家马拉炮兵团的炮兵明知他们并不是德军坦克的对手，还是努力地开火。毫无防护能力的第3皇家马拉炮兵团的2门2磅反坦克炮和1门"卜福斯"高射炮更是几乎以自杀性的勇气和德国坦克对射，"卜福斯"发射的40mm炮弹虽然不止一次地击中III号和IV号坦克，但无法阻止德国坦克的前进步伐。

夜晚来临了，英军的炮一门门地哑火了，战场的主人又是德国人了，这是因为德国的装甲部队和英军的不同，他们在夜幕降临后仍然敢于留在战场上继续战斗，而英军则习惯于在黄昏时分组成防御阵形，实施他们所谓的"夜间会合"，这样的战斗素养和作战习惯使得在短短的一个小时的激烈战斗后，第8轻骑兵团只剩下了8辆"斯图尔特"还能动弹，第4装甲旅的旅部更是惨不忍睹，几乎所有的旅部成员都被德军打死，剩下的残部只能组成一个防御圈苦苦挣扎自保。英军除了向南撤退，重整旗鼓以外，已经没有其他办法了，而德军的弹药也差不多耗尽了。

11月23日是个星期天，从1841年起，这个

11月的倒数第二个星期天在德国也被称为"亡者星期天"（Totensonntag），是德国人用来纪念在过去几年中亡者的一个传统节日。1941年的这个节日人们纪念的当然大多是一战和二战中阵亡的德军将士，这一天德军在这次战役中的反击在死里逃生的克鲁威尔的指挥下达到了最高潮，这一天也似乎注定又将有更多的生命要离开这个世界。

22、23日晚上，隆美尔给克鲁威尔发了一份冗长的电报，这份电报过长，以致克鲁威尔都没有时间等待译电员全部译完，只是根据隆美尔的大意，自行决定了作战方案。他把第15装甲师所有的150辆坦克（包括意大利"阿雷特"师的）集中于比尔艾古比，突然向北突击锡迪－拉杰格英军炮兵阵地前的英军。

不过这一天早上对于非洲军的指挥部是灾难的一个早晨，在2个装甲师把力量全部押在锡迪－拉杰格机场时，英军战线右翼的第13军也没有闲着，前一天晚上新西兰第2师第6旅在第30军的恳求和师部的命令下出

■准备发起进攻进行宽锥战斗队形编组中的德军第15装甲师第8装甲团的坦克连，图为一辆IV号E型坦克。

发支持锡迪－拉杰格坎贝尔的部队。这天凌晨在艰难地跋涉了一个晚上后，他们与向南移动中的非洲军指挥部不期而遇，等到双方都发现对方时，距离最近的只有150码了，新西兰第24营和第25营以及第6野战炮兵团把几乎所有的枪炮都一齐向可恶的Jerry（英军一方对德国人的称呼）开火，克鲁威尔和他的参谋长拜尔莱因（Bayerlein）上校算是机警，逃了出来，但是其余的成员就没有那么幸运了，基本上都作了新西兰人的俘虏或者被打死了，最大的损失是非洲军指挥部那些宝贵的无法替代的情报军官和电讯人员，指挥部的设备和文件成了新西兰人的战利品，"十字军"行动的混乱和激烈程度由此可见一斑。

早上，被打得七零八落的英军第7装甲师开始集结，第7装甲旅只剩下了15辆坦克，第22装甲旅也不过34辆"十字军"坦克，师支持部队事实上已经被德国人消灭了。诺里将军试图在锡迪－拉杰格南面的山岭后面重新整顿第7装甲师，但是他的对手是德国非洲军，又怎么可能给他这个喘息的机会？

第21装甲师牢牢地封住了北面的去路，而第15装甲师则和"阿雷特"装甲师一起从东南面比尔艾古比第30军的侧后方向包抄了上来。这样一来，处于这个方向德军前进道路上的第5南非旅和第22装甲旅就要承担抗击德国装甲师的责任了，力量薄弱的它们显然是撑不了多久的。到了晚上，第5南非旅被大部歼灭，而第22装甲旅也只剩下了最后的20辆坦克。这一路上，德军还扫荡了第7装甲师的补给物资，什么都没有给英国佬留下。但是第15装甲师也为克鲁威尔的战术试验付出了惨重的代价，这是因为克鲁威尔在指挥德军进攻时，一反常理地命令德军整整2个团的摩托化步兵全部坐在车上和坦克一起向英军冲锋，这样冲锋的代价无疑是高昂的，第15装甲师在冲锋中至少损失了60辆坦克，大多数站得笔直进行指挥的摩托化步兵军官们也在车上遭到英军的无情射杀，如果是隆美尔亲自指挥的话，克鲁威尔这样的蛮干就一定能避免。虽然英军第30军的损失要大得多，但是非洲军的后备力量显然是没法和英军比的。

作战双方在这一天的夜间都忙得不可开交，都在忙着修理自己受损的坦克，但是等到黎明到来的时候，胜利的一方依然是隆美尔的效率高得多的战场修理分队。第30军的血流得太多了，现在英军方面唯一的办法就是让戈德温·奥斯汀的第13军赶紧顶上来，承担和史柯比会师的任务。奥斯汀命令梅塞维的第4英印师尽快地帮助新西兰第2师从和边境地区德意军对抗的情况中解脱出来，让新西兰师向贝尔哈姆岭和锡迪－拉杰格地区突进，以期和托布鲁克守军会合于此。这样一来，弗里博格的新西兰第2师就成为了战场上的主角。

23日晚上，从抗击新西兰师的战斗中回到非洲军指挥部的隆美尔下了决心，要对英军实施坚决的反击。这无疑是一个正确和果敢的抉择，问题是隆美尔过于进取和自信，选错了反击的方向，他决定对第8集团军的后方进行一次长途奔袭，以迫使英军全面撤退。隆美尔那天晚上的情绪非常亢奋，他认为非洲军已经在锡迪－拉杰格对英国装甲部队取得了决定性胜利，现在是到了要收拾进攻萨卢姆前线的英军的时候了。作战处长威斯特法尔提出了异议，觉得他也许过高地估计了非洲军目前为止取得的进展，托布鲁克的英军和正在战场上横冲直撞的新西兰人的威胁并没有消除，隆美尔对此的反应是讥笑威斯特法尔根本不了解英国人，或许隆美尔又想起了"战斧"行动中他的反击给英国人造成心理崩溃时的情景了吧？

24日，德军装甲部队主力（此时已不足100辆坦克）在隆美尔和高斯（隆美尔的

■德国非洲军团的灵魂人物隆美尔，正是在他出色的指挥下非洲军一次次以少胜多，赢得胜利。

参谋长）的带领下以高速度开始了大规模反击，克鲁威尔领着他的司令部仅剩的1辆指挥车和1辆通讯车也跟随出发，他们向第30军的后方渗透了过去。

在非洲军的前进道路上首当其冲的又是可怜的第5南非旅的残部，他们拼命地抵抗，第4伦敦郡自耕农团和第2皇家格洛斯特轻骑兵团剩下的全部"十字军"坦克也赶来支持。第22装甲旅的这2个团其实力只剩下1个团的兵力了，但他们还是无畏地一次次投入战斗，有效地阻止了德国装甲师的突击。夜幕降临的时候，第5南非旅遭到全歼。

这一天，隆美尔的冲动使他和胜利女神擦肩而过。首先，由于英国第70师此时已经在非洲军还完整的情况下过早地冲出了托布鲁克，他完全可能轻易地拿下他梦寐以求的这个港口，这样的话，"十字军"行动就将宣告完全失败；其次，如同克鲁威尔建议的那样，他可以继续对锡迪－拉杰格的英国军队施加强大的压力，收拾这里的战利品并彻底消灭这里残余的英军装甲部队主力，把英国第8集团军打成一个瘸子甚至一个瘫子，从而一举奠定胜局。令人完全不能理解的是，他把这两个机会全都放弃了，而是采取了一个风险最大的举动，将非洲军全军向第8集团军背后的埃及境内进发，这在他的供应已经捉襟见肘的情况下，虽然并不是说没有一点成功的可能性，但是在某种程度上也可以说接近于自杀。性格决定命运，隆美尔的性格决定了任何四平八稳的方案都是为他所排斥的。

11月25日，坦克实力已经不足100辆的德国非洲军越过了利、埃边境铁丝网（与此同时，"阿雷特"装甲师也离开了锡迪－拉杰格），向埃及境内挺进，隆美尔显然相信他的这个举动将足以让坎宁安和他的第8集团军崩溃，这是他从"战斧"行动中得来的经验，他虽然正确地估计了坎宁安的性格，只是这一次他的对手还有一个奥金莱克，一个冷静的真正的不列颠军人。

隆美尔的这个举动确实让坎宁安乱了方寸，越走越快的非洲军在贾布尔萨莱赫赶上了逃窜途中的英军各支战斗和后勤部队，坎宁安坐着一架轰炸机好不容易逃出了非洲军的突袭。在埃及一侧的指挥部里，他注视着地图，眼看着隆美尔马上就要打掉第8集团军在前线的唯一一个野战机场（英军的飞机全部在向东逃窜），并且已经切断了绝大

多数供应线，按照他的意思，英军应该迅速全军退入埃及，实际上精神接近崩溃的他已经准备这样做了。幸运的是，就在这个千钧一发的时刻，奥金莱克来到了第8集团军指挥部，他以一个真正的战略家所具有的眼光，果断地制止了坎宁安仓皇失措的举动，命令第13军不顾后方的警报，继续向托布鲁克前进；其余各支部队停止撤退，或是就地坚持，或是保护好前方部队的后背。这个重大的决定挽救了"十字军"战役，虽然这时战役的结局还没有决定，但是奥金莱克在和隆美尔的意志上的较量中没有认输，英国军队没有继续"战斧"行动中犯下的错误，"十字军"行动曙光初现。

奥金莱克当天中午离开坎宁安回开罗时留下的旨在鼓舞坎宁安斗志和信心的指示无疑是值得大书特书的："他（隆美尔）的

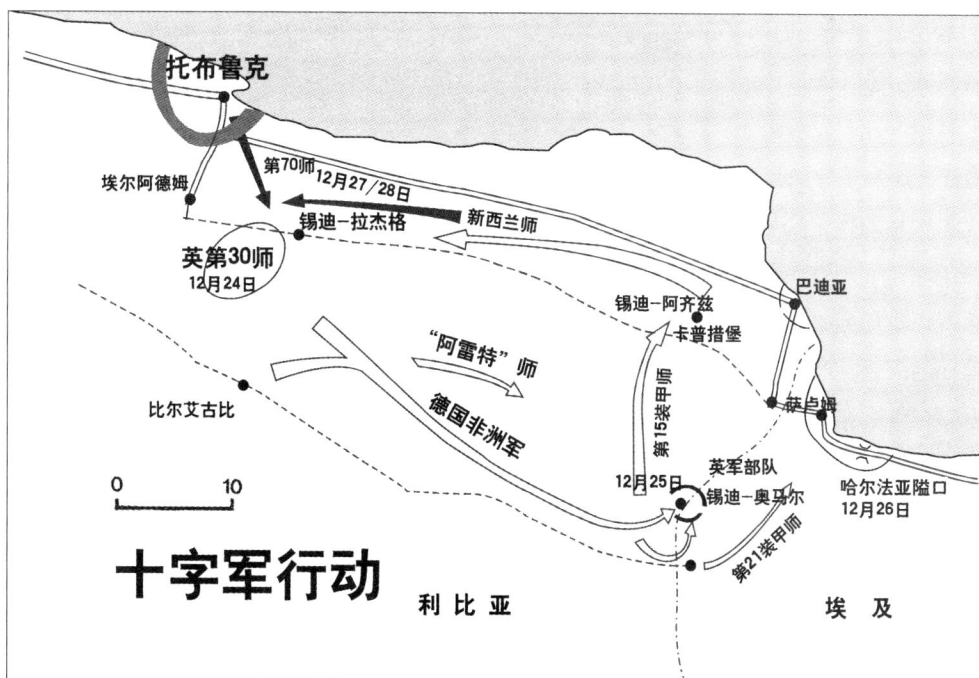

处境是绝望的，他正在竭力挣扎，想要搅乱我们的视线。我们绝不能为之所动，一定要粉碎他。您（坎宁安）已经把您的牙齿咬进了他的身体，不要松口，咬得紧些再紧些，直到他被彻底解决，不要给他任何喘息的机会。北非的总体局势好极了，我只有一个命令，攻击敌人，追击敌人，这是给所有人的命令。"这是怎样的智慧，这是怎样的意志！

但是，第8集团军主帅坎宁安的状态还是让奥金莱克非常担心，就在这一天，"十字军"行动开始7天以后，奥金莱克下令由他的副参谋长，内尔·里奇（Neil Ritchie）将军取代了坎宁安担任第8集团军司令，这虽然也不是什么很好的选择，里奇既没有指挥沙漠作战的经验，同时又缺乏必要的资历（第8集团军的两个军长都曾是他的上司），但是当时除了正在指挥驻埃及英军的威尔逊（Wilson）将军外，已经没有任何其他人选了，而且对于奥金莱克来说，所有这些不利条件比起把举措失当甚至可以说惊慌失措的坎宁安从掌管第8集团军的这个位子取代下来的重要性来说，就根本不算什么了，里奇至少是一个奥金莱克比较了解和信任的人选，至少他的精神状态要比坎宁安来得正常。

在北非战场上和非洲军的对阵中，英军之所以屡屡败阵，高级指挥官不称职是一个重要的原因。对英军高级指挥官的极度轻蔑使得隆美尔以后曾对被俘的英国官兵说道（大意）："你们像狮子一样战斗，但是带领你们的却是一头驴子。"

但是奥金莱克显然是一个例外。隆美尔毫无疑问是一个战术天才，但是和奥金莱克相比，他在冷静和判断力上还是稍逊一筹。隆美尔总是喜欢马不停蹄地从一个战斗地点赶到另一个战斗地点，总是喜欢出现在战斗最紧急的地带，虽然他这样做在电台讯号有时很差的沙漠里并非没有道理，但是他的这种作为主帅不免有些轻率的行动在非洲军突进敌后的几天里使得他和非洲装甲军团失去了联系，整个非洲装甲军团得不到他的指挥，这是一个灾难性的事件。而奥金莱克则不然，他从不轻易离开自己在指挥部里的位置，在最危急的时刻也不会惊慌失措，这当然也是一种勇敢，而且在某种意义上来说是主帅更应该具备的勇敢精神。

这次战役中最惊险的一幕是隆美尔和他的"猛犸"指挥车11月24日晚上在敌后独自待了一个晚上（整个晚上英军的车辆川流不息地从他身边不远处驶过）后又于第二天误入了一座英国野战医院，他或许以为这是一所德国野战医院，轻松地走下了车，还和几名德国伤兵（他们已经是战俘了！）交谈了一会，德国伤兵们目瞪口呆，看着他们的最高指挥官几乎不能说话。而英国人在黄昏中，也没有注意到这辆"多切斯特"英国装甲车车身上的醒目的黑白两色德军十字标志，很可能把隆美尔本人也当成了服装有点接近的波兰军官，隆美尔很快就意识到了自己的处境，不动声色地悄悄地溜走了，这家英军医院（也包括前一天晚上从隆美尔身边驶过的众多英军）错过了一次改变战争进程的机会！

11月25日，第21装甲师打到了哈尔法亚隘口，但是第15装甲师在锡迪－奥马尔被击退，这样也就实际上宣告了非洲军包围第8集团军行动的失败。雪上加霜的是，由于非洲军主力离开了甘布特，使得英军攻陷了甘布特至关重要的德军前线战斗机基地，非洲军一时失去了他们须臾不可离开的"斯图卡"俯冲轰炸机的空中支持，进攻力量更大大打了一个折扣。失去后勤和攻击方向的非洲军在利比亚、埃及的这一边，只是毫无意义地听凭敌人的空中和地面的双重打击。就在这一天，"史蒂芬"战斗群的指挥官——弗里茨·史蒂芬胸部被英军的子弹打中，受了重伤后（心脏和肺都被击中）阵亡，隆美尔亲自观看了一位被俘的英国军医非常尽职地给他做了胸部外科手术，但这未能挽救这位刚毅而杰出的军官的生命。

■列队前往英军战俘营的非洲军官兵，对他们而言，战争已经暂告了一个段落。

11月26日，隆美尔的运气很坏，他的部队极度缺乏供应，插入敌后却阴错阳差地错过了英军庞大的第62、63号野战补充基地，这两个基地中英国人堆积了大量的食品、汽油，都是为英军的继续进攻而准备的。在此之前，第21装甲师第5装甲团击溃了英军第50号军需仓库的守军，却对这个仓库的大量库存（包括汽油）和关押的900名德意俘虏视而不见。如果非洲军得到了这些补给，就可以在边境东面持续他们的进攻，此消彼长，第8集团军也就改变不了失败的命运，可见隆美尔的冒险也并非没有一点道理。

"十字军"行动似乎始终处在"战争的迷雾"之中，双方的惊险有增无减，第21装甲师第104步兵团在越过边境时，离坎宁安的第8集团军总部只有12英里，却毫无察觉。然后和第13军的又一个野战补充基地擦肩而过。"史蒂芬"的第5装甲团则距离英军的战斗机机场近在咫尺，"史蒂芬"上校就是被一架低飞的英国战斗机击伤，但是第5装甲团还是没有发现并摧毁英军的这个重要的机场。

其实，双方都犯有这样错过给对方致命一击的错误。非洲军也有一个希腊神话中所谓的"阿基利斯的脚踝"的要害（希腊神话中的英雄，全身刀枪不入，惟有脚踝处是致命弱点），那就是他们位于巴迪亚公路以北，距离甘布特仅仅数英里的各类作战物资的存放点和至关重要的坦克修理工厂。11月23日，新西兰第4旅占领了甘布特，但是第13军军长奥斯汀过于担心弗里博格的侧翼，不允许他越过巴迪亚公路。这样，克鲁威尔毫无防御能力的后勤中心就在新西兰人的眼皮底下继续运作，最后又安全地撤出。作战双方就是这样过于执着于努力消灭对方的坚强的作战部队，而不屑于或者说无暇去发现并消灭对沙漠作战至关重要的后勤保障体系。

至此，双方已经打成一团，真正成为你中有我、我中有你的格局，理论上被德军抄了后路的新西兰第2师按照奥金莱克的命令继续西进。

由于第4英印师主力一直胶着于哈尔法亚隘口，而南非第1师也已残缺不全。奥斯汀命令新西兰第2师负责打通和托布鲁克的联系，弗里博格对这个命令的执行三心二意，因为建立一条"托布鲁克－锡迪－拉杰格－埃尔杜达走廊"对新西兰师没有什么吸引力。新西兰师非常清楚托布鲁克此刻缺医少药的情况，他们众多的伤兵即便冲进托布鲁克，也没有多少好果子吃，也不意味着托布鲁克解围成功。而史柯比更是对双方会师的地点有着自己的看法，他认为第8集团军指定的锡迪－拉杰格（埃尔杜达岭）方向障碍重重，托布鲁克守军从西北方向突围可能更好些。这样双方你动我不动，我动你不动，作战协调相当成问题。

26日这一天隆美尔付出了惨重的代价，而所得甚少。假如第13军和第30军的坦克能够集结起来，那么这一天就将完全终结非洲军的存在。但是奥斯汀的第13军的坦克是平均地分配给步兵的，而第30军则正在自顾不暇地舔舔伤口。

沙漠战斗的一个重要特点就是只要后备力量充足，部队的复原能力就会相当强，23日被击溃的第4装甲旅这时得到了36辆新坦克，其实力又恢复到了77辆坦克。隆美尔的向敌后突击的行动又消除了对于锡迪－拉杰格英军装甲部队的压力，给了第22装甲旅从战场上搜寻和修复受损坦克的机会，其实力又达到了可以一战的50辆坦克。而失去后方的非洲军就没有这种能力了，他们的坦克实力已经落到了区区五六十辆的水平。

由于隆美尔的"失踪"，非洲军的指挥权落到了一名小小的中校的手中，他就是德国非洲装甲军团的威斯特法尔作战处长。由于他和待在非洲装甲军团指挥部的意大利最高指挥官巴斯蒂柯对于托布鲁克东面和南面的越聚越多的英军兵力非常担心，在用电台百般联系隆美尔没有结果的情况下，自作主张地给第21装甲师下达了撤回边境这一边的命令。而该师实际上也已经到了山穷水尽的地步，师长拉文斯坦认为第21装甲师再这样在敌后待下去，离集体走进英国战俘营的日子就不远了（他本人确实离这个日子不远了），已经要他的军官们给家里写诀别信了。

隆美尔得知威斯特法尔的擅自行动

■发起冲锋的新西兰军队。

后，大发雷霆，威胁准备把他送上军事法庭。但是到了27日，当他自己回到指挥部，在仔细研究了作战地图以后，他才不得不承认正是威斯特法尔拯救了他和非洲军。

"十字军"行动还在托布鲁克东面和南面持续，尽管非洲军团还会继续取得一系列战术胜利，还将摧毁大量的英军坦克和装备，但是总的来说非洲军已经失去了战场主动权，他们的失败只是一个时间问题而已。

就在隆美尔从埃及返回锡迪－拉杰格主战场的前一天，位于托布鲁克的史柯比将军意识到新西兰人已经控制了贝尔哈姆德岭，于是他决定派出英军第70师埃塞克斯团第1营和手头全部的坦克去夺取埃尔杜达岭，以争取和新西兰人会师。埃塞克斯团第1营和第32集团军坦克旅夺取了埃尔杜达岭，一路上德军的阻力微乎其微，反而是新西兰师召唤来的英国空军的"友好"轰炸给他们造成了40人伤亡（他们一共才伤亡了65人）。同一个晚上新西兰第6步兵旅攻克了锡

迪－拉杰格，第4步兵旅所属的第19营在第44皇家坦克团的"马蒂尔达"坦克的掩护下，于第二天凌晨把电话线铺设到了托布鲁克突围部队占领的埃尔杜达岭，短暂地结束了托布鲁克被围的历史。

但是隆美尔是决不会轻易让托布鲁克解围的，现在控制了锡迪－拉杰格的新西兰第2师对隆美尔的威胁最大，隆美尔要求克鲁威尔把这个新西兰师分割开来加以消灭，但克鲁威尔坚持不分散使用他的2个装甲师，只想全力对埃尔杜达发动一次突击，这样做实际上是想把新西兰师赶进托布鲁克。11月29日，新西兰第2师部分兵力进入托布鲁克，隆美尔开始全力对付这支部队。

27日早上第15装甲师回师托布鲁克，他们首先在锡迪－阿齐兹撞上了新西兰第2师第5步兵旅的旅长哈吉斯特（Hargest）准将的旅部，护卫旅部的有新西兰第22营的B连和新西兰第5野战炮兵团的E连，新西兰炮手们在德国坦克的射程里还是绝不放弃地

隆美尔与非洲军

"装弹，瞄准，开火"，直至所有的2磅、18磅和"卜福斯"炮都被德国坦克击毁。44名新西兰军人阵亡，哈吉斯特随同46名军官和650名士兵被非洲军俘虏。出于对新西兰人英勇抵抗的尊重，德军没有去攻击和旅部在一起的有80名新西兰伤员的野战包扎站。

29日晚上，德军开始向新西兰人建立的"托布鲁克－锡迪－拉杰格－埃尔杜达走廊"发起进攻。筋疲力尽的新西兰第2师和英国第70师都无力抵挡。史柯比手上只有一个后备营，这个营甚至都已经没有列在托布鲁克守军的序列表上，那就是澳大利亚第9师的布罗斯（Burrows）中校的第13团第2营，这个营是因为10月19日来接他们的运输船被意外击沉而滞留在托布鲁克。高层达成的谅解是除非遇到特别紧急的情况，否则这个营是不会被动用的，但还有什么时刻比现在更紧急的呢？

澳大利亚第9师这只"托布鲁克老鼠"

■新西兰第2师师长弗里博格将军。

早已在战火中锤炼成一支雄师了。这个晚上，他们接到了一连串互相矛盾的命令，最终的命令是对埃尔杜达岭发起冲锋，对面的德意军队大概是他们的4倍兵力。布罗斯要士兵们大声喊着"澳大利亚人来了"，发起了决死冲锋，同样打得筋疲力尽的德国人猝不及防地被压垮了，被俘的一名德国军官怎么也不相信托布鲁克还有"该死的澳大利亚人"。这个澳大利亚营在埃尔杜达岭又坚守了2天才被换下。

11月30日，整个战役达到了一个转折点。这天，隆美尔给妻子露西的信中称自己"充满了信心"，不过他还是向巴斯蒂柯承认局势看上去不妙。默林津也认为德军只是在纸面上打赢了"十字军"战役，他不得不承认这个胜利的代价过于高昂而且非洲装甲军团已经精疲力竭了。对手正在不断地得到新的或者修复的坦克，以及新部队的源源不断的补充。就在这一天，似乎是非洲军团克星的新西兰第2师俘获了第21装甲师师长拉文斯坦，当时他正在锡迪－拉杰格东面和"阿雷特"师以及第15装甲师一起组织一次对已经成为战场关键的埃尔杜达和贝尔哈姆德这两个制高点的突击，当他的手下紧赶慢赶地赶来时，只来得及发现他的布满弹孔、同时又塞满了精美食品的梅塞德斯－奔驰轿车（他已经踏上从利比亚到开罗，而后到加拿大战俘营的漫长旅程了，此后他将靠唠唠叨叨地叙说隆美尔的不是来度过他的战俘生涯）。

11月30日和12月1日整整两天，非洲军

新西兰第2师战斗序列

师长 弗里博格 少将
  师直属骑兵团
  师直属炮兵 麦尔斯 准将
    第4野战炮兵团 斯图瓦特（Stewart）中校
    第5野战炮兵团 格拉斯哥（Glasgow）中校
    第6野战炮兵团
    第7反坦克炮兵团 欧克斯 中校（11月阵亡，之后是米契尔中校）
    第1侦察分队
    第14轻型高射炮团
  师直属工兵
    第5、6、7、8工兵连
  师直属信号分队
  师直属弹药连
  师直属汽油连
  第4、5、6野战救护车
  第4野战净水站
  师直属宪兵连
  师直属情报分队
  师直属邮递分队
  新西兰第4步兵旅（3个步兵营） 英格里斯（Inglis）准将
    第18营 皮尔阿特（Peart）中校
    第19营 哈特内尔（Hartnell）中校
    第20营 柯本博格（Kippenberger）中校
  新西兰第5步兵旅（3个步兵营） 哈吉斯特 准将
    第21营 阿伦（Allan）中校（11月28日后为费兹派区克少校，12月3日后为哈丁少校）
    第22营 安德鲁（Andrew）中校
    第23营 莱克（Lekie）中校
  新西兰第6步兵旅（3个步兵营） 巴娄克劳夫（Barrowclough）准将
    第24营 夏特沃斯（Shuttleworth）中校（11月30日后为赫吉少校）
    第25营 麦克诺特（Mcnaught）中校（11月23日后为伯顿少校，12月5日后为乔治中校）
    第26营 佩吉（Page）中校
    第27机枪营（3个连）葛威廉（Gwilliam）中校
    第28（毛利）营 迪特米尔（Dittemer）中校

的"铁拳"砸在了弗里博格的新西兰第2师的头上，第15装甲师重新占领了锡迪－拉杰格和贝尔哈姆德岭这两个地方，第27机枪营和毛利营甚至逃过了卡普措堡，退到了埃及一侧；另一些部队则不得不进入了托布鲁克。这个优秀的师之所以未能彻底完成为托布鲁克解围的任务，缺乏坦克和反坦克武器是一个很重要的原因，但是他们在失败的情况下依然保持良好的纪律连军长奥斯汀也为之动容。

12月1日，新西兰第6野战炮兵团的阵地被德军坦克摧毁了，在贝尔哈姆德岭上，横七竖八地躺着被德国坦克碾压过的支离破碎的新西兰师的大炮，师属炮兵指挥官麦尔斯（Miles）准将安慰着显得有点慌张的炮兵们，周围的德军坦克傲慢地隆隆驶过，而麦尔斯扛着一支来复枪，犹如在打鸭子一般在战场上闲庭信步……

隆美尔与非洲军

在连续的交战中，德军共俘获了近千名新西兰军人（德国人马上把许多可恶的新西兰人交由意大利潜艇送到意大利关押起来），其中包括2名准将（哈吉斯特和麦尔斯，这两个人以后居然戏剧性地使用厨房里的餐刀等工具挖地道逃出了靠近意大利佛罗伦萨的一个关押盟军高级军官的城堡，通过地下渠道重返英国伦敦，随即又上了战场，哈吉斯特最后牺牲于法国诺曼底）、1名上校（弗雷瑟）和其他一些高级军官，重新完成了对托布鲁克的包围。但是隆美尔的部队也损失极大，可以战斗的坦克只剩下了40辆，燃料弹药都已经消耗殆尽，而埃尔杜达岭还牢牢地控制在英军第70师手上。更重要的是，里奇看透了隆美尔的窘境，要求第13军和第30军重整旗鼓，继续发动进攻，英国沙漠空军也在持续不断地给非洲军以打击，隆美尔已经看不到任何胜机了。

新西兰第2师（新西兰第2师是第一次世界大战中新西兰第1师的延续，他们的口号是新西兰首相说过的一句话"不列颠到哪里，我们就到哪里；不列颠在哪里战斗，我们就在哪里战斗"）在"十字军"行动开始时有4万余人，无疑是一支编制完整、战斗力强大的部队。

这支部队曾在希腊和克里特岛与德军精锐血战，损失很大，特别是克里特岛的撤退使该师丧失了绝大多数装备，其他部队因此尖刻地给这个师起了个"弗里博格的4万个贼"这样一个绰号来描述该师空身而归的惨状。不过尖刻归尖刻，这个很能打的师还

■第15师装甲师长纽曼·西尔科为部下授勋。这位优秀的装甲兵作战能手在1941年冬季战役的最后阶段中，亲率部下展开攻击，遭到英军炮击身亡。纽曼·西尔科将军的战死，诚为非洲军最大的损失。

是很快地被重新武装起来，又要为大英帝国奋战了。

正如我们说过的，新西兰第2师的缺点是反坦克能力较弱，其直辖的第7反坦克炮兵团其实只有第31、32、33和34共4个炮兵连（全部人数774人），每个炮兵连辖3个2磅反坦克炮排和1个18磅反坦克炮排，无论是数量还是质量，和德军的强大反坦克能力相比都有天壤之别，这在北非沙漠作战中当然是很吃亏的，因此这个师在锡迪－拉杰格蒙受了惨重的损失也就不足为奇了。

早在11月27日，意大利方面就首先提出了撤退的要求（但他们的撤退要求是有限的）。11月30日，隆美尔和巴斯蒂柯共同向罗马和柏林要求人员和装备的增援和更多的补给，但是毫无结果。11月里德军的损失是

惨重的，473人阵亡，1680人受伤，962人失踪，同时还损失了142辆坦克和大量装备。显然，在德国空军的进一步介入和隆美尔得到进一步补充之前，非洲军只有撤退一途。

12月4日，困兽犹斗的隆美尔再次向边境地带进行了一次进攻，不过这次的主要目的是为了解救孤悬敌后的那几个德意据点，同时他还痛苦地同意从托布鲁克撤围。12月5日，隆美尔失望地得知德国方面给他的增援年底前不可能到达。12月7日前，非洲军团撤出了托布鲁克外围，而且也开始撤出席兰尼加省，准备在加扎拉一线组成新的防线。意大利人在隆美尔的淫威下，最后也只能交出了军队的指挥权，被迫和隆美尔一起撤退。

12月6日，第15装甲师师长纽曼·西尔科被一颗燃烧弹击中而烧成重伤后死去。12月10日，第90轻装师师长萨默尔曼又在一次空袭中阵亡，至此隆美尔手下的3个德国非洲装甲军团的师长全部在"十字军"行动中损失了，2个阵亡，1个被俘。同一天，托布鲁克解围成功。

罗马和柏林早就预见到了隆美尔此时的不利局面，墨索里尼在11月中旬就向德国方面提出德国空军介入对地中海航线的保护的要求。阿尔伯特·凯塞林元帅（他虽然是南线德军总司令，但是不拥有对隆美尔的直接指挥权）于11月28日到达罗马，12月15日来到了席兰尼加，但此时局势已经无法挽回了，隆美尔只能极不情愿地进行他一生中的第一次撤退了！

德意军队此时在英军后方还有3个孤立的据点，即巴迪亚、萨卢姆和哈尔法亚隘口，隆美尔的撤退也就等于宣布了他们的命运。12月30日英军对巴迪亚进行了海陆空三栖联合进攻，到了1月2日，英军坦克群冲进了巴迪亚，以139人阵亡的代价最后迫使该城德意守军投降，顺带着解救了1177名关押在巴迪亚的英军战俘。

从11月21日起，防守萨卢姆的是德军第300特别绿洲营的部队，他们的顽强抗击曾使第4英印师一筹莫展，此时这个营只剩下了第10连和第12连的残部，1月11日和12日，最后的70多名德军在奋力击退了几次进攻后，弹尽粮绝，于12日晚向英军投降。

1月中旬，意大利"萨弗纳"师的残部都被驱赶过了哈尔法亚隘口。由于情况变得越来越无望，他们开始和当面的南非部队洽谈投降。德国空军的Ju52飞机曾试图从位于克里特岛的基地对哈尔法亚隘口的守军夜间空投给养，但是在空投的第二个晚上就被优势的英国夜间战斗机发现并击落。到了1月17日，哈尔法亚隘口的最后一个守卫者离开隘口，包括那位立下赫赫战功的巴赫牧师（他最后死在加拿大军队的战俘营里）在内的守军全部走向英军设立的战俘营。

从11月18日"十字军"行动开始，轴心国方面119000人中被打死了2300人（差不多德意军各一半），6100人受伤（大多为德国人），29900人失踪（大多被俘，其中19800人是意大利人）。英军方面，118000人中2900人阵亡，7300人受伤再加上7500人失踪。如果不算海上损失的数字，英国方面在物资和装备上的损失要大得多，这当然是因为他们有东西可以损失，也损失得起。

至此，英军"十字军"战役终于勉强地达到预期的目标。无论如何，"十字军"战役是第二次世界大战中英国对德国取得的第一次军事胜利，连丘吉尔也赞叹道："奥金莱克挽救了这次战役，他用自己的行动证明他作为一个野战指挥官所具有的杰出素质。"自然，由于英军战术和指挥上的种种失误和无能，这次行动代价高昂，远远称不上圆满。

英军此时信心满满的，他们回到了去年痛击意大利人的地方，似乎又要重现去年这个时候贝达弗姆之战的光荣了。但是德国人很快就让他们清醒了，在克鲁威尔的指挥下，德军在撤退途中接连给了又犯了分散兵力的老毛病的英国人两个下马威。首先在12月28日集中2个师仅剩的60辆坦克（16辆轻型和44辆中型）对考克伯尔尼的千辛万苦从沙漠中跋涉过来的90辆坦克（55辆"十字军"和35辆"斯图尔特"）发起攻击，以7辆坦克的代价把考克伯尔尼的第22装甲旅打得只剩下了37辆坦克；两天以后，克鲁威尔再次发威，把另一路英军第22近卫旅的62辆坦克打掉了23辆。这让诺里多少有些清醒，不敢再对隆美尔的撤退紧追不舍了。隆美尔在坏天气的帮助下，于1月1日到1月6日之间带领德意军队来到了他预定的休整地——埃尔阿格拉（El Agheila，半年多前非洲军出发的地方）。

隆美尔回来了！

非洲军团情报处长默林津手下有个名叫阿尔弗雷德·希伯海姆的出色的中尉军官，他有着日耳曼民族的典型的办事认真、一丝不苟的性格，他的工作是侦听英军的电

■图为正在集结的意大利军队，因为得到了后勤补充使其有能力展开反攻。

报通信，在每天枯燥的生活里，他把自己完全融入英军一方，以一个英国将军的身份思考问题，这样忘我的境界使得他可以十分准确地指出英军的哪支部队比较活跃，他的实力和目的究竟是什么。

隆美尔的另一个情报来源就是我们前面说过的那位可怜的美国驻开罗武官菲勒斯上校，他每天不仅在辛勤地为华盛顿工作，同时也是隆美尔的高效的编外情报人员（不知道战后他是怎么看待自己的战时工作的）。

到了1月12日，隆美尔所有的情报来源都指明，在英军的前线，没有多少作战经验的英国第1装甲师（只有150辆坦克）从巴勒斯坦赶来代替了第7装甲师，第7装甲师则躲到托布鲁克以南舔舔伤口去了，而且他的第7装甲旅和曾经出色地防守了托布鲁克的英国第70师已经一起启程赶往亚洲的缅甸去对付日本人去了，英军在前线的实力已经大大削弱，本来要从英国本土调来增援的第18师，也由于"珍珠港事变"的爆发，改赴远东的新加坡去了。而那些让德国人吃尽苦头的澳大利亚人也赶着去对付日本人，保卫大英帝国在远东的利益和他们自己的家园去了。日本和美国的参战，从长远看当然已经敲响了轴心国集团的丧钟，但在短期内，暂时对英国的北非战局产生了不利的影响。

1月的俄罗斯大地，正是冰天雪地的时候，作战的苏德双方都无心也无力继续厮杀，进入了一个相对沉寂的时段，利用这个宝贵的间隙，德国空军得以将第2航空队调

来，在凯塞林元帅的指挥下，对马耳他进行了狂轰滥炸，立竿见影地抑制了这个海上堡垒对隆美尔生命线的威胁，隆美尔也因此得到了相当数量的补充。

此外，在1941年12月17日的第一次锡尔特湾海战中，在德国空军的配合下，意大利海军取得了对皇家海军的第一次有限胜利，成功地重新打开了从那不勒斯通向利比亚的海上运输通道。紧接着，意大利蛙人又潜入亚历山大港，一半是靠运气，一半是靠个人勇敢地使用人操鱼雷击沉了英国在这一地区当时仅有的2艘主力舰，"伊莉莎白女王"（HMS Queen Elizabeth）号和"果敢"（HMS Valiant）号以及1艘舰队油船，加上12月19日英军1艘巡洋舰和1艘驱逐舰在的黎波里港外50英里处被意大利水雷炸沉，另外2艘巡洋舰受重创。德国U艇和鱼雷艇此时也在地中海地区活跃起来，地中海上的力量对比的天平出现了有利于隆美尔的倾斜。

"谁控制了海洋，谁就控制了世界"，12月19日，胜利的意大利护航船队给到达班加西的隆美尔送来了珍贵的22辆坦克，这是9月份以来的第一次，极大地鼓舞了非洲军的士气，而后又有23辆坦克送到了的黎波里。

1月5日，希特勒给他最宠爱的将军的新年礼物运到了：2艘运输船"安卡拉"号和"蒙吉弗罗"号，又给隆美尔运来了55辆坦克、20辆装甲车、数十门88mm炮以及大量弹药、食品和医疗用品，使得非洲军的坦

克实力达到了111辆III号和IV号坦克，其中有19辆III号坦克是装备了长管50mm坦克炮的J型，其炮弹穿甲能力要比短管的高出50%。在隆美尔的督促下，这些新到来的坦克于1月14日到达前线。

此时，英国人取得的进展使得他们的补给线拖长到了1000英里，而隆美尔从的黎波里到前线的补给线只有500英里。英军在

■希特勒终于在1942年1月5日送来了隆美尔最需要的补给物资，让其于1月下旬所展开的反攻成为可能。

利比亚的空军力量也由于远东战争的爆发而大为削弱，不幸的是，这个情报连同马耳他遭到巨大破坏、威胁大大减小的情形，都被在开罗的菲勒斯上校原原本本地告诉了隆美尔。

隆美尔的身体和精神也在迅速地恢复，"沙漠之狐"又在窥探时机，准备给对手凶狠的一击。1月17日，他在给妻子露西的每日一信中，这样写道："形势正在对我们有利，我有许多我不敢说出口的计划，他们会认为我发疯了，但是我没有，我只是比他们看得远一些而已……"

英国人对于隆美尔即将如此快地发动反击是毫无思想准备的，他们得到的情报认为德国人正在意大利集结部队的动作完全是针对即将来到的盟军在的黎波里塔尼亚的完全胜利之前的预防措施，也是为了准备对付盟军可能对西西里岛的进攻。奥金莱克则认

为"十字军"行动已经使得隆美尔至少无法在短期内重新发动攻势了，英国人无疑正在重复隆美尔在"十字军"行动前曾经犯下的错误！

也许我们无法过多地指责英国人情报工作的差劲，他们对于隆美尔和罗马及柏林的往来电报的侦听破译工作都没有发现任何隆美尔要发动进攻的蛛丝马迹。事实上，隆美尔又一次同时耍了自己的上司和敌人，他把反击的计划只告知了很少的一部分高级指挥官，对德军最高统帅部和意大利最高统帅部均瞒得滴水不漏。只是由于需要德国空军的配合，他才把自己的进攻计划告诉了德军南线总司令凯塞林元帅，凯塞林是一个同样出色的战术天才，他当然不会看不出这个机会，而且他对隆美尔的计划守口如瓶。遇到这样两个卓越的将军，北非英军的日子注定是不好过的。

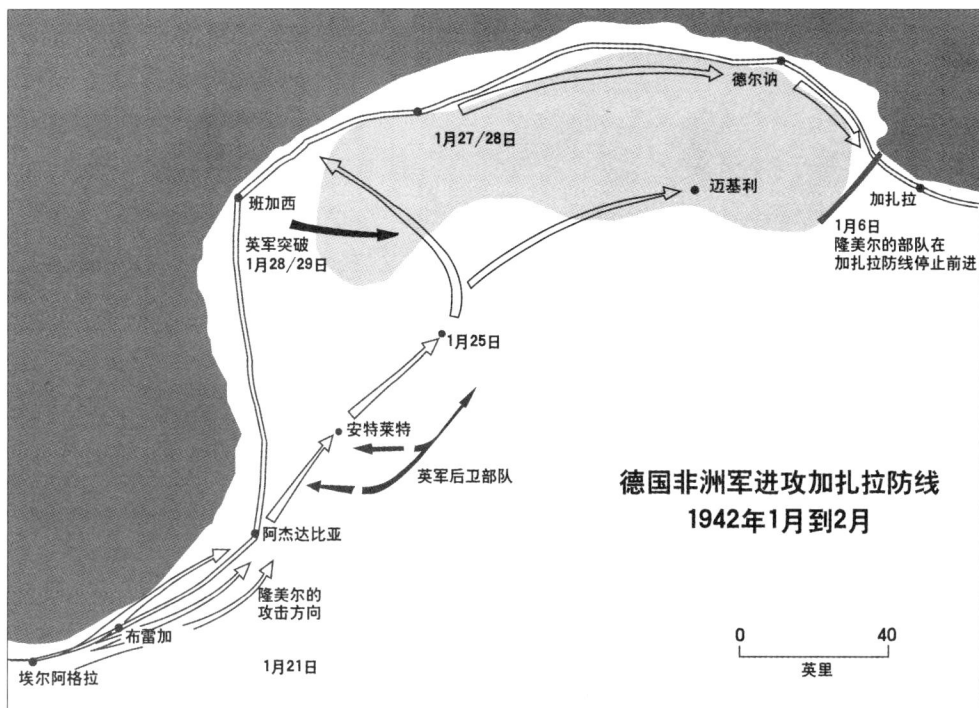

德尔讷

1月27/28日

迈基利

班加西

加扎拉

英军突破
1月28/29日

1月6日
隆美尔的部队在
加扎拉防线停止前进

1月25日

安特莱特

英军后卫部队

**德国非洲军进攻加扎拉防线
1942年1月到2月**

阿杰达比亚

隆美尔的
攻击方向

0   40
英里

布雷加

埃尔阿格拉

1月21日

　　希伯海姆的勤奋工作还敏锐地发现第1装甲师正在犯英国军队在沙漠里的老毛病，那就是把部队再次分散得很开，隆美尔自然不会饶恕英军的这个错误。

　　1月21日，在收到希特勒的两封旨在鼓舞他斗志的电报后（一封宣布把非洲装甲军团改称非洲装甲集团军，另一封则授予隆美尔橡叶骑士十字勋章），隆美尔依靠非常有限的油料和弹药发动突然反击。由于大雨，英军在安特莱特（Antelat）的机场无法使用，第1装甲师第2装甲旅的3个团如他们惯常的那样，一个团又一个团地迎战，又一个一个地被非洲军脆弱的优势和德国空军的猛烈轰炸所压垮。第15装甲师的作战日志上记述，英国军队的撤退已经"没有章法"了，似乎完全对德军的进攻"困惑不解"。隆美

尔第二天给露西的信中就写得更形象了："我们的对手犹如被毒蝎蜇了一般地逃去。"

　　1月22日，克鲁威尔包围了第1装甲师的大部，战果是117辆坦克、33门大炮和数以千计的俘虏。当天，德军占领了阿杰达比亚和贝达弗姆。

　　并不是所有的人都如同隆美尔那样为了胜利可以不顾一切的。1月23日，意大利总参谋长卡瓦利诺和凯塞林元帅来到了隆美尔的指挥部，卡瓦利诺拿出墨索里尼的亲笔信，要求隆美尔停止进攻。隆美尔对此不以为然，他的回答是："我打算把这次进攻长时间地进行下去，只有元首才能制止我的行动，因为大多数战斗都将由德国军队承担。"卡瓦利诺拒绝让意大利装甲军和非洲军一起行动，悻悻地离去了。

隆美尔与非洲军

由于这个插曲，英军第1装甲师得以逃脱包围。1月24日，德军第15装甲师第8装甲团击溃了英军装甲部队主力，这些没有多少作战经验的英军开始撒开腿向东逃窜，这一天德军的战利品居然有96辆坦克、38门火炮和190辆汽车。

1月28日晚上，隆美尔占领班加西，得到了丰厚的奖赏。英军在班加西堆存了大量的作战物资，汽油、弹药和运输车辆（仅卡车就有1300辆），这原来是为他们预定在2月中旬发动的"杂技演员"行动（Acrobat Operation，"十字军"行动的继续）做准备的，现在都成了隆美尔宝贵的补给。正当隆美尔进入班加西的时候，墨索里尼姗姗来迟地给他来了一封电报，内中授权隆美尔在"绝对有利的情况下"进攻班加西，对此，坐在作战指挥车上神气活现的隆美尔嘲讽地回答道："我已经到了班加西。"

在此之前，隆美尔又一次继续了他的神话，再一次奇迹般地死里逃生。1月24日，他和威斯特法尔一起坐着"史托奇"飞机在视察进攻班加西的路线，在空中，隆美尔发现了一个营地，他大叫着"这是非洲军的营地"要飞行员将飞机降下去。而事实上那是一个英军的营地，"史托奇"飞机好不容易才逃出了英军迎击他们的火网。一次又一次的传奇经历，不仅使隆美尔个人自信心膨胀，同时对士气也大有裨益，只是其中的风险不言而喻。

1月29日，希特勒提升隆美尔为陆军大将（胜利者当然是不受责备的）。正当东线

战场德军形势不太妙的时候，戈培尔博士终于找到了一个施展的机会，他向德国人民大力宣传隆美尔的伟大成就，宣称隆美尔是"连美英报纸都不得不争相追捧的有着模范质量的杰出的战士，是德国陆军中有着国际声望的几位将领之一"。如果我们考虑到隆美尔本人能够做到和普通英军战俘一样，每天同样只有半杯水的定量；能够尊重一个军人的人格，不强迫战俘道出自己知道的军情，我们也许不得不承认，戈培尔对他的赞誉并无什么不妥之处。

同一天，非洲装甲军团的进攻也达到了他们后勤保障所能达到的极限，他们只能以小部队和退守加扎拉一线的英国军队保持接触，进攻势头停顿了下来。

隆美尔的1月反击不但给英军造成严重损失，而且在精神上也给予了极大打击，"十字军"行动好不容易重建的自信心毁于一旦，正如奥金莱克给丘吉尔的信中一针见血地指出的："陆军装甲部队上下正在对他们的装备失去信心。"

同时，第8集团军对里奇的指挥也丧失了信心。奥金莱克身边的副参谋长史密斯少将已经在撺掇奥金莱克再次换将了（可能的人选是戈特）。奥金莱克思前想后，实在不愿意在3个月内连换两个主帅，这才作罢。

奥金莱克不换里奇，里奇这里却对第13军的军长戈德温·奥斯汀也丧失了信心。2月2日，里奇撤换了奥斯汀，由戈特代替他的位置。英国军队这样的精神状态预示着他们的前景不会太美妙。

钢铁的撞击——加扎拉战役

隆美尔的1月反击以后，作战双方都开始重新审视检讨原先的作战方案。对于英国来说，北非这个战场具有最重大的战略意义，也攸关他们帝国的声望，他们尤其需要一次完全的胜利来清除非洲的德意势力，以便重新开通地中海航线，来节省由于德国U艇猖獗出没而显得十分缺乏的船只；对于轴心势力来说，由于美国的参战，时间已经不在他们一边，他们所要做的就是在美国的援助起到作用以前，尽快击败英国人，夺取中东地区。随着冬季过去，东线战场稳定了下来。1942年德军从高加索打进中东产油地带，和隆美尔的非洲军胜利大会师的"东方"计划（北非这一头被称为"阿依达"（Aida）行动）又提上了日程，北非战场对于德国人来说也因此有了不同往常的意义。

再一次地，马耳他问题又摆在了德意高级首脑的面前。凯塞林作为一个对战略问题有着更为清晰看法的战区统帅，虽然从来没有否认过夺取尼罗河地带和苏伊士运河的重大意义，但是他一直强调的是首先必须夺取马耳他，扫除非洲军团供应线的这个毒瘤，而后则继之以拔除托布鲁克这个钉子，只有战略上的按部就班才能达到事半功倍的效果。到了2月，隆美尔同意了凯塞林的看法，只是他每一次接近托布鲁克，就止不住地想起他去年11月份被意外打断的那次进攻，也就无法克制继续进攻这个城市的念头。

1942年3月和4月，德国空军对马耳他岛进行了整个二次大战中最成功的战略轰炸。整个4月份内，德国第2航空队（Luftflotte II）对马耳他这个弹丸之地的出动次数达到了惊人的5715架次，马耳他奄奄一息，但还是在继续抵抗，为了表彰马耳他岛艰苦卓绝的斗争和军民所付出的巨大牺牲，英王乔治六世后来给马耳他岛全体军民颁发了乔治十字勋章。

这中间德国海军元帅雷德尔起了很大的作用，他曾在1942年2月13日说过："对于英国在苏伊士的要点，德意两国如能乘早加以攻击，则实具有极大的战略重要性。"其次，在3月12日，他又提出马耳他的问题来，认为它的占领

■一辆正在起火燃烧的德国IV号坦克，它们才是"格兰特"坦克的真正对手，可惜数量太少，它身后开来的是一辆英军"十字军"坦克。

加扎拉战役时双方的作战序列

盟国方面

英国第8集团军 里奇

　英国第13军 戈特 中将

　　南非第1师 帕纳尔（Pienaar）少将

　　　南非第3旅

　　　南非第5旅

　　南非第2师（位于托布鲁克）克洛普 少将

　　　南非第4旅 海伊顿（Hayton）准将

　　　南非第6旅 库伯（Cooper）准将

　　第9英印旅（缺一个营，后改为第11英印旅）

　　英国第50步兵师 拉姆斯登（Ramsden）少将

　　　第69步兵旅

　　　第150步兵旅

　　　第151步兵旅

　　英国第1集团军坦克旅 奥卡诺尔（O'Carroll）准将

　　英国第32集团军坦克旅 威尔逊 准将

　　波兰"卡帕西亚"独立旅 科潘斯基 少将

　英国第30军 诺里中将

　　英国第1装甲师 伦姆斯登（Lumsden）少将

　　　英国第2装甲旅 布里格（Brigg）准将

　　　英国第22装甲旅 卡尔（Carr）准将

　　英国第201近卫旅 马里雷特 准将（位于十字桥盒子）

　　英国第7装甲师 梅塞维 少将

　　　英国第4装甲旅 理查德德斯（Richards）准将

　　　英国第7摩托化旅 雷顿（Renton）准将

　　　自由法国第1旅（集团）孔因 少将

轴心国方面

非洲装甲集团军 隆美尔

　德国非洲军 尼林（Nehring）

　　德国第15装甲师 冯·瓦尔斯特

　　德国第21装甲师 冯·俾斯麦

　意大利第20摩托化军

　　意大利第132"阿雷特"装甲师

　　意大利第101"的里雅斯特"摩托化师

　德国第90轻装师（缺第150步枪旅）克利曼（Kleemann）克鲁威尔集团

　意大利第10军

　　意大利第60"萨布雷萨"步兵师

　　意大利第102"特雷托"步兵师

　意大利第21军

　　意大利第17"帕维亚"步兵师

　　意大利第27步兵师

　德国第150步枪旅（属第90轻装师）注：英军第7摩托化旅是由原第7装甲师的支持部队改编而成，第201近卫旅就是原来的第22近卫旅（为了防止和第22装甲旅番号混淆而改）。第1集团军坦克旅和第32集团军坦克旅装备的都是"马蒂尔达"（110辆）和"瓦伦丁"（166辆）坦克。

对进攻苏伊士有着极大的帮助，希特勒对此表示赞同。

　　隆美尔当然知道，如果攻占了马耳他岛，他的供应困难就不会存在，也就可以毫无后勤顾虑地一路打到尼罗河。但是对马耳他的进攻又会不可避免地影响德国空军对他的支持，所以思前想后，最后隆美尔希望对马耳他的进攻在他拿下托布鲁克以后进行，他对于属于自己的荣誉是不是太在乎了？

　　与此同时，由于克里特岛的痛苦经历

（想一下那些军中精华的德国伞兵的巨大损失！），意大利人和德国人对攻击马耳他岛都不是很感兴趣。尤其是在凯塞林认为4月份的进攻已经使马耳他岛不能对德意军队造成任何伤害后，加上隆美尔本人也不反对暂时搁置对马耳他的进攻，希特勒和墨索里尼就更认为应该在隆美尔夺取托布鲁克以后，或者说执行完"阿依达"计划后才执行"大力神"计划了。最后隆美尔被命令在5月底首先攻击加扎拉，德国和意大利伞兵则将在

7月份满月期间发起对马耳他的进攻，然后隆美尔就可以继续他对尼罗河流域的进攻了。

1942年，自冬至春，双方暂时都按兵不动。德意轴心军和英军在托布鲁克以西30英里处的加扎拉一带形成对峙。英军在从海岸边的加扎拉一直到比尔哈凯姆（Bir Hacheim）建立了一系列有坚强工事的旅单位的据点（这些据点被英军形象地称为"盒子"），每个据点都驻有大约一个旅的有炮兵支持的步兵，都被地雷、铁丝网、反坦克壕和碉堡所环绕，里面均储存了足够支撑一星期的给养弹药，据点之间则是密布的地雷（整个加扎拉防线英军居然布下了100万颗地雷！）。据点里的守军任务是阻止任何德国坦克从他们地段经过，同时能对附近任何遭受攻击的据点迅速增援。

这道加扎拉防线和第一次世界大战欧洲战场的那种连绵不断的线式防线还是完全不同的。例如，在最重要的防线南端自由法国第1旅（集团）驻守的比尔哈凯姆"盒子"和北面第50步兵师第150旅驻守的"盒子"之间，有一个宽达15英里的缺口。虽然英军在加扎拉防线后布置了第1和第7这2个装甲师准备随时反击攻击据点之间缺口的德军，但是由于没有炮兵和步兵配合防守的雷区极易在短时间内被扫开通道而突破，如此漫长的防线又使防线后的装甲力量显得薄弱、分散，缺乏纵深是加扎拉这道漫长防线的非常明显的弱点（也许奥金莱克真的应该早点进攻）。

序列表表明双方兵力兵器极为接近，坦克方面，重达28.5吨的刚刚到达战场的美制"格兰特"坦克（最大装甲厚度57mm）的75mm炮可以发射各种炮弹，不仅其穿甲能力要大大优于40mm坦克炮，而且实际上这种坦克炮塔上部装备的另一门37mm坦克炮的穿甲能力也相当不错，驾驶"格兰特"坦克的英国坦克手们都急于在德国坦克上试一下他们新坦克炮的威力。与此同时，德国III号坦克（最大装甲厚度60mm）的长管50mm炮的火力也比普通型要强大很多，只有它们才能与"格兰特"坦克抗衡，但德国人在大战中的问题永远是最好的装备数量太少了，就像以后的"虎"式坦克和喷气式战斗机，这一次，德国人的332辆坦克中有223辆是装短管50mm炮的III号H型（不过它们都有附加装甲），只有19辆是装长管炮的III号J型坦克；在炮兵方面，双方力量相当，但德军的50mm反坦克炮和88mm高射炮（共有48门）显然要比英军最新型的6磅反坦克炮（57mm口径）都要胜过许多，隆美尔还有一些捷克制造的76mm反坦克炮。综合下来，英国方面如果能够有恰当的战术来应用他们手上的武器装备的话，并非没有战胜德意军队的机会。

美制"格兰特"M3型坦克首次参战是在菲律宾战役中，它是作为M4"谢尔曼"坦克前的一个过渡，是和"罗伯特·李"坦克一个系列的（格兰特和李均为美国南北内战中的美国名将），这两种坦克和美国援助的"斯图尔特"坦克不一样，全都是1940年时英国装备采购团在美国订购的由美国设计的坦克（美国当时拒绝在他们的生产线上生产由英国设计的坦克）。

美国设计的坦克在当时确实在性能上要胜出英国坦克许多。装有短管50mm炮的德国III号H型坦克即便在250码的近距离也不能击穿"格兰特"的正面装甲；III号J型的长管50mm炮也要到1000码的距离内才能发挥作用。而"格兰特"坦克的75mm坦克炮则在650码距离上肯定能（850码距离也基本能）击穿III号H型和J型（也包括IV号坦克）正面装甲。这样，抛开战术指挥上的缺点不谈，第8集团军至少现在在装备上绝对不次于非洲装甲集团军。

英军收到的167辆"格兰特"全部装备了第7装甲师第4装甲旅，这些庞然大物极大地鼓舞了第8集团军的士气。到了阿拉曼战役的时候，英军差不多得到了600辆"格

■英军装备的美制"格兰特"M3型坦克。

兰特"，不过等到他们收到足够的对"格兰特"坦克的缺陷作了全面改进的M4"谢尔曼"后，这些M3坦克就转到缅甸战场去了。

在丘吉尔的严令下（他给奥金莱克出了一个进攻或是辞职的选择题），奥金莱克最后同意对德军发起进攻。到了1942年5月，对阵双方都在紧锣密鼓地准备进攻，英军的目标是收复席兰尼加而隆美尔则准备拿下托布鲁克。

英国第8集团军最后终于说服一些3.7英寸重型高射炮担当反坦克的任务，就像德国人使用他们的88mm炮那样。英国人之所以这么迟才使用高射炮担当反坦克的任务，一是因为一些设计上的问题，例如他们的3.7英寸高射炮设计的发射仰角比较高，后坐力主要应该由地面吸收，打平射击目标时，其巨大的后坐力会把驻锄压碎；技术上的问题还好说，他们同时还非常缺少防空武器；再有就是无药可救的英军战术观念上的陈旧了。

也许有人会以为它们的到来（虽说有些迟）会受到欢迎，但是事实上加扎拉战线后方重要的支撑点——骑士桥阵地对它们的到来很是冷淡。

英军林登·博尔顿

准将这样叙述："一天晚上我们得到通知有4门3.7英寸重型高射炮将加入我们的防御，来担当反坦克的任务，毫无疑问这是由于德国人88mm高射炮成功的缘故。问题是拥挤的阵地上很难掩藏这种巨大的武器，所以只接受了2门。每一个人都注意到，早上这两门巨大的大炮突兀地耸立在沙漠上，周围堆满了弹药、桌椅、军粮等等，天哪，整个世界都能看到！"

■英军的3.7英寸口径重型高射炮。

88mm炮被用来当作反坦克炮的时候，德国人也许曾有过同样的报怨吧？

奥金莱克对英军的2个装甲师进行了改编，现在它们更加像一个德国的装甲师了。每个师包括3个装甲旅，每个装甲旅除了坦克团以外，都辖有1个摩托化步兵营和1个野战炮兵团。此外每个师还辖有1个摩托化旅，由3个摩托化步兵营和1个炮兵团构成。更可喜的是，英军在和德军的作战过程中受益匪浅，战术上进步很多。

在奥金莱克的催促下，在德国人发动进攻的前夕，英军又调动了2个新的英印旅来到了加扎拉防线：即雷德（Reid）准将的第29英印旅和费洛斯（Filose）准将的第3英印旅。但是直到5月27日，这2个旅的大多数野战炮和反坦克炮还没有运达他们预定在比尔哈凯姆以东的防备德国人迂回的警戒阵地，具有讽刺意味的是，奥金莱克调动这2个旅到加扎拉防线的南端，并非他真的相信隆美尔会从这里发动进攻，而是他为了要把第7装甲师腾出来，来对付意想中的隆美尔对加扎拉战线北段（正面）的进攻。

德意方面，新来到的两位德国装甲师指挥官，瓦尔斯特和俾斯麦都是有才能的军官。德军还得到了1300名装备精良的经历过克里特岛血战的德国伞兵的补充，隆美尔虽然欣赏他们的装备，但并不怎么重视他们的作用。

针对英军的布防情况，隆美尔制订了大胆而简明的计划，决定以克鲁威尔指挥的意大利军第10、第21军为主力向加扎拉发动正面进攻，自己亲自率非洲军和意军摩托化第20军在夜间迂回加扎拉防线南端，从后方向英军发动进攻。5月，隆美尔认为有迹象表明，英军正在作进攻准备，于是决定先发制人。

1942年5月26日，隆美尔又开始进攻了，他命令意大利第10军和第21军按照计划沿着海岸公路向加扎拉首先发起进攻，企图给英军造成这是隆美尔主攻方向的假象，以便把加扎拉防线后面的英国装甲部队吸引过来。而隆美尔的主力则在夜间和第二天凌晨兵分三路向比尔哈凯姆方向实施大迂回，准备直插英军防线背后的海岸地区。隆美尔主力的左翼是意大利第20摩托化军，右翼是德国第90轻装师，中间则是非洲军。

在整个北非战役中，和英国人不同的是，隆美尔对于意大利人并没有任何轻视，他认为意大利士兵是非常优秀的士兵，他们缺少的只是适当的领导和装备，曾经有一位丢失阵地的意大利军官泪流满面地对隆美尔说："请相信我，我的部下不是懦夫。"隆美尔的宽慰一定是发自内心的："谁说他们是懦夫？应该受到指责的是你在罗马的那些上司——让你们用这样糟糕的武器作战。"在北非，意大利的装甲部队和炮兵表现相当不错，而且总的来说，意大利人都能完成隆美尔所布置的任务，在防御战斗时显示出来的战斗力也令人刮目相看，或许即使是一群绵羊，在由狮子领头时也是能咬人的！

26日下午，2个意大利步兵军按时向英国人发起了进攻。为了迷惑英军，德军的所有坦克都集结在意大利人的身后，试图给英国人造成他们随时会加入战斗的假象。但是，到了黄昏时分，在德国卡车上的螺旋桨所搅起的漫天沙尘的掩护下，一个又一个德国和意大利的坦克营都悄悄地向南方溜走了，开始了大迂回的行动。

5月27日黎明，牛顿·金（Newton King）团长的第4南非装甲骑兵团首先发现了大量德国坦克正迂回在比尔哈凯姆南翼，而后第8轻骑兵团哈克特少校的C中队即和德军交上了火。

大约早上6点，一架英国侦察机发现至少有400辆坦克正在比尔哈凯姆南面向东北方向前进，但还是分辨不清究竟是德国人的坦克还是意大利人的坦克，再加上卡普措堡一带也发现坦克在向东运动，英军还是判断不清德意军队的主攻方向。

06：40，正在占领比尔哈凯姆东南面阵地的第3英印旅第一个遭到了隆美尔迂回部队的无情打击。第3英印旅编制上列有64门2磅反坦克炮，但此时正在布置阵地的他们手上只有30门这样的炮。印度炮手（英军中惟有第3英印旅中有印度炮兵）和英国炮手一起勇敢地开始向密密麻麻的德国和意大利坦克开火。大约半个小时后，"阿雷特"装甲师从西面和西南面，第21装甲师的部分坦克从东面，一起对第3英印旅发动了进攻。45分钟的惨烈战斗后，第3英印旅被几百辆德意坦克打垮了，所有的大炮都哑了，11名军

加扎拉战线两军实力对比（1942年5月26日）		
	轴心国	英国
坦克	560（包括223辆III号和19辆IV号坦克）	843（包括167辆"格兰特"、149辆"斯图尔特"和257辆"十字军"）
飞机	704（497架可以使用）	320（190架可以使用）
兵力	90000	100000

官和200名士兵阵亡，受伤的就更多了，30名军官（包括那位老态龙钟的考文爵士）和差不多1000名士兵当了俘虏。但是他们也让轴心军军队付出了代价，52辆坦克（大多是意大利坦克）趴在了他们的阵地上。第3英印旅没有被打死和俘虏的残余逃向了比尔艾古比第29英印旅的阵地。

在第3英印旅遭到毁灭性打击的同时，第21装甲师的大部正在他们东面继续向北急速突进。在他们前进的道路上，英军第4装甲旅正在占领阵地，但是第4旅的2个坦克团，第3皇家坦克团（位于右翼）和第8轻骑兵团（位于左翼）全都还没有意识到他们面临的危险，还在缓慢地向南推进。

突然，位置最突前的第3皇家坦克团发现在他们前方大约3英里处，大股的烟尘和沙尘不断地卷起，显示出那是一支机械化部队。或许是第8轻骑兵团走到他们前面去了？第3皇家坦克团一边还在宽慰自己，一边忐忑不安地继续前进。

是德国坦克！20辆一排的德国坦克，整整6排，不！是整整8排，后面还有更多，正在向他们隆隆驶来！整整1个德国装甲师！第3皇家坦克团团长罗伯茨在心里骂了旅长和师长无数遍，因为这丝毫不是他所准备的那样，而且他又要孤"团"作战了。

在1000码左右的距离上，双方的坦克开火了，包括隆美尔在内的全部德国人都被不期而遇的第3皇家坦克团B、C中队的美制"格兰特"坦克的火力所震惊，但是德国人的数量优势太明显了，B、C两个"格兰特"坦克中队很快就只剩下了大约10辆坦克，而且75mm和37mm的坦克炮弹都耗尽了。罗伯茨拼命呼叫第8轻骑兵团赶来支援，但是第8轻骑兵团自己也正和第15装甲师打得不可开交，英国装甲部队最强大的第4装甲旅就这样分散地和整整2个德国装甲师交战，虽然第4装甲旅战斗得非常勇敢，但其结果只能是撤退。

此时，在坦克混战的东面，第90轻步兵师也正在冲击同样不知所措的英军第7摩托化旅，第7摩托化旅很快就向比尔艾古比第29英印旅的阵地溃退了过去。大约早上8点半，德军第33侦搜营一头撞进了第7装甲师前沿指挥部，俘获了师长梅塞维和他的一些幕僚，侥幸未被俘房的人员全都向东北方向逃去。梅塞维算是机灵，他以飞快的动作卸下了他的肩章和勋表，在德国人集合俘虏时混进了一群大头兵里面。有个德国军官多少有些疑惑地问他："你不觉得你当个大兵有点老了吗？"多少有点羞愧的梅塞维面不改色心不跳地回答是。他就这样在俘虏群待到了第二天，而后瞅了个空子逃回了第7装甲师（沙漠里看守俘虏相当困难，这样的逃脱事件双方都比比皆是），由于通讯的混乱，他回到第7装甲师前不久诺里的军部才得知这位主力师长（曾）被俘虏的消息。

第15装甲师继续围攻理查德德斯的第4装甲旅，第21装甲师则继续向东，配合第90轻装师打垮了第7摩托化旅后，转向北方又打了卡尔的第22装甲旅一个措手不及，这个旅此时还在遵令去和第4装甲旅会合的途中。这一天的战斗中，在英国第30军强大的装甲力量中，只有第1装甲师第2装甲旅给隆美尔的步兵造成了一定损失。

这里产生了一个尖锐的问题，隆美尔的胜利无疑是由于他的迅雷不及掩耳的战术突然性而取得的。可是，英国人不是有"超级机密"（Ultra，英国本土卓有成效的布莱奇利庄园的密码破译工作）吗？不是有吹嘘不已的沙漠远程侦察队吗？不是还有持续不断的空中侦察吗？第8集团军总部不是每时每刻都在监听德国人和意大利人的无线电通讯吗？

更加令人困惑不解的是，南非第4装甲骑兵团的弗莱切中尉在5月26日晚上执行巡逻任务时，就已经发现了德军第15装甲师和第21装甲师这2个大的坦克集群。他随着敌人的动向缓缓退向比尔哈凯姆（实际上他才是德军的"先锋"），不停地把敌人的最新动向报告给第7装甲师师部，直到黎明的晨光把他暴露在敌人面前才不得不中断。可是他的英勇行为似乎没有起到任何效果，不然又该如何解释梅塞维的被俘？

■一辆德军坦克，远处是一辆被击毁的英军卡车。

这或许要从主帅奥金莱克身上去找原因。就在隆美尔发起进攻的前夕，奥金莱克断言隆美尔肯定会选择从加扎拉战线的北端突破，"沙漠之狐"不可能冒着巨大的风险迂回加扎拉战线，因为如果隆美尔选择这样做的话，他就会把自己的侧翼暴露给加扎拉防线后面严阵以待的2个英军装甲师。他怎么还不明白冒险就是隆美尔的天性？他的自以为是直接造成了英军主力第7装甲师的溃败。

加扎拉防线的重要支撑点是最南端的比尔哈凯姆要塞，拿不下比尔哈凯姆这个沙漠边缘的要点，隆美尔的后勤补给就相当成问题。5月28日，意大利"阿雷特"装甲师第一次对比尔哈凯姆要塞发动了一次不成功的进攻，在损失了32辆坦克后被迫撤退。在从5月26日起的两个星期里，德国空军对比尔哈凯姆的自由法国第1旅的部队进行了1400架次的攻击，参加围攻的德意部队先后共有4个师，守军却不过5个步兵营和1个炮兵连，但打得很英勇顽强，29日晚，拿不下比尔哈凯姆的非洲军弹药和汽油告急，隆美尔决定主力暂时后撤，另外打通一条供应线，他发现只能从和比尔哈凯姆要塞相距15英里的英军第150步兵旅驻守的锡迪－穆夫塔（Sidi-Muftah）阵地寻找突破口。

5月29日，德国人还遭到了一件意外的打击——他们的克鲁威尔将军乘坐的"史托奇"飞机在英军第150旅阵地上空被击落，克鲁威尔本人被俘，在默林津的要求下，来观察战况的凯塞林元帅被迫暂行代理克鲁威尔的职责，元帅开始接受隆美尔将军的指挥（否则非洲军就要接受意大利人的指挥了）。

5月31日，第90轻装师、"的里雅斯特"师和非洲军部分部队对锡迪-穆夫塔发起了一波又一波的进攻。战斗相当激烈，隆美尔甚至亲自和一线步兵一起攻击。守军英国第150步兵旅的3个步兵营——东约克郡团第4营、绿霍华德团第4和第5营依托防御工事，在第124野战炮兵团和第42、第44皇家坦克团剩下的坦克的支援下顽强抵抗，一次又一次地用后备兵力填补了德军在他们防御阵地上一次又一次打开的缺口。

到了晚上，筋疲力尽的第150步兵旅已经没有预备队来再次填补缺口了，仅剩下的6辆中型坦克每辆坦克只有20发炮弹

■即使是弹药不足，德国的大炮也没有停止向英国人炮击。

■克鲁威尔将军（中央）被俘前不久在他的指挥部和意大利军官会面。

（总共只有13辆各式坦克了），全部12门25磅炮剩下的炮弹还不足100发，大多数2磅反坦克炮已经不堪使用了，步兵们的弹药也已基本告罄了，而急切盼望中的第7装甲师的支援却由于一场沙暴和指挥部里漫长的喋喋不休的争论而取消了。

这时候德国人也已经到了山穷水尽的地步了，弹药、饮水均奇缺，一名被俘的英军军官因而向隆美尔抗议没有足够的饮水，隆美尔对此的答复是："你得到的是和非洲军包括我本人一模一样的份额——半杯水。不过我同意我们不能这样继续下去，如果明天我们不能得到补充的话，我将和你们的里奇将军商量办法（投降的婉转说法）。"他给自己设定的最后期限是6月1日，要么是完全的胜利，要么就是向对手认输。

6月1日黎明的曙光并没有给第150步兵旅带来任何希望，还是没有任何增援的迹象。在德国人四面八方的让人喘不过气来的围攻下，英国第150步兵旅于当天一个排接

隆美尔与非洲军

着一个排地向德国人屈服了，曾在法国战场英勇作战过的海伊顿（Haydon）旅长也阵亡了。这个旅从此以后从英国第50步兵师的序列里消失了，这对曾在这个旅战斗过的官兵来说是非常不公平的。在整整72个小时里，他们没有得到过任何支持和补给，却独自英勇地抗击优势巨大的德意军队，给隆美尔的步兵造成了严重的伤亡，打伤了隆美尔的两个重要助手——高斯和威斯特法尔，还俘虏了克鲁威尔（他被第150旅迅速地送往埃及后方，使隆美尔扼腕不已）。

歼灭第150步兵旅使得非洲军由此获得了一个宽达16公里的突破口，补给状况大大改善。隆美尔立刻派遣第90轻装甲师以及意大利"的里雅斯特"摩托化师向比尔哈凯姆

■"法兰西在战斗！"比尔哈凯姆要塞的法国军官正在观察迫近的德军。

集结，这两个师于6月1日夜间先后抵达。现在又轮到比尔哈凯姆这颗钉子了！

6月2日、3日和5日，德军多次要求比尔哈凯姆的守军投降，但是得到的回答都是坚定的"不"。比尔哈凯姆的坚守有力地掩护了第8集团军的后撤，甚至还影响到以后的阿拉曼战役。这个要塞是由自由法国第1旅3700名官兵守卫的，他们只有10天的补给储备，决心洗刷法国陆军耻辱的守军对德国人的最后通牒干脆地拒绝，其中6月3日的通牒是隆美尔本人交由一名英国战俘送来的，守军司令、二次大战中法国最优秀的将军之一——孔因将军对隆美尔的回答是他当天晚上签发给要塞全体官兵的命令："我们将不得不承受敌人猛烈的联合攻击（飞机、坦克、炮兵和步兵），敌人很强大，为此我重新调整了防御部署。每个人都要在自己的位置上战斗到最后一刻，我们的任务是以牙还牙，以血还血，直到取得最后的胜利。这道命令将传达给每个军官、士官和士兵，祝大家好运。"

密布的地雷使得德军坦克无法配合步兵对要塞进行进攻，而要塞里守军也进行了顽强的抵抗，连隆美尔都不得不承认"我在非洲还从来没有打过这种恶仗"。但是6月5日，一支输送补给的车队未能突破德军的封锁线，守军的情况越来越严峻。

6月7日,由于德国空军一直无法从加扎拉战役中脱身,对马耳他要塞计划中的攻击大受影响,焦急的凯塞林严令隆美尔第二天歼灭比尔哈凯姆要塞的守军,9日或10日冲向海岸,18日到22进攻托布鲁克,25日结束战役。

6月8日清晨,对比尔哈凯姆要塞的又一次惨烈的进攻开始了!45架"斯图卡"轰炸机在3架Ju88、10架双引擎Bf110和54架单引擎飞机的掩护下,对要塞进行了饱和轰炸,然而连日征战的非洲军的步兵们却没有空军的那股劲头了,没有能够及时跟上,进攻再一次功败垂成。这样的情况重复了多次,德国空军开始发怒,甚至威胁要取消对步兵的支持。

到了6月9日,比尔哈凯姆要塞守军的饮用水已经几乎告罄,仅这一点就足以使守军发疯,虽然在阿拉伯语中,"比尔"(Bir)的意思是"水井",但是要塞里小小的一眼井又如何能应付几千人的巨大消耗?与此同时,守军发挥了重要作用的75mm炮的炮弹仅剩下200发,迫击炮炮弹也只有700发了。在德军坦克也开始加入攻击的压力下,下午5点,第7装甲师给孔因将军下达了突围的命令。

6月10日早上,孔因少将身先士卒地带领约2700名士兵分散冲出德国人的包围圈,天亮后德国人冲进据点,却只发现几百名伤

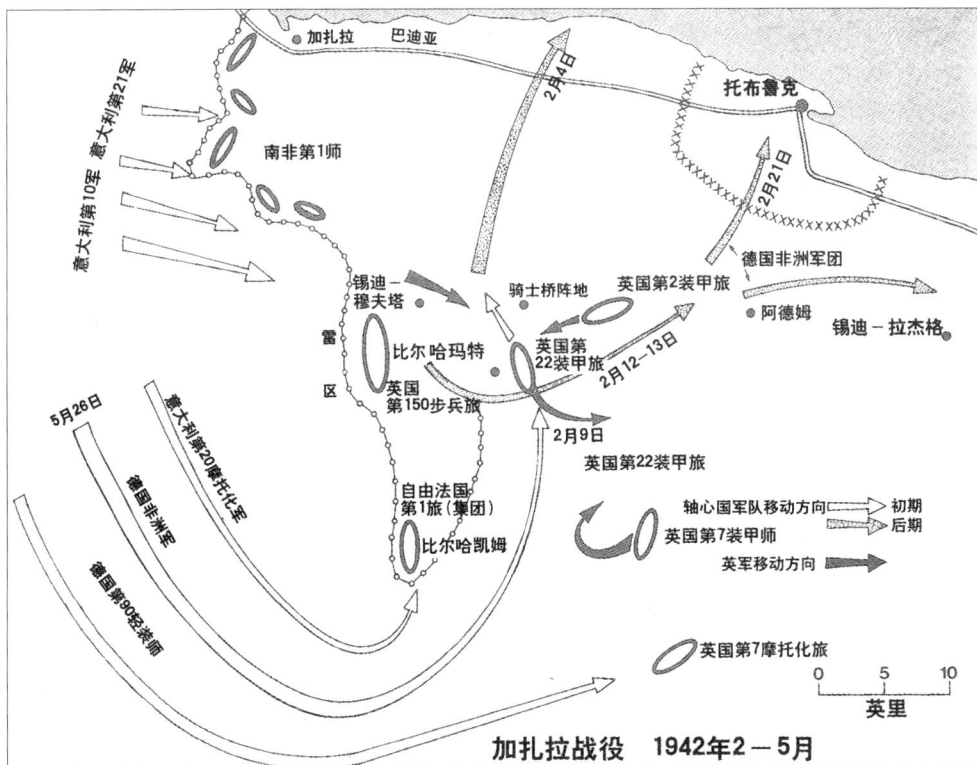

加扎拉战役　1942年2—5月

员和遗弃的大多已被破坏的装备。战俘里包括部分犹太旅的犹太士兵，德国最高统帅部下达的密令是对这些犹太士兵毫不留情地就地枪决，但是作为职业军人的隆美尔显然销毁了这份命令，也没有向下属传达过这份命令。

比尔哈凯姆要塞的攻克无疑是加扎拉战役的转折点，宣告了英军防御战术和反击的彻底失败。但是英军还远远未被击败。骑士桥北面的伦姆斯登近卫旅还有250辆巡洋坦克，南面的梅塞维手里也还有80辆步兵坦克。

隆美尔现在有226辆坦克，其中23辆是轻型的Ⅱ号、70辆意大利M13S以及5辆指挥坦克，但这些力量都不能担当坦克大战的任务。他真正寄予厚望的是92辆Ⅲ号（H）型、24辆Ⅲ号（J）型、8辆Ⅳ号旧型和4辆Ⅳ号新型。德国非洲军和意大利第20摩托化

军总计有65门德国和61门意大利野炮，以及一些缴获的英国25磅炮和71门德国、11门意大利中型和重型火炮。他还有102门德国和41门意大利反坦克炮，不包括战役开始时那48门88mm炮中剩下的30门炮。

在总的人数、坦克数量和其他武器装备的数量上，第8集团军仍然超过非洲军团很多（隆美尔对此已经习以为常了），但是它的许多步兵和武器都分散在第13军、第30军、托布鲁克以及埃及的后方部队，而且在重要的中型火炮和反坦克炮方面，德军有着巨大的优势。

奥金莱克和里奇现在只有一个共同的念头——向隆美尔的侧后反击！他们把第5英印师加强给第13军，用来实施这个向西打击隆美尔侧后的"打油诗"（Limerick operation）行动。他们的原意是让所有的装甲部队在骑士桥挡住隆美尔的装甲部队，

■硝烟弥漫的托布鲁克战场俯瞰图。

由第5英印师来实施这个突击，但所有的指挥官都不赞成这个计划，他们还是觉得向南打击德军比较现实，没有一个人有胆量把侧翼暴露给隆美尔的迂回主力。

在与比尔哈凯姆要塞失陷的同时，英军装甲部队开始再一次地反击，但是非洲军组织完善的反坦克和坦克火力网让英国人的坦克无所适从，即便是像"格兰特"坦克。而且英国人的反击组织得非常差，10日和11日，居然没有一名指挥官负责对重要的"锅底"地区的装甲进攻的协调组织工作。那些重要的指挥官此时似乎全都乱了方寸，除了不停地争吵外什么也做不了。

6月11日，隆美尔在击毁英军坦克100多辆、粉碎英军反攻后，率部向骑士桥据点以南推进，从后面攻击英国第2装甲旅和第22装甲旅，击毁英军坦克120辆，拿下莱格岭。当晚，骑士桥守军被迫突围，弃守加扎拉防线。

6月12日和13日隆美尔的部队摧毁了大约140辆英军坦克。遭受沉重损失的英军开始撤离加扎拉防线，同时也撤出了在托布鲁克东南建立的补给基地。从6月12日起，英国军队已经开始陷入混乱状态，例如，德军的电台当天截获的电报表明，第4装甲旅公开拒绝执行里奇的命令，因为英军都开始觉得他们的上级都是草包。这在德意军队一方是不可想象的，他们只要忠实地执行隆美尔下达的任务就可以了，没有人会怀疑隆美尔的洞察和决断能力。

6月14日，里奇开始和奥金莱克讨论托布鲁克的命运问题，虽然里奇倾向于放弃托布鲁克，但是最后他们还是决定坚守托布鲁克，仅仅放弃加扎拉防线。

6月15日，隆美尔又把主攻点指向防守托布鲁克的关键之所在的阿德姆（Adem）高地，在第90轻装师和第21装甲师的联合压迫下。阿德姆守军第29英印旅次日晚被迫突围，使托布鲁克本身的防御变得无足轻重。

6月18日，德军再次包围了托布鲁克。6月20日，德军向托布鲁克发动了突袭。按照隆美尔的指示，德军装甲主力首先越过托布鲁克向东面的巴迪亚挺进，在距离巴迪亚仅有18英里的时候突然回头向西面的托布鲁克发动了进攻，再一次地让误以为隆美尔会又一次放过托布鲁克的守军吃了一惊。

加扎拉战役是隆美尔的杰作，在这场战役隆美尔的指挥艺术中，我们可以深深地体会到他最崇拜的拿破仑的那两句名言"行军就是战争"以及"战争的才能就是运动的才能"，没有大胆大迂回的决心，就不会有最后的成功。

托布鲁克陷落了！

现在又轮到托布鲁克了！6月18日，隆美尔电告总参谋部和凯塞林："要塞（托布鲁克）已被我军包围。"德军首先扫荡托布鲁克以东的英军装甲部队的残余和各个野战空军基地，将托布鲁克彻底地孤立了起来。

由于德国空军一直在加扎拉战役中无法脱身，马耳他这个不死鸟又恢复了一点生气，隆美尔的供应又开始成问题了。希特勒暂时禁止使用船只越过地中海运送人员，隆美尔急切盼望的8000名援兵（已经准备就绪）落了空。而一旦德国空军开始重新对马耳他施加压力，地中海这一头的隆美尔又要遭到英国沙漠空军的打击，伤亡又开始上升。这真是一个两难的处境！

不过，幸亏他的对手总是会犯可笑的错误，他才又一次次地获得了表现的机会。例如，英军不知出于什么考虑，竟然把原来已经缴获的、堆存在德意军队1941年设置在托布鲁克外围东部和南部原来的炮兵阵地上的大量大口径炮弹原封不动地放在原处，都懒得去挪动一下，这就极大地便利了隆美尔的进攻。

守军主力南非第2师在之前对受到攻击毫无心理准备，在前师长威利斯的带领下，

在1月份后面的长时间内，所做的唯一一件事就是收缩了巴迪亚一带的孤立据点，随后于3月份全师退进了托布鲁克。

南非第2师原来只有2个旅，第4和第6旅，后来又加了第9英印旅。在整个加扎拉战役中，它一直作为预备队呆在安全的后方，只有第9英印旅被投入"锅底"战斗，随后又给它调来了老兵很多的第11英印旅作为它的第3个旅。

直到6月4日，从奥金莱克到克洛普，想都没想过托布鲁克会再一次地遭到进攻，还在设想使用南非第2师参加阿德姆战斗，而里奇则建议托布鲁克在不利的情况下放弃。这样不统一的构想必然对托布鲁克的防守会造成阴影。

其实，这时防守托布鲁克的炮兵力量非常雄厚，有整整3个3营制的炮兵团，还有

■托布鲁克港内一艘被击中的英国运输船。

南非第1师的2个炮兵营以及第67和68两个中型火炮团，弹药储存也十分可观，但是指挥系统却非常紊乱，部署和通讯都相当成问题。

有好几个炮兵营被部署在东南方的前进阵地上，以便把进攻一方挡得远远的，但是这就必然影响到了炮兵火力的集中，而且置前的炮兵阵地上的弹药储存也不充分，这在通讯不畅和难以协调的情况下，必然造成灾难性的结果。

反坦克炮的布置更是如此，69门反坦克炮中只有18门是6磅的，其中近卫旅就占了16门6磅炮。而18门3.7英寸高射炮都被用来保卫港口和仓库，这样第一线步兵得到的反坦克火力的支持就极不平衡。

威尔逊准将曾极力要求由他来统一指挥全部的预备队和装甲部队（他的要求是每一辆坦克和每一辆装甲车）来对德意军的突破实施反击，这无疑是个好的建议，也是威尔逊在托布鲁克上一次遭到围攻时使用得很成功也很熟练的，但是优柔寡断的克洛普始终没有魄力和能力来实施这个措施。

6月20日早上6点30分，奥金莱克给里奇发了一个电报，表明了他对于"危机"迫在眉睫的担忧，认为隆美尔对托布鲁克的进攻也许在几个小时内而不是在几天内才会开始。他还是比隆美尔晚了一步，因为"危机"已经开始了！驻守在托布鲁克东南角的安德森的第11英印旅已经遭到了猛烈的空地联合打击。

在凯塞林的德国空军的配合下，6月20

■南非第2师师长克洛普将军。

日早上5点20分，隆美尔排得密密麻麻的大炮以猛烈的火力攻击托布鲁克。没过多久，德国空军的"斯图卡"轰炸机开始对事先设定的托布鲁克东南角的防御阵地轰炸，试图在此撕开缺口。由于甘布特机场已经被德军占领，英军没有可以用来抵抗的战斗机和高射炮，只能听任一个个地堡被德国人摧毁，当天德国空军的出动次数达到了580架次。

对于空军的使用，隆美尔这次又采用了一个新的战术，正如参加战斗的德军第115装甲掷弹兵团的舒密特上尉观察到的那样，"斯图卡"轰炸机被用来在雷场内开道，在雷鸣般的阵阵爆破声中，它们一次次优雅的俯冲、拉起为德国步兵和坦克打开了一条条通向托布鲁克防御圈的道路。

093

而在英军方面，就像我们指出的那样，和德意军队集中的猛烈炮火成对应的是，英国守军的坦克和炮兵是平均分配给各个旅一级单位的，从来没有想到把炮火集中起来打击德军，这样落后的军事思想如何能不挨打？

不到2个小时后，德国步兵和工兵开始破除障碍，在堑壕上架设供坦克使用的钢桥，步兵和坦克几乎分秒不差地按计划突破了反坦克壕，这是隆美尔在北非战场上组织得最成功的阵地突破。8点30分，第15装甲师的坦克群已经突破了反坦克壕，开始向纵深发展。第15装甲师成功地在工兵配合下突破了雷区以后，第21装甲师和前一晚只睡了2个小时的隆美尔跟了上来，而在非洲军的后面，意大利"阿雷特"和"的里雅斯特"师也按照隆美尔的命令，在突破反坦克壕以后毫不迟疑地跟随非洲军向托布鲁克市中心攻击。中午时分，在摧毁了英军50辆坦克以后，非洲军进据了托布鲁克中心的穆罕默德路口，托布鲁克守军已经被他们掐住了咽喉。

下午4点，克洛普的师部开始遭到德国坦克和炮兵的打击，同时难民和各个行政机关的汹涌车流和人潮也使得师部几乎被挤垮。克洛普下令毁掉所有的文件、密码，也包括电话和无线电设备，这样一来，群龙无首的托布鲁克守军的命运就更加无法改变了。

进攻如此顺利还有很多其他原因，一方面，奥金莱克早就对坚持托布鲁克不抱信心了，认为在敌后坚持这样一个要塞代价过于高昂，对隆美尔和他的非洲军又产生了心理上的畏惧，原来用于托布鲁克防守的地雷在"十字军"行动后被转移用于加扎拉"地雷比赛"。另一方面，托布鲁克的防御也早

■ "斯图卡"俯冲轰炸机，总是以一副狰狞的面目出现。

已今非昔比了，除了地雷和障碍被移走外，负责防守重担的南非第2师对于防御工事也未作任何加强，连重要的反坦克壕都听任被沙暴卷起的沙子淹没，在战斗中也丝毫没有表现出澳大利亚人的那种顽强精神。

晚上，托布鲁克的夜空被守军引爆燃料库和弹药库所引起的火焰照亮，到处都是望不到头的一列列的英军俘虏在垂头丧气地走出托布鲁克，那些南非师的黑人都喝得醉醺醺的，高喊着"战争结束了"，而隆美尔终于倒在了指挥车的一个角落里，疲惫已极的他却怎么也睡不着，对于他来说，战争远没有结束……

第二天，托布鲁克英联邦军队停止了抵抗，升起白旗，3.3万名官兵投降。

上午9时40分，隆美尔在巴迪亚公路上会见了南非第2师师长兼托布鲁克要塞司令克洛普将军。个子矮小、精神沮丧的克洛普呈交了投降书，德军划定了受降地点，黑压压的望不到头的俘虏群垂头丧气，蓬头垢面跟在克洛普将军身后，接受投降。

战俘的数量是惊人的，包括19000名英国人、8960名南非欧洲人和1760名非洲土著人、2500名印度人，总计32220人。战利品的数量也是极其可观的，虽然大多数汽油都已经被守军在投降前销毁了，但德国人还是得到了2000吨十分宝贵的坦克油料以及2000辆可以使用的车辆，战利品的清单上还包括5000吨各类食品和数量巨大的弹药（虽然大多不能为德意军队使用），

非洲军团由此装备了大量的英国卡车和美国坦克。这些战利品的获得也是一面双刃剑，因为它使得对于马耳他的进攻看来不那么迫切和必需了，给隆美尔日后的失败打下了一个楔子。

对此，隆美尔的参谋长高斯将军报告说，"战利品极多。其中有足供3万人用3个月的物资和1万余吨汽油。如果没有这些战利品，在未来的若干月中，我们的各个装甲师简直无法得到足够的粮食和汽油。"令德国人和意大利人喜出望外的是，战利品中有真正的白面、香烟、果酱，甚至还有英国政府动用外汇在中立国葡萄牙购买的德国慕尼黑啤酒，南非第2师无疑是在犯罪！南非军队的军官们在被俘后居然还要求德军把他们和他们部队中的黑人士兵分开居住，这个要求被隆美尔冷冷地拒绝了，这样的军队士气也就可想而知了。

英军中并不乏血性男儿，第9廓尔喀团第2营一直战斗到21日晚上，喀麦隆部队一直战斗到22日早上，而皇家工兵部队（第570工兵连）更是直截了当地拒绝了克洛普投降的命令，他们自行向南突围，随后又向东加入第8集团军。在担任撤退后卫的任务时，他们还受命承担了摧毁萨卢姆英军储存的物资的任务，180000加仑汽油、9000颗反坦克地雷和其他重要物资被他们及时地摧毁了，这些物资如果落到隆美尔的手中的话，将对以后的战局发展产生灾难性的影响。相对照之下，南非第2师和他们的师长的战斗精神是应该受到责备的。

隆美尔与非洲军

■德军的后勤补给因为英国空军掌握了北非战场的战略和战术制空权而极度缺乏。

攻克托布鲁克使德军进攻部队付出了3360人伤亡的代价，差不多接近15%的伤亡率，而且这个伤亡率数字中有300人是军官，军官的伤亡率达到了惊人的70%，隆美尔确实是报了"十字军"行动的一箭之仇，但是非洲装甲集团军的菁华损失惨重，非洲军赖以克敌制胜的利器受到严重损伤。

无论如何，通往埃及的大门打开了，德军前进到阿拉姆哈勒法（Alma Halfa）才停下。1942年6月22日晚上，在托布鲁克的胜利的战报声中，在大本营召集会议的希特勒在戈培尔仍旧称呼"隆美尔将军"时，

脸上露出了神秘的微笑，指了一下收音机让大家注意听，随即收音机里传来了"元首大本营，6月22日，元首晋升非洲装甲集团军司令官隆美尔大将为陆军元帅。"

第二天早上，在参谋们兴奋的呼喊声中，惊醒过来的隆美尔得知他已经达到了一个德国军人所能期望的军事生涯的顶峰，但他接过元帅节杖时的反应则是一个军人的本能反应"我倒宁可他多给我一个师"。

多余的话

在另一个阵营的大英帝国被震撼了！

096

将要面对英国众议院不信任投票的丘吉尔首相为托布鲁克的陷落而痛苦不堪，他曾认为托布鲁克的陷落是他一生中所受到的最大的打击之一，极度的痛苦使得他咬牙切齿地连声喊道："隆美尔！隆美尔！别的都无关紧要，只要能打败他就行！"出于对北非战场的担心和对丘吉尔的同情，美国总统罗斯福和马歇尔将军立即慷慨地把300辆"谢尔曼"坦克从美军装甲师的现役装备中抽调出来，转交到中东地区，这将成为即将开始的阿拉曼战役的一个决定性因素。

在美国的紧急运输下，原定用于缅甸战场的根据《租借法案》提供的坦克、重炮和飞机全部调往北非。"山姆"大叔的输血很快见效，6月份英国空军出动架数猛增，战场形势顿时开始了微妙的变化。在7月中旬到8月中旬的相持阶段，英军马耳他岛的空军基地重新活跃起来，英国空军迅速掌握了北非战场的战略和战术制空权，几乎完全切断了轴心国地中海航线，使隆美尔的非洲军团得不到装备和燃料的补充。在8月最后一个星期里，英军获得50万吨补给品，而德意军队只获得1万吨补给品。

等到蒙哥马利反攻时，美国已向英军提供了700多架双引擎轰炸机，近1100架战斗机，900辆中型坦克，800辆轻型坦克，90门反坦克炮以及25000辆卡车和吉普车。需要指出的是，在美国援助的这些武器装备中，有相当部分原是打算用于亚洲缅甸战区的。英国军队在托布鲁克遭到的惨败使得此时远在中国云南的中国远征军出征缅甸从一开始就蒙上了一层沉重的阴影，中华民族又要承受更多的苦难。从这种意义上说，隆美尔就更是中国人民的敌人了。

1942年6月，无论是英军还是德意军队都无力再发动攻势，双方只剩加固防御阵地的实力。

结束语

托布鲁克被攻克了，德国非洲军团站在了埃及的西大门，似乎已经隐隐看到了东方天边尼罗河闪烁的水光和狮身人面像在沙漠上拖出的长长的影子。隆美尔把他手里那点可怜的力量发挥到了极致，甚至已经到了令人匪夷所思的地步。我们固然可以对之不屑一顾，说那是他手下那些非洲军团官兵牺牲奋斗的收获，但是难道不正是隆美尔让那些德国士兵觉得牺牲可以是一件多么令人趋之若鹜的乐事吗？我们也可以对之嗤之以鼻，因为由于战争的非正义性，他改变不了这场战争的结局，但是谁又能否认隆美尔曾让那么多世人心驰神往、扼腕不已？

非洲装甲集团军的默林津少将曾经有过这样一段生动的描述："在隆美尔与他的部下之间，有一种难以解释和无法分析的神交，这是上帝赠与的。他们知道隆美尔是一个只有隆美尔自己才会最后宽容的人，他们看到他生活在自己中间，并感到这是我们的领袖。"

这中间自然有阿谀的成分，但也不乏真情，否则我们无法解释为什么连隆美尔的敌人也会那么尊重乃至敬仰他，甚至不惜费尽心思，为他写了一部传记，1950年1月在伦敦首印的一本英文版的、戴斯蒙德·杨准将写的《隆美尔》在短短的一个多月里加印了4次，一时洛阳纸贵，竟然是为了一位给他们带来痛苦回忆的敌酋！

■非洲军向开罗前进。

隆美尔与非洲军

——阿拉曼战役

"在阿拉曼之前，我们战无不败；在阿拉曼之后，我们战无不胜。"

——英国首相 温斯顿·丘吉尔

阿拉曼（Alamein）位于埃及北部，如果说是19世纪初的比利时滑铁卢战役（1815年）造就了英国伦敦著名的滑铁卢火车站（就是电影《魂断蓝桥》中费雯丽饰演的舞女玛拉和军官罗伊邂逅的所在地），那么同样著名的第二次世界大战中的阿拉曼战役却是因非洲沙漠里一个小火车站的名字而来。1942年10月底至11月初，蒙哥马利将军指挥的英国军队在这个小站附近和隆美尔元帅指

挥的德意军队在经历了几个月难分难解的拉锯战之后，终于给予后者沉重的打击，史称阿拉曼战役（确切地说应该是第二次阿拉曼战役）。这场战役以英军胜利而告终，一举扭转了北非战争的格局，成为德意法西斯军队在北非覆灭的开端，阿拉曼战役（包括第一次阿拉曼战役、阿拉姆哈勒法战役及第二次阿拉曼战役）也因此成为第二次世界大战的转折点之一。

仅仅数月之前，1942年6月21日，北非德意军队在"沙漠之狐"隆美尔的指挥下，攻克了英国在北非坚守了14个月之久的重镇托布鲁克，得到大批俘虏和战利品。绝大多数将军在取得托布鲁克这样的伟大胜利后，必然会暂时停留一下，但是由于这一次的胜利者是隆美尔，情况就有所不同了。

正当托布鲁克大群的英联邦军队的战俘按照趾高气扬的德意军队的命令，自行组队向西步伐沉重地走向战俘营的同时，德国非洲装甲集团军得到的德国陆军元帅隆美尔的命令却是"集结起来，准备继续前进"，于是6月21日中午，还没有来得及怎么享用丰盛的战利品，有的甚至连打个盹的小小要求都得不到满足的德意军队就开出了托布鲁克，开始马不停蹄地向东追击依然处在一片混乱之中的英军……

回顾一下历史，可以发觉托布鲁克的巨大胜利真是一把双刃剑，它使得隆美尔全然忘却了（或者说他不愿意再去想，虽然头脑清醒的凯塞林元帅及时地对他进行了提醒）他原先构想的得到德意统帅部首肯的就地组织防御的计划，决定不顾之前加扎拉战役的巨大损失，不顾地中海供应线的那个小小的但是其战略意义怎么说都不过分的"马耳他毒刺"正在恢复元气，也不顾凯塞林的南线德国空军已经无力继续给他提供强力支持，只是想着一鼓作气地追击一片慌乱中的英军，直捣远方的尼罗河三角洲……

任何东西都应该有个限度，包括军人的荣誉感，隆美尔这个德国斯瓦比亚人此时显然过于贪婪了。

如潮般的撤退

对隆美尔有利的是，托布鲁克陷落后，北非英国第8集团军的指挥系统确实已经陷入了一片混乱之中。在托布鲁克陷落前不久，英军主力第7装甲师师长梅塞维（Messervy）将军的一段关于是否要坚守托布鲁克附近阿德姆（El Adem）要地的经历就已经形象地描绘出了这一点："（我的）第29英印旅当时正在阿德姆，已经被敌军包围，军部给我下达了撤退的命令，让第29英印旅自己打出一条血路来，诺里（Norrie，英国第30军军长）军长亲自给我传达了这道命令。但随即我又接到了一道（含糊不清的）命令，指示如果我觉得守不住的话，也许可以撤退。我的回答是我非常确信它不可能被长久守住。就在我被要求把这道命令传达给第29旅的时候，我再次接到了一道命令，军长命令阿德姆必须坚守住。而最后的命令是第29旅如果可以突围的话，就放弃阿德姆。"

似这样的游疑不决、朝令夕改，让任何下属都会有无所适从之感！

英国第8集团军总司令里奇（Ritchie）本来准备在马特鲁（Mersa Matruh）港一线站住脚，因为这个地方向西的一侧得到了大片既设地雷区的保护，应该是个防御的好场所。还没有完全休整完毕的劲旅新西兰第

■1942年6月，夕阳下，穿着不怎么合身的军装的奥金莱克站在路边伤感地看着他的军队向阿拉曼撤退。

多月前，他就曾建议动用新西兰师，并且由奥金莱克亲自指挥第8集团军，但这两个建议当时都被奥金莱克拒绝了，现在在惨败之后，痛定思痛之下的这些举动，无疑都太晚了！

但是也就在这一天，本来就信心不足的奥金莱克经过痛苦的考虑，取消了坚守马特鲁港一线的命令。现在，英国人全军向阿拉曼撤退！

2师此时已经从叙利亚匆忙赶来，英军指望由这个战力坚强的师，再加上第10军的第10英印师以及戈特（Gott）将军的第13军在这里的部分兵力来守住马特鲁一线一段时间，以便让受到重创的第30军得以安全撤至阿拉曼一线重整旗鼓。

无奈的是，托布鲁克陷落以后，英联邦军队的士气、装备都降到了谷底，撤到马特鲁的部队全都装备不齐、无心恋战，短时间内已经不再适合和非洲装甲集团军进行大规模对阵。留给他们的唯一选择似乎就是向东撤退，以空间换取时间，直到北非战场的"钟摆效应"发生有利于他们的变化。

6月25日，奥金莱克终于解除了里奇的职务，由他亲自来兼任英国第8集团军总司令一职，此举唯一的好处也许只不过是减少一个指挥层次而已。丘吉尔这时想必已经对奥金莱克的这个动作不屑一顾了，早在一个

匆忙赶到，又被迫紧急撤退的新西兰第2师无疑是一支骁勇善战的部队，他们在马特鲁最后是依靠白刃战才突破已经紧紧咬住他们的德军第21装甲师的包围的，只是他们在6月27日夜间的突围战中突破第21装甲师第104团第3营在明喀查姆（Minqar Qaim）的阵地时采取的残暴行为激起了隆美尔和全体德国非洲军官兵的愤怒。当时，第3营是在猝不及防的情况下遭到攻击的，"舒适"的沙漠夏夜里，不少德国士兵正半裸着身体在睡觉，或者靠在他们挖得浅浅的战壕中休息。黑暗中，大股的新西兰士兵蜂拥而来，用各种武器对他们不分青红皂白地进行杀戮，连野战医院的那些未及运走的伤兵也惨遭屠戮。

紧接着，后面的第二波新西兰部队又对所有已躺在地上的德国人用刺刀再捅了一

遍，这自然也包括那些可怜的也许还有一口气但已经受了2遍伤的伤兵。新西兰人或许有他们的理由，在黑暗中谁又能分清可恶的德国佬哪些是真的死了，哪些是装死的呢？他们需要的是一条"绝对安全"的撤退通道，在新西兰人近乎疯狂的砍杀过程中，至少有2个德国兵的头被他们割了下来，整个战场犹如一个屠宰场一般令人恶心。"杀人或者被杀"，这就是新西兰人此时的逻辑和对沙漠战争的理解。

在这次突围中，新西兰部队确实有些慌不择路，马特鲁的车辆都被他们一抢而空（英军其他部队多少还有些绅士风度，被新西兰人"不守纪律"的行为弄得不知所措），根本不顾友军死活，使得马特鲁被围的其他英军部队大量被俘。战争中，能打的部队似乎军纪都比较差（难道这就是军人所谓的"霸气"？），古今中外都不乏这样的情况。

德国媒体对此进行了大肆渲染，认为新西兰人的屠戮行为破坏了文明准则，远离文明世界的新西兰人都是野兽。须知，北非沙漠中的战争虽然也像其他战场一样激烈残酷，但却是一场二战中罕见的真正的绅士或者说骑士之间的战争，双方都打得非常干净，很少有违反人道主义的情况发生。否

则就很难理解何以阿拉曼战役结束36年以后（1978年），英国第8集团军众多幸存的将士们会不顾有阿谀敌军统帅隆美尔的嫌疑，和他们昔日的德国、意大利对手们一起在布莱克浦（Blackpool，又称"黑潭"，英格兰兰开夏郡的一个著名的休闲胜地）动情地齐唱双方士兵所钟爱的德国二战名曲"莉丽·玛莲"。关于"马特鲁事件"，气愤难消的隆美尔后来对被俘的新西兰第6步兵旅的克利夫顿（Clifton）旅长提出了严厉的责问，不过能言善辩的克利夫顿似乎成功地让隆美尔接受了所谓"战争迷雾"的解释，而新西兰的官方战史上也陈说新西兰军队当时根本没有意识到他们是在攻击一所野战医院。

杀敌一千，自损八百，新西兰人在马特鲁突围中也遭受了800人的伤亡。查尔斯·厄普汉姆（Charles Upham）上尉因作战勇敢得到了他个人的第2枚维多利亚十

■尘土中的阿拉曼火车站，这难道是隆美尔的终点吗？

字勋章（第1枚是在克里特岛获得的，只是不知道他这次的战果里有没有包括倒霉的德国伤员）。

就这样，1942年6月26日，隆美尔指挥区区62辆坦克和3000名德国步兵把被浓重的失败主义情绪笼罩着的差不多2个军的英国军队赶出了马特鲁港，摧毁英军40辆坦克，至少4000名英军被俘，又有不少食物、汽油、车辆和在修理中的坦克成了隆美尔的战利品。其他未被德军歼灭的英国军队争先恐后地沿着地中海岸边的公路向东面的阿拉曼退去。北非英军官兵的士气此时已经降到了最低点，对神话般的"沙漠之狐"产生了巨大的心理障碍，似乎只知道撤退、撤退、再撤退！

每个人都明白，如果让隆美尔在东面的阿拉曼再次取胜的话，大英帝国在非洲的统治也就结束了。此时的埃及首都开罗都已由英国军队接管，宣布进入紧急状态……

之前，托布鲁克的惨败曾使得英国首相丘吉尔尴尬地面对众议院的不信任投票，只是靠着他的雄辩（其中包括对隆美尔的"不知廉耻的"吹捧——希特勒对此感到可笑和不可思议），475票对25票，他再一次赢得了辩论，也保住了他的首相位子。但是，正如一位议员嘲讽的那样"我们的首相大人一次次赢得辩论，却一次次输掉战役"。只是，这种情况不可能多次重复，不论是丘吉尔，还是大英帝国都再也输不起了！

但是在另一个方面，非洲德意军队的后勤部门却忧心忡忡地看到拿下马特

鲁后，非洲装甲集团军的补给线从萨卢姆（Sollum）算起有400英里，而从班加西算起已经有800英里了，从的黎波里算起就过于路途漫漫了。已经摆到右侧最高点的北非"钟摆"还能再向东面摆一点吗？

不管怎么样，6月29日，意大利独裁者墨索里尼和许多法西斯的重要人物兴冲冲地来到的黎波里，已经开始筹划他在开罗的骑着白色骏马的盛大阅兵仪式了，他这一次能如愿以偿吗？

沙漠中的滑铁卢——关于阿拉曼战场

阿拉曼是埃及西北部（当时版图）靠近埃及与利比亚边境地区的一个海边小镇，也是一个肮脏的、尘土飞扬的小火车站，它距埃及最重要的亚历山大港仅100多公里（70英里左右）。北部非洲沿地中海的平原自西向东延伸于此，由于受到南面的卡塔拉（Qattara）盆地的挤压，渐渐收缩到南北宽仅90公里，之后又豁然展开，直通埃及的心脏尼罗河三角洲，从地图上看，这个地带无疑是屏护埃及的咽喉要地。

1815年，威灵顿公爵曾经对着地图上的比利时滑铁卢若有所思，"我必须在这里和他战斗"，现在北非英军的统帅奥金莱克的想法想必也同样如此。

将阿拉曼作为战场，这和当地的地形是很有关系的。如果我们在空中从北往南仔细观察阿拉曼一带，就会发现在这里，所有

103

的军事要素都完美地结合在一起，完全可以说这里是整个北非最好的防御地形以及战场（当然是对防守一方而言）。

在最北面是一条沿着地中海海岸延伸的公路，公路和大海之间仅仅相隔着一片狭窄的盐碱沼泽地，公路的南面一侧是一条山岭，山岭的那一面是一条铁路，铁路上的那个小站就是用山岭的名字命名的，即阿拉曼（Tel el Alamein）站。

阿拉曼这个词在阿拉伯语里有很多不同的含义，其中一个是"旗帜"（而且是复数形式，两面旗帜）的意思，阿拉伯人的原意也许是用旗帜来形容阿拉曼岭突兀的地势。确实，站在阿拉曼岭上往南面尤其是西南方向看过去，整个相对开阔的地形一览无遗，可以望得很远很远。

在阿拉曼岭的西南方向，视线被稍稍挡住的地方，在这个海边平原的大致中心位置，是第二个主要的高地，称作卡拉特埃尔阿巴德（Qaret el Abd）岭。如果站在它的最高点，无论往北还是往其他方向，同样可以拥有良好的视野。在阿拉曼岭和卡拉特埃尔阿巴德岭大致的中间位置，还有一条东西走向的山岭，叫鲁维塞特（Ruweisat）岭，鲁维塞特岭的南面要比北面一侧稍稍平缓一些。

由南向北看，在鲁维塞特岭的北面又是一个叫德埃尔西姆（Deir el Shein）的小盆地。在这个盆地的北面，差不多在阿拉曼的西面，又是一条米特利亚（Miteiriya）岭。而在阿拉曼的西面，从近到远，又分别是特勒埃莎（Tel el Eisa）岭和科德尼岭（Kidney，或称"腰子"岭）。

就是这些列举出来的及其他没有列举出来的山岭和盆地构成了阿拉曼这个独特的战场。我们现在可以发现，阿拉曼一线的两翼非常安全，北面是浩瀚的地中海，南面的卡塔拉盆地又是坦克部队很难穿越的，除非拥有强大兵力和充分的空中支持（而这是隆美尔不可能得到的），隆美尔这次要施展他在加扎拉战役中成功的大迂回战术，实在是困难重重。在阿拉曼能进行的只能是实力的硬碰硬。

对于来自西面的进犯之敌而言，在进攻路线方面他们有3个可能的选项：通过位于鲁维塞特岭和北面沿海铁路之间的那条通道；从鲁维塞特岭和卡拉特埃尔阿巴德岭中间的走道发动进攻，随后在鲁维塞特岭和阿拉姆哈勒法（Alma Halfa）岭之间继续东进；或者沿着南面盆地边缘的杰贝尔卡拉卡哈（Gebel Kalakh）、希梅迈特（Himeimat）和萨马科特加布拉（Samaket Gaballa）的北面一侧前进。

意识到敌人的选择并不是很多，奥金莱克这次不想重复加扎拉不怎么成功的防御战术，在阿拉曼他准备用3个防御核心（即英国人所谓的"盒子"，包括阿拉曼的话这次共有4个"盒子"）起到阻挡敌人、分割敌人的作用，而后用强大的机动部队打击任何试图绕过"盒子"的敌军。因此，除了雷区以外，阿拉曼战线不是那种连绵不断的防御体系。具体的4个"盒子"的布置是：阿

■一名英军士兵在观察卡塔拉盆地地形，盆地北面就是英军最后的防线。

拉曼当然是最大的防御核心；往南第二个"盒子"是鲁维塞特岭；第三个是阿布德维斯（Abu Dweiss）；第四个在德埃尔西姆，至于第8集团军总部就设在鲁维塞特岭背后。在这个战场上，英军的优势除了有利的地形外，显然还有其后方补给基地亚历山大港近在咫尺这样一个至关重要的优势。

这一次，奥金莱克还准备在阿拉曼采取一种纵深防御策略，他把自己的防御重心设在大海和鲁维塞特岭之间，有意把巴布艾尔卡塔拉（Bab el Qattara）以南一端敞开，引诱隆美尔从这里进攻，由于北面有一条东西走向的阿拉姆哈勒法岭，这条突兀的山岭似乎是一个天然的防御工事，在防守一方阿拉姆哈勒法岭以逸待劳地布置了大量反坦克武器和重兵后，从南面大片的洼地进攻的一方显然将处于不利的态势。很明显，奥金莱克已经开始学习运用隆美尔曾屡试不

爽的沙漠机械化作战战术：即把敌人的装甲部队吸引到己方布置严密的反坦克武器的火网中加以痛击，而不是像以前那样仅仅使用装甲部队和对手"混战"。

所以，假如隆美尔真的从南面进攻，达成初步突破后他将有两个选择：一是继续向东面的亚历山大港和苏伊士运河区进攻，这样一来他进行下一步作战所必需的补给线将变得不可想象的漫长，而位置在他后方的未被解决的英军将可以随心所欲地对他的薄弱的供应线加以攻击，显然这是一个疯狂的举动；而如果他选择继续向北进攻，奥金莱克布置了大量地雷、反坦克炮和炮兵的阿拉姆哈勒法岭就将严重考验他已经大为削弱的战斗力。

从阿拉曼以西攻来的敌人虽说看上去有3条进攻的道路，但是只有鲁维塞特岭以北的那条才是真正具有决定意义的，奥金莱克正确地看到了这一点，无论隆美尔耍什么花招，他只要牢牢地守住这条通道和阿拉姆哈勒法岭就行了。奥金莱克的这个防守原则让亚历山大（Harold Alexander）击节叫好，以后也被蒙哥马利所遵循，这实际上是英国军队在阿拉曼进行防御作战、打退和击败隆美尔的关键。

在部队组织方面，奥金莱克采取的最大行动就是他在北非作战中第一次把北非英

国军队的炮兵组成了一个统一的集团，而且装甲部队也是如此，英国陆军在德国陆军这个严厉的老师的狠狠敲打下终于学会了集中兵力兵器、组织集团军作战的战术。如果奥金莱克能够有时间对英军的新的组织结构加以调整和充分训练的话，其效果无疑会更好。只是英国首相丘吉尔这时已经对这位杰出的（只是有点不走运，而且他似乎长于战略拙于战术）将军失去了信心，这才让随后完全照搬他的计划的蒙哥马利捡了个大便宜。

对奥金莱克失去信心的还包括他手下的将士们，他们无疑都对隆美尔产生了有一些过分的尊重（或者说"崇拜"？），以至于奥金莱克不得不对他们这样说："……（你们必须）消除一切认为隆美尔不是一个普通的德国将军的想法……说明一下，我这样说并非妒忌隆美尔。"

在隆美尔向阿拉曼发起第一次进攻时，奥金莱克可以使用的力量是35000人和160辆坦克，而隆美尔先期到达战场的力量仅仅是60辆德国坦克和30辆意大利坦克，1500名德国官兵和5000名意大利官兵。从数字上比较，这次战役攻守双方的差距是很可笑的。

不过一个是新败之师，另一个却正处在巨大胜利后的狂热之中，所以也就没有什么奇怪的了。

揭幕战——第一次阿拉曼战役

实际上，早在加扎拉战役开始前，英国第10军和驻埃及的英军守备部队（再加上众多的意大利战俘）就开始了在阿拉曼未雨绸缪的修筑防御体系的工作，第8集团军从马特鲁港撤退时，建筑工作已经进入了最高潮。可以这样说，在阿拉曼以西，英国人还从来没有建过更加牢固的防御工事。

前面说过，和加扎拉防线一样，阿拉曼防线也是由一系列坚固的"盒子"阵地构

■阿拉曼沙漠和地中海沿岸地区，荒凉贫瘠。

成的。但是和加扎拉防线不同的是，隆美尔是无法迂回阿拉曼防线的，这既因为阿拉曼的地形特点限制，也受隆美尔薄弱的兵力和后勤状况影响。

英国人的阿拉曼防线大致在巴布艾尔卡塔拉分成南北两个部分，分别由英国第13军和第30军负责防守，两军结合部在盆地北面15英里，距海岸25英里。除了那些"盒子"里的守军外，在阿拉曼防线后英军还准备了有坦克和炮兵支持的机动部队——即他们的机械化步兵旅集群。

坦率地讲，奥金莱克此时并没有绝对的信心守住阿拉曼，他更重要的任务是为英国保存第8集团军这支对大英帝国至关重要的军事力量，假如阿拉曼无法守住，他还要依靠第8集团军继续在尼罗河三角洲、苏伊士运河以及波斯和伊拉克的产油区战斗。

7月1日很快地来到了，这时奥金莱克在阿拉曼的部队和防线还远未准备好，而隆美尔不是中国春秋时代的宋襄公，他是绝对不想等英国人布好堂堂之阵以后才交战的。

隆美尔的部队是6月30日攻抵阿拉曼的，狂追了350英里的非洲装甲集团军此时离亚历山大港只有60英里了，一想到前方闪闪发光的尼罗河河水，所有的德意军人都处在极度的亢奋之中！这时英军的阿拉曼防线还没有完全形成，各个阵地之间的空隙很大，地雷区也不完备。但这时对阵的德国非洲装甲集团军在经过了2个月的连续激烈战斗后，虽然士气高昂，也已经彻底变成了强弩之末（隆美尔连洗澡和睡觉的时间也吝于

给他们），估计其战力（人数、装备等）只有加扎拉战役前的30%了。意大利部队的情况稍好一些，不过也同样已经疲惫不堪。再加上在从托布鲁克向东进攻的途中，由于德意非洲军推进速度过快，德国空军不能及时提供空中掩护，已经恢复元气的英国沙漠空军得以不断地对他们进行骚扰，这也给他们造成了不少麻烦。

更糟的是，隆美尔此时的情报来源也出现了问题，原来美国驻埃及大使馆武官菲勒斯非常准确的每天定时向华盛顿发送（同时也"免费"地发送给意大利人和德国人）的情报于6月29日戛然而止（美英方面肯定嗅出了点什么不对劲的东西），当天柏林"西线外国军队"备忘录上是这样说的："在今后很长一段时间内，我们将不可能再指望有这样的侦破情报了。失去这些情报的不幸在于，它正好告诉了我们所要知道的事，关于敌军的每一个行动，它都会毫不延误地提供我们。"而英军从马特鲁港的撤退又非常"迅速"，以至于非洲军根本搞不清英军具体逃向哪里。

隆美尔准备不再等待滞后的意大利第20摩托化军的第132"阿雷特"装甲师和第101"的里雅斯特"摩托化步兵师的加入，仅仅依靠手中几乎全部的德国部队——第90轻装师和第15、21这两个装甲师的可用兵力，希望一举拿下阿拉曼。

虽然情报很缺乏，隆美尔还是正确地估计了英军在阿拉曼的防守兵力：2个军（不过他把番号猜错了，猜成新到达的第10

军和原先已有的第13军，正确的应该是第30军和第13军），他也正确地估计了这两个军的结合部位置——阿拉曼和德埃尔阿比亚德（Deir el Abyad）这两个"盒子"之间，但是却没有料到南非第1师已经占据了此地。他相应的进攻计划是第90轻装师和2个德国装甲师穿过结合部，然后第90轻装师转向北面，绕到意想中的第10军防线的背后；而2个装甲师则转向南面，进攻第13军防线的背后。隆美尔希望第90轻装师在突破英国人防线后，一直冲到海边，切断海岸公路，他预计英国人在阿拉曼只布置了第50"诺森伯兰"（Nothumbian）师，由于这个师在加扎拉遭受了重创（其所辖的第150步兵旅被德军全歼），因此隆美尔认为这个师没有多大战斗力，第90轻装师应该可以完成任务，而2个德国装甲师则负责摧毁第13军主力新西兰第2师。2个方向的进攻都将利用6月30日的夜色进行。

著名军事理论家和评论家李德尔·哈特曾经说过"在任何特定的时候，真实的情况究竟是怎么样的（实际上）没有多大意思，重要的是指挥官认为它是怎么样的"。这恐怕正是此刻隆美尔的想法，他知道奥金莱克下了决心要守住阿拉曼，但是他同样相信英国人如同在马特鲁一样，在他的狂风暴雨般的打击下会很快屈服的，阿拉曼绝对可以一举拿下。

但是出乎他的意料，1942年7月1日，首先非洲军的2个装甲师在南面德埃尔西姆这个"盒子"遭到了"没有料到"的英军第18英印步兵旅的坚强抵抗，随即南非人也出现了，属于南非第1师的南非第3旅参加了对德国人第90轻装师的进攻，为了给在托布鲁克全军覆没的南非第2师报仇雪耻，南非第1师的部队战斗得非常勇敢，第90轻装师被迫调头对付南非人。经历过锡迪－拉杰格和加扎拉战役洗礼的南非第1师和担任托布鲁克守备任务的第2师完全不同，显然，德国人遇到麻烦了。

7月1日这天完全应该是属于英国人的。英军第7装甲师第4装甲旅对第15装甲师侧翼的进攻虽然在88mm炮的炮口下损失了几辆坦克，但是德国装甲部队的主要目的——从德埃尔西姆"盒子"的东面迂回至英军阿拉曼防线背后的目的并没有达到，好不容易打退了第4装甲旅之后，又被突然出现的英军第22装甲旅的50辆坦克挡住了前进

■正在观察地形和敌情的隆美尔。

■奥金莱克将军（右）和麦克格雷里将军（后来成为蒙哥马利的参谋长）在研究战局。

道路，而非洲军此时2个装甲师的全部可用坦克不超过26辆。

试图向北面进攻的第90轻装师更是被阿拉曼严阵以待的优势的英国远程炮兵打得抬不起头来，即便是有巨大鼓舞作用的统帅隆美尔的出现也无法使他们前进一步，这在非洲军的历史中还是不多见的。也不能责备他们，这个名义上的德国步兵师，其真正可以投入战斗的不过是区区2000人，又根本没有能够压制住对方火力的炮兵的支持。

在鲁维塞特岭，英国装甲部队在整个北非战争中第一次表明他们是可以和步兵、反坦克炮和炮兵合为一个整体（进行作战）的。一旦他们真的这样做了，再加上"（英国）沙漠空军统治了战场"，德国人被击败就是注定的了。

就这样，到了7月1日黄昏，奥金莱克欣喜地看到这一天英国军队居然打得很不

错。德国装甲部队就是无法越过阿拉曼那些还未完全成型的"盒子"，假如奥金莱克此时的装甲部队的力量再强一些的话，非洲军也许会被揍得更加的鼻青脸肿。

非洲装甲集团军的情报处长默林津认为此时非洲军已经失去了击败第8集团军的可能。一则由于非洲军的主要优势是快速机动的作战能力，但在对手据壕坚守的情况下这种优势无从发挥；二则沙漠作战总是有利于补给基地接近自己的一方，此时英国军队的补充就由于战场靠近他们的补给基地而非常便捷，沙漠作战中的"钟摆规律"也许又要起作用了。

但是，绝大多数英国人似乎并没有意识到形势正在转向有利于他们的方向。1942年7月1日这个星期三在历史上留下了浓重的一笔，首先它被人们形象地称作"纸灰星期三"（Ash Wednesday），这是因为那天在开罗，在得知德国人已经开始对阿拉曼发动进攻后，开罗所有的英国行政和军事机关都开始疯狂地销毁机密文件，烧剩的纸灰几乎弥漫在整个开罗的天空，而威名赫赫的皇家海军地中海舰队也在忙不迭地把他们强大的舰队向红海转移，对于那些平日养尊处优的英国殖民地的老爷们来说，似乎已经到了世界末日，大街上丢满了精致的"维多利亚"

式家具,破碎的瓷器和玻璃器皿更是随处可见,埃及人如同过节一样兴高采烈。出现这种狼狈的局面一点也不奇怪,因为这是埃及的中心地带在大英帝国统治下第一次真切地感受到入侵的威胁。相对而言,前线的英国第8集团军的将士们倒是表现得非常平静和坦然,准备和"沙漠之狐"继续战斗下去。

在7月1日晚上的会议中,奥金莱克要求戈特第二天对隆美尔进行进攻,但是奥金莱克最大的不幸就是他激昂的斗志和战略意图并不能贯彻下去,这一次依然不例外。英军在第二天的进攻有气无力,英国装甲部队的军官们(尤其是中高级军官)根本就对攻击隆美尔的军队失去了信心。其实,隆美尔的很大一部分力量从来都是建立在虚张声势之上的。

7月2日,隆美尔把部队集中在北线,准备绕过英军阿拉曼这个"盒子",但是其努力再次在英军的优势兵力、兵器和空中打击下归于无效。第90轻装师疲惫的步兵只能匍匐于沙地上,听凭英军猛烈的炮火扬起的沙土打在自己的身上,毫无进攻的冲动。而2个实力大大削弱的装甲师则和英军第22装甲旅拼杀到夜幕降临,等到战场平静下来时,他们能战的坦克也只剩下26辆了。

7月3日,非洲装甲集团军再次展开攻势,虽然意

大利部队(包括他们最精锐的"阿雷特"装甲师)也加入了进攻,但是在英国空军的狂轰滥炸和英军地面部队的坚强抗击下,隆美尔所得甚少,只能于次日暂时叫停了进攻,他想让他的德国装甲部队去后方休息一下,以图再战,意大利2个步兵军(第10和第21军)的4个步兵师接手了阵地和英国人对峙。

隆美尔计划在7月11日用经过补充后的装甲师重新发动进攻,他考虑的突破口在战线的南端。但是这次奥金莱克先出手了!7月9/10日夜间,由富有进攻精神的澳大利亚第9师首先挺着冰冷的刺刀向意大利第60"萨布雷萨"步兵师据守的特勒埃莎岭(位于阿拉曼西北海岸公路)一带发起了突然进攻。在浓黑的夜里,进攻的澳大利亚人杀鸡用宰牛刀一般地进行了猛烈的火力准备,由于没有德国人在一旁"督战"和壮

■ "可恶的澳大利亚人"是注定会让隆美尔头疼的。

胆，战斗意志薄弱、装备低劣的意大利步兵根本不是强悍的澳大利亚牛仔的对手，"Aussie（澳大利亚人的绰号）来了！"如同绵羊群中冲进了数头狮子，"萨布雷萨"师的阵地迅速地崩溃了，整整2个营遭到全歼。

前一年的4月，正是这个澳大利亚第9师曾在托布鲁克第一次挫败了隆美尔攻克托布鲁克的企图。1942年初，同属于澳大利亚第1军的澳大利亚第6师和第7师已经返回澳大利亚本土准备参加对日作战，澳大利亚第9师是中东地区仅剩的澳大利亚部队。在叙利亚完成重新装备和休整，已经恢复元气（这个骄傲的师在休整期间断然拒绝了第8集团军让他们修筑工事的要求，专心于军事训练和养精蓄锐）的这群"托布鲁克老鼠"（澳大利亚第9师在防守托布鲁克时从德军那里得到的绰号）又于7月6日回到了北非前线，"可恶的澳大利亚人"是注定会让隆美尔头疼的。

情急之下，隆美尔在对意大利人咬牙切齿的同时，只能把一切弄得到手的部队（当然是德国人）都投了进去，代理作战处长默林津中校组织的人员包括参谋人员、高射炮手、通信兵乃至炊事兵。但是澳大利亚第9师的进攻还是扩展到了南面，非洲装甲集团军被迫进入防御态势，德军可怜的汽油和弹药储备一点一点地在防御战中消耗殆尽，隆美尔预定的作战节奏被彻底打乱。

奥金莱克这次进攻的"铁拳"重重地砸在了装备不足、战斗意志薄弱的意大利人

头上，整整4个意大利步兵师（塔兰托、帕维亚、布雷西亚和萨布雷萨）崩溃了。隆美尔很清楚，如果意大利部队一个个遭到消灭，那么最后他的德国非洲军就将被孤立，无力应付优势的敌军，但是目前的情形又让他无能为力，"这情景足以让你哭"，隆美尔在给妻子的信中这样写道。

在澳大利亚人对特勒埃莎岭的夜袭中，非洲军还有一个额外的巨大损失，那就是他们负责对敌方电信的监听和破译工作的阿尔弗雷德·希伯海姆（Alfred Seebohm）中尉以及他的德军第621无线电侦察连遭到完全损失（事实上，只有希伯海姆的武装薄弱的连队对澳大利亚人的进攻进行了真正的抵抗），包括全部装备、密码本和积存下来的宝贵的侦听数据都被澳军缴获。希伯海姆的工作曾在隆美尔以前的各次战役中发挥了巨大和不可替代的作用（正是他的杰出工作使非洲军敏锐地捕捉到了"十字军"战役后的"一月反击"的战机，并直接导致了加扎拉战役的胜利），他的阵亡使隆美尔在以后的战斗中暂时地丧失了重要的耳目（同时也让英国人明白了自己通信上的缺陷并加以弥补）。而英国人的"超级机密"（Ultra，破译德国"埃尼格玛"密码的代号）工作却渐入佳境，由于掌握了北非德意军队和柏林、罗马之间的全部电报往来，英军得以对北非德意军的实力、动向和位置了解得一清二楚，此消彼长，这不能不对以后的作战产生不利的影响，这也将成为奥金莱克留给蒙哥马利继承的重要资产。

■德军在托布鲁克附近的侦听电台。

虽然德国方面迅速地给隆美尔重新组建了一个新的无线电侦察连，并即刻从德国本土空运北非，但是其经验和能力都与希伯海姆原先的那个连不可同日而语，在以后的几个月里他们的作用只是聊胜于无，隆美尔对此也无可奈何。

不过，隆美尔很快报了一箭之仇。7月26日，澳大利亚第9师第24旅第28团第2营在夜间攻克了阿拉曼西面的米特利亚岭（Miteiriya，又被称为"废墟"岭）之后，由于英军装甲部队未能及时伴随作战，这个步兵营被早有准备的德国步兵迅速切断退路，团团包围，随即第15装甲师的坦克轻松地打退了英军装甲部队的一次次解围企图，除了65名战死和105名留在后方的人员以外，这个澳大利亚营的大多数官兵最终被俘。这是令人敬畏的澳大利亚第9师整个战斗历史上最大的惨败。

这种失败完全是由于英国军队军一级

的指挥老是重复犯分散兵力的错误所造成的，澳大利亚第9师这时一共只有第24和26这两个旅可以投入战斗，接替诺里的新任第30军军长拉姆斯登（Ramsden）还是给他们分配了许多任务，可笑地要求他们同时向西和南两个方向进攻，同时英军坦克又不能做到和步兵紧密协同作战。

与此同时，新西兰第2师于7月14日和26日对鲁维塞特岭德军的进攻也铩羽而归（伤亡高达1400人），他们的失败一点也不奇怪，英军坦克和步兵的配合还是一团糟（尤其是第二次进攻中），新西兰步兵遭到德军铁甲的屠戮，可怜的Kiwi（新西兰人的绰号）的反击唯一得到的好处是他们耗尽了德意军队此时最后一点进攻的动能，实现了阻止隆美尔进军尼罗河的目的。

激烈的战斗一直持续到7月底，双方都无力再战，都需要休整和补充，第一次阿拉曼战役就这样结束了。战役中，英军的伤亡是13000人，但是奥金莱克也给对手造成了22800人的伤亡（包括7000名俘虏，绝大部分来自被澳大利亚人和新西兰人进攻击溃的4个意大利步兵师）。更为重要的是，隆美尔被胜利的可能性所迷惑，不顾大大拉长的补给线，依然与第8集团军对峙于阿拉曼一线，而奥金莱克的强大的后续增援部队——整整2个装甲师（第8和第10装甲师）和2个步兵师（第44步兵师和第51"高地人"步兵师）的到来已经指日可待。

有的历史学家（例如约翰·威勒·伯奈特）把1942年7月26日列为第二次世界大

■米特利亚岭，彪悍的澳大利亚第9师在二战中遭到最大惨败的地方。

战中具有历史意义的一天。因为从这一天被击退以后，隆美尔就再也没有能够在北非发动过真正有意义（他们认为隆美尔以后的进攻都是"赌徒"式的孤注一掷，没有多少成功的可能）的重大攻势了。由此，隆美尔这天在阿拉曼被击退和与此差不多同时发动的俄国人的夏季攻势被这些学者认为是第二次世界大战的转折点。

隆美尔也许会同意这一点，但是骄傲的蒙哥马利就未必了。

巨大的不平衡——1942年8月对阵于阿拉曼的两军

7月底8月初，双方都在紧锣密鼓地重整队伍。由于隆美尔依然有信心攻破英国人的防线，德意两国的统帅部均竭尽所能给隆美尔调来了大量援军，德军方面有第164轻装师、第1伞兵旅，意大利方面调来的师就更多了（不过隆美尔对这些师的装备和战斗力均嗤之以鼻，他要的是德国军人和德国装备），墨索里尼显然还指望着隆美尔能让他实现在开罗大街上骑着白色骏马阅兵的美梦，但是在众多的意大利师里面也许只有仅拥有4000名官兵的"弗格尔"（Folgore）伞兵师（该师到达非洲后于7月27日重新命名为意大利第185"非洲猎人"步兵师）可以称得上是真正的精锐部队（这个师原本是准备用于进攻马耳他的）。在非洲炽热的阳光下，当该师全体官兵在指挥官响亮的喝令下，雄赳赳地向隆美尔敬礼时，连这位骄傲的德国陆军元帅也不由得眼睛一亮，意大利竟有这样的雄师！

这里特别介绍一下这个意大利伞兵师。"弗格尔"伞兵师包括3500名的伞兵，是2团制的轻装伞兵单位（意大利官方报告称其为伞兵旅），但人员和重装备都严重不足，每个伞兵营满员才300多人。作为轻装

113

的伞兵部队，该师缺乏重武器，装备主要是意大利制造的"布雷达"0.3英寸口径步枪、"布雷达"0.45英寸口径机枪和"苏罗通"20mm反坦克枪。每团直属连中辖有1个81mm迫击炮连，每营辖有1个47mm反坦克炮连，此外，营直属排中辖有1个机枪排和1个20mm"苏罗通"反坦克枪排，每营3个伞兵连，每连仅编有2个伞兵排。

这个师虽然是个成立不久的师（1941年9月1日正式组建），但其所有成员都是经过精心挑选的，许多老兵曾参加过阿比西尼亚战争和西班牙内战，组建后又经历了严酷的训练（德国军官负责该师的大部分军事训练工作）。意大利作为世界上最早研究空降战术并组建伞兵部队的国家之一（不过意大利伞兵的先驱者们在使用意大利产的跳伞装备训练时损失惨重，直到使用德国装备后情

况才好转，意大利装备对其军队战斗力损害的又一明证），其唯一的伞兵师的战斗力自然相当了得，在日后的战斗中给英军留下了深刻印象（新西兰第6旅的旅长克利夫顿就是被"弗格尔"师俘获的）。而且这个师对于法西斯党魁墨索里尼和法西斯主义的信仰也非常坚定，富有战斗和献身精神，在战斗中绝无意大利军队司空见惯的溃退和投降现象。

虽然在日后的战斗中意大利方面尽其所能给这个师临时配属了许多配合作战的炮兵和步兵单位，但是这个师的轻型装备（虽然就意大利的标准来说已经非常精良了）还是不适合单独在沙漠中对抗英军的重装部队，这个相当勇悍的伞兵师最后在第二次阿拉曼战役中基本全军覆没，为墨索里尼的非洲帝国梦做出了牺牲。

1942年8月"弗格尔"师投入阿拉曼战场时的战斗序列

意大利陆军第185"弗格尔"伞兵师
师　长　埃里科·弗拉蒂尼（Enrico Frattini）少将
参谋长　比格纳米（Bignami）上校
　辖汽车排、电话排、侦察排；师支援连（4个排）；师迫击炮连（3个81mm迫击炮排）
　第186伞兵团　塔迪里奥（Tantillo）上校
　　第5伞兵营　奥雷里奥·罗西（Aurelio Rossi）少校
　　第6伞兵营　伯松兹（Bersonzi）少校
　第187伞兵团　卡摩索奥（Camosso）上校
　　第2伞兵营　赞尼诺维奇（Zanninovich）少校
　　第4伞兵营　卢瑟诺（Luserno）中校
　　第9伞兵营　罗西（Rossi）少校
　　第10伞兵营　卡鲁格诺（Carugno）上尉
　鲁斯普利团集群（相当于团）　鲁斯普利（Ruspoli）中校
　　第7伞兵营　鲁斯普利 中校（兼）
　　第8伞降战斗工兵营　布兹 少校
　　　辖3个伞降战斗工兵连，每连3个排，即1个伞降指挥排、1个伞降工兵排、1个伞降喷火工兵排
　第185伞降反坦克炮兵团　波法（Boffa）上校
　　　辖3个炮兵群（相当于连），每群2个炮兵排，每排2门47L32反坦克炮

德军方面，第164轻装师是在7月份里陆续到达非洲的。德军第164步兵师（曾从法国一直打到南斯拉夫和希腊）原来是担任克里特岛守备任务的，由于北非战事的需要，该师被分成克里特守备旅和第164轻装师，因此它的实力平平，虽然名义上辖有3个装甲掷弹兵团（第125、382和433团）和1个炮兵团（第220炮兵团），但其真正实力要小于一个正常的德国步兵师的编制。骑着自行车向前线出发的他们一到达就立即被打散建制投入了紧张的战斗。和"弗格尔"师一样，德军第1伞兵旅原来也是用来准备对马耳他的进攻的（德国人在克里特付出的巨大代价使得希特勒对进攻马耳他充满狐疑，代号"大力神"的计划已经无限期地推迟了），其部队装备和训练水平在德军中都首屈一指（不过同样因缺乏机械化装备而不太适合在沙漠中单独作战），他们的指挥官是同样出色的装着一口假牙（在一次跳伞事故中失去满口牙齿）的伯纳德·赫尔曼·兰克（Bernard Hermann Ramcke）将军（他原来就是德军负责协助意大利"弗格尔"伞兵师训练工作的）。

兰克的这个旅有4个伞兵营，分别是"克劳赫"（Kroh）营，原来的德军第2伞兵团第1营，曾在俄国前线作战；刚刚组建的"胡伯纳"（Huebner）营，本来是要编为第5伞兵团第2营的；"伯克哈德特"（Burkhardt）营是一支由德军中的职业老兵组成的示范和教导部队，他们除了被用来试验新武器和战术以外，也为其他部队示范他们超群的作战技能；第四个营，"冯·德·海德"（Von der Heydte）营则是一个全新的部队。

兰克的编制里还有1个伞降炮兵营，由原先的德军第7摩托化步兵师炮兵团第2营再加上1个反坦克炮连、1个通信连和1个工兵连组成。

这支"武装到牙齿"的精锐部队在8月中旬来到阿拉曼前线，他们那种凶悍的气势和一望而知的战斗力使其他德意部队在大开眼界的同时，士气也受到很大的鼓舞，隆美尔把这支部队部署在"弗格尔"师旁边并肩作战，似乎是要让这两支部队好好比个高低。

■在北非沙漠作战的德军伞兵。

115

隆美尔与非洲军

把像"兰克"伞兵旅和"弗格尔"师这样的部队调到北非充当步兵实际上是失策的,尽管这些官兵都富有作战精神和技能,但却是只配备了轻步兵装备(虽然是"武装到了牙齿")又没有机动能力的部队,让他们对付英军正在源源调来的机械化装备,相信德意军队的统帅部一定有其难言的苦衷。

与此同时,非洲军中伤病人员也被新来的大约5000多新鲜血液所替补。随着这1万多生力军的到达,隆美尔自信他和英国人的实力差距有所缩小。

这些增援部队和补充人员大多是从希腊和克里特岛坐飞机来的,德国空军同时也竭尽所能给非洲装甲集团军运来尽可能多的汽油,为此,他们绞尽脑汁想出了在Ju52后面拖曳满载汽油的滑翔机沿海面超低空飞行的办法。但是这种办法运来的汽油还是杯水车薪,而最重要的运送汽油的4艘意大利油轮中又有3艘被马耳他的英国海空军击沉。

不过,无论如何,由于不断的胜利,1942年8月,在北非的德意军队显然依然是一支士气高昂的军队。他们是完全有理由这样的,难道他们的统帅不是伟大的隆美尔吗?难道他们不是正在不断地从胜利走向胜利吗?

除了非洲装甲集团军永远没有办法解

■沙漠之狐——隆美尔,到1942年8月,他的身体每况愈下,给非洲军的前景蒙上阴影。

决的后勤补给不足这个老问题以外,就在这个时候,他们的统帅隆美尔也病了,作为一个年已半百的"老"军官(在和他年龄相仿的德国军官里,隆美尔是撑得时间最长的,虽然他并没有什么特殊待遇),长期的艰苦的征战生涯和巨大的精神压力终于压垮了他,在8月份里他的病越来越重,人也变得越来越情绪不稳和易怒。他的血压很低、咽喉非常疼痛,他的病痛还有肝脏、十二指肠溃疡等等,德国随军医生建议他应该回德国接受一定时期的正规治疗,隆美尔因此向最高统帅部(OKW)报告,并且要求他所信任的德军"闪电战之父"古德林来接替他的职务。但是他所不知道的是,自从1941年12月以来,古德林在元首那里早已失宠了,元

116

首回电要求隆美尔在非洲原地坚持。不可避免地，隆美尔的身体状况给非洲军即将到来的战役前景蒙上了一层阴影，不良的健康状况使隆美尔以后的作战计划里不再有往昔那种天才的思想火花，只是照搬敌人业已熟悉的老战术。

从战略上说，随着美

■丘吉尔来到北非前线视察。

国的参战，希特勒此时的战略重点除了俄国战场以外，居于第二位的也并非是北非，而是沉寂的西欧地区。"如果我们失去了西欧，那么俄国的胜利又有什么意义呢？"希特勒当时是这样说的。德国开始全力在法国和西北欧低地国家的沿海地带建造大西洋壁垒（计划是不惜一切代价地在1943年8月前建成），这样的战略考虑当然对于隆美尔的处境毫无帮助。

而就在8月12日，英国方面也有一个大动作，那就是他们用蒙哥马利将军接替了奥金莱克第8集团军司令的职务，这位将军自敦刻尔克后已经闲了2年了。

8月4日，丘吉尔到达开罗，他是试图来发现前线的问题的。第二天他巡视了阿拉曼，在和奥金莱克及戈特交谈后，他得出的结论是部队没有问题，装备也没有问题，那么究竟什么有问题就一清二楚了。

1942年8月6日，奥金莱克被彻底失去耐心的丘吉尔解除了第8集团军司令和中东

地区英国军队总司令的职务，哈罗德·亚历山大（Harold Alexander）将军接替了奥金莱克的中东地区英国军队总司令一职。而重要的第8集团军司令一职本来是要给前第7装甲师师长、现任第13军军长、久历战阵的戈特中将的，但他却于任命的次日，即8月7日因座机被击落而阵亡。造化弄人，伯纳德·劳·蒙哥马利（Bernard Law Montgomery）中将于8月12日到达开罗，出任英国第8集团军司令，他的出现使英国第8集团军从组织、战术和精神上都发生了巨大的变化，也正是由于他的出现，使得第8集团军、阿拉曼和蒙哥马利这3个名字从此不可分割。

蒙哥马利和隆美尔有不少相同点，他们都是性格孤僻的人，都是没有多少教养的人，也都是敌人大大多于朋友的人。蒙哥马利又和奥金莱克有许多不同点，但是最大的不同也许还是蒙哥马利的运气要比奥金莱克好得多。"我要运气好的将军"，深谙战争

艺术的拿破仑皇帝曾经这样说过，如果他遇到蒙哥马利的话，相信他就一定会心满意足的。

拿破仑本人的运气就很好。法国大革命时代，法军中和拿破仑同样甚至更为出色的青年军官不胜枚举，但是他们都在一场场东征西伐的战役中倒下了，这才造就了这位不可一世的皇帝。现在，好运又轮到蒙哥马利了。

蒙哥马利在接过第8集团军的指挥权时，曾说过这样一句话："以后不会再有抱怨了，也不会再有撤退了。"他究竟有什么样的本钱可以说这句话呢？

我们知道，比起其他地方来，沙漠战争更需要后勤支持。从6月份起，随着马耳他的复苏和苏德战场战况的加剧，北非德意军队收到的补给物资就开始急剧减少，整个1942年8月份，隆美尔的非洲装甲集团军消耗的物资差不多是他们通过地中海补给线收到的2倍（其差额主要是靠前期缴获的英军物资弥补）。隆美尔的编制里差不多要短缺1500辆卡车、200辆坦克和16000人。而与此同时，英国人收到了400辆坦克、500门大炮、7000辆各种车辆和75000吨物资。现在，英军的人数（250000人）几乎是隆美尔的2.5倍，如果我们只算德国人的话，那这个数字是5倍。

蒙哥马利之所以在人数上拥有如此大的优势，是因为他成功地得到了他要求的援军：计有第44步兵师、第10装甲师、第8装甲旅和不少炮兵单位。第一次阿拉曼战役进行时，由于缅甸作战的需要，奥金莱克失去了第17步兵师、第18步兵师、1个装甲旅、6个轰炸机中队、4个战斗机中队和5个炮兵团，这也使得当时马耳他岛的力量虚弱不堪，不能有效地阻断意大利海军负责的地中海补给线。

随着美国的参战，北非德意军队的劣势只能越来越大。托布鲁克陷落以后，正当丘吉尔痛苦不已的时候，罗斯福立即慷慨地把300辆最新式的美制"谢尔曼"坦克和100门自行火炮装上5艘美国最快的轮船，向埃及开去，丘吉尔和蒙哥马利有"山姆大叔"的鼎力支持，心里明白隆美尔在阿拉曼的失败只是时间问题，何况，他们还有一张秘而不宣的王牌，那就是美英盟军即将在摩洛哥实施的代号为"火炬"（Torch）的联合登陆行动……

■蒙哥马利将军在北非前线，这张照片几乎成为了蒙哥马利的标准像。

蒙哥马利的优势体现在各个方面，他有绝对的自由来挑选称心如意的下属，为此他带来了自己的参谋长，也为第13军和第30军带来了2位新的军长，即赫劳克斯（曾是杰出的运动员，英国现代五项运动冠军）和里斯，他甚至还带来了新的随军牧师来提高士气；他有绝对的自由来决定作战方案；他对对方的动向（甚至包括隆美尔的病情！）了解得一

刚刚运到埃及的美制"谢尔曼"坦克。

清二楚，而对手却只能痛苦地进行猜测。另外，这时的英国沙漠空军无论是实力或战术水平都大有提高，对德国空军占据了明显的优势。

还有一个很重要的方面，那就是和以前不一样，蒙哥马利、亚历山大和丘吉尔三个人之间的关系相当融洽，亚历山大让蒙哥马利放手指挥，绝不干涉，丘吉尔基本也是如此，这给以后的作战带来的好处是不言而喻的。

拿破仑曾经对手下的将领说过"你们可以向我要求任何东西，除了时间"。从这一点上说，蒙哥马利无疑更是极其幸运的，因为他不仅可以要求足够的时间，并且他最终都得到了。丘吉尔虽然百般不愿意，但是他还是同意了蒙哥马利推迟进攻时间的要求。

除了后勤支持外，英军在情报方面的优势是最为突出的。在"马耳他毒刺"把意大利6艘满载弹药和油料的船只击沉了4艘后，隆美尔向意大利方面接连发出的气急败坏的电报就不仅向蒙哥马利通报了非洲装甲集团军燃料短缺的情况，实际上也同时向英国方面通报了德国人的大致进攻时间，这使得蒙哥马利的时间表得以从容不迫地实施。

战后，有位欧洲的军事历史学家曾把蒙哥马利称为历史上最容易成功的将军，此话虽说有些过于尖刻和欠公平（一个很有趣的现象就是，当隆美尔在西方的历史学者中博得了广泛的尊重和同情的同时，蒙哥马利却赢得了许多轻视乃至敌视），但也并非没有一点道理。

正是有了这样的实力和优势，无怪乎蒙哥马利明知他的对手的作战能力和指挥技

巧仍然要胜过他许多，还是中气十足地说道："不要再把部队调来调去了，我们（在阿拉曼）打一仗就是了！"

对应地，隆美尔在战败后，曾痛定思痛地说过："历史只注重那些取得胜利的人，作为一个拥有雄厚物力进行战争的富裕国家的军阀来说，没有什么艺术可言。然而我，倒还满意自己有这么一点点艺术修养，并力图以最谦恭的方式去打败敌人……"这样的醒悟是不是太晚了！

在战争中，运气任何时候都是重要的，甚至是不可缺少的，不过我们必须记住的是，并非每个有好运的人都能好好地利用自己的运气，而蒙哥马利谨慎的性格使他在这方面做得还算是成功的，我们马上就会看到。

阿拉姆哈勒法之战

到了8月底，虽然北非德意方面储备的燃料只够2天的作战之需，但是隆美尔通过情报得知英军方面这个月有超过100000吨的物资运到埃及，里面包括大量坦克和车辆。他相信如果他再不行动的话，饮马尼罗河就永远只能是他的梦呓了，在得到凯塞林元帅和意大利方面6000吨汽油（其中1000吨将由空中运到）的再三保证后，"沙漠之狐"终于决定进攻了！

对于这次进攻，隆美尔实在是一点把握也没有，他对他的此时已经须臾不可离开的医生承认发动这次进攻是他一生中最艰难

的选择，作为陆军元帅的他此时已经把北非战场和整个第三帝国的命运联系了起来："或者我们到达苏伊士运河，在俄国的部队也胜利到达高加索，或者……"一个尽在不言中的手势说明了他的意思：失败。

这次进攻从8月30日持续到9月6日，隆美尔拿出了几乎所有可以拿出的力量，发动了旨在消灭第8集团军的进攻，由于这次战役主要是在阿拉姆哈勒法岭一带进行，也被称为"阿拉姆哈勒法岭战役"。

此时非洲装甲集团军一共拥有34辆德制轻型坦克和193辆德制中型坦克，其中有27辆是新型的IV号长身管75mm炮坦克，另外还有243辆不中用的意大利所谓的"中型"坦克（主要是M13/40型）。

对应的英国军队有712辆坦克，在阿拉曼战场可以投入500辆，其中170辆是当时盟国方面最好的坦克之一——美制M3"格兰特"，其他是"斯图尔特"和"十字军"轻型坦克，或者是"瓦伦丁"步兵坦克。

第8集团军把最强的装甲力量（"格兰特"坦克）都集中在罗伯茨（Roberts）准将的第22装甲旅里面了，它此刻的作战序列如下：皇家苏格兰格雷团；第6皇家坦克团第1营；第5皇家坦克团；格洛斯特轻骑兵团；第4伦敦郡自耕农团第3营；第1皇家马拉炮兵团；来复枪旅第1营。

该旅每个坦克团中都包括2个"格兰特"坦克中队（12辆）和1个轻型（"斯图尔特"或者"十字军"）坦克中队，但第4伦敦郡自耕农团第3营是15辆"格兰特"，这

个旅里面还有一些人员（6组坦克乘员）是首次在北非出现的美军装甲部队官兵，无疑，他们是美军派来获取实战经验的种子。

第8集团军其余的装甲力量主要是第23装甲旅和第4轻装甲旅（原来的第4装甲旅改编而成），每个旅包括1个"斯图尔特"坦克团、2个装甲车团、1个摩托化（步兵）营和1个炮兵团。

在蒙哥马利接手第8集团军时，奥金莱克已经为他拟好了作战计划：第30军控制在阿拉曼战线北翼，从特勒埃莎岭到阿拉曼车站，随后到鲁维塞特岭。从北到南，各支部队分别是澳大利亚第9师、南非第1师和第5英印师，预备队是第一次阿拉曼战役中遭受重创、这时重新装备后的第23装甲旅；负

责阿拉曼防线南翼的是第13军，这个军机动作战力量较强，拥有600辆坦克（其中三分之二可以投入战斗），其属下的主要突击力量"沙漠之鼠"第7装甲师具体是这样分布的：最强的第22装甲旅布置在阿拉姆哈勒法岭南侧，第7摩托化旅（原来的第7装甲师直属支持部队改编的）布置在巴尔（Bare）岭和希梅迈特之间，而第4轻装甲旅则在希梅迈特，3个旅都配属位置靠前的装甲（车）侦察分队。第13军在临战前又特意加强了野战炮兵力量，得到了更多的反坦克炮，包括新式的6磅反坦克炮。在第7装甲师的北面，和第30军（第5英印师）防区结合的是新西兰第2师。第1装甲师和第10装甲师则布置在第13军南面和中央战线的背后。

阿拉姆哈勒法战役英军作战序列

第8集团军 蒙哥马利 中将

　第13军 布莱恩·赫劳克斯（Brian Horrocks）中将

　　新西兰第2师 弗里博格（Freyberg）中将

　　　辖新西兰第4、5、6步兵旅，新西兰第4、5、6炮兵团，新西兰第7反坦克炮兵团

　　英国第44步兵师 休斯（Hughes）少将

　　　辖131、132和133步兵旅，第57、58和65皇家炮兵团，第57皇家反坦克炮兵团，第30、99皇家轻型高射炮团，第44侦察团

　　第7装甲师 雷顿（Renton）少将

　　　辖第4轻装甲旅、第22装甲旅和第7摩托化旅

　　第1装甲师 赫伯特·伦姆斯登（Herbert Lumsden）少将

　　　辖第23装甲旅、第21英印旅

　　第10装甲师 戈特豪斯（Gatehouse）少将

　　　辖第8装甲旅、第9装甲旅

　第30军 奥利弗·里斯（Oliver Leese）中将

　　澳大利亚步兵第9师 莱斯利·莫斯亥德（Leslie Morshead）少将

　　　辖澳大利亚20、24和26步兵旅

　　南非第1师 丹·帕纳尔（Dan Pienaar）少将

　　　辖南非第1、2、3步兵旅，南非第3装甲汽车侦察团，南非第1、4和7野战炮兵团，南非第1轻型高射炮团和第1反坦克炮兵团

　　第5英印师

　　　辖第9、10和29英印步兵旅，第4、28和144皇家野战炮兵团，第56皇家反坦克炮兵团

　　英国第50步兵师

　　　辖第69、150、151步兵旅

最关键的阿拉姆哈勒法岭是由第13军第44师和第21英印旅防守的，在他们坚固的步兵阵地的后面，蒙哥马利又部署了第44师的师属炮兵和第13军所有的军属炮兵（第13军军部也在第44步兵师背后），强大的第22装甲旅就在阿拉姆哈勒法岭南面1至2公里处待机，一旦证实隆美尔真的对阿拉姆哈勒法岭发动进攻，第22装甲旅（也许还包括第7装甲师的其他2个旅）就将迅速机动至阿拉姆哈勒法岭的西侧参加对非洲装甲集团军的打击。根据蒙哥马利的计划，新西兰第2师也有增援阿拉姆哈勒法岭的准备。

从蒙哥马利的布置中，我们可以看出他对隆美尔的战术风格还是一知半解，对即将到来的进攻做了多种假设和准备，这是由他的四平八稳的性格所决定的，他所倚仗的不过是英军绝对的兵力兵器的优势。不过由于情报工作的优势，英国人对于隆美尔预备迂回的南翼，以阿拉姆哈勒法岭为中心，还是精心准备了一个巨大的钢铁熔炉！

在阿拉姆哈勒法岭以南，英国人集中了3个装甲旅近400辆坦克也是为了防备隆美尔这个"超人"万一不顾一切地绕过英军的阿拉曼防线，直接突进开罗，这样一支铁甲

阿拉姆哈勒法战役德意军作战序列

非洲装甲集团军 隆美尔 元帅
德国非洲军 尼林（Nehring）
第15装甲师 冯·瓦尔斯特（Von Varst）少将
第21装甲师 冯·俾斯麦（Von Bismarck）少将
第90轻装师 克利曼（Kleemann）少将
第164轻装师
第1伞兵旅 兰克（Ramcke）少将
意大利第20摩托化军 德·斯坦法尼斯（De Stefanis）将军
军直属包括第8炮兵团、第34特别工兵营、第7狙击兵营和第52摩托化工兵营
第132"阿雷特"（Ariete）装甲师
辖第32、132坦克营，第8狙击兵团，第132摩托化炮兵团
第133"利托里奥"（Littorio）装甲师
辖第33、133坦克营，第12狙击兵团，第133摩托化炮兵团
第101"的里雅斯特"（Trieste）摩托化步兵师
辖第11坦克团、第65步兵团及第21炮兵团
第185"弗格尔"（Folgore）伞兵师
意大利第10步兵军 本凡努托·乔达（Benvenuto Gioda）将军
军直属包括第9狙击兵团、第16炮兵集群、第10工兵营和第31攻击工兵营
第27"布雷西亚"（Brescia）步兵师
辖第19、20步兵团及第1速射炮兵团
第17"帕维亚"（Pavia）步兵师
辖第27、28步兵团和第26炮兵团
意大利第21步兵军
军直属包括第7狙击兵团、第2工兵营和第33攻击工兵营
第102"塔兰托"（Trento）步兵师
辖第61、62步兵团和第46炮兵团
第60"萨布雷萨"（Sabratha）步兵师
辖第85、86步兵团和第3速射炮兵团

雄师的力量是隆美尔不能不顾忌的。

隆美尔又是如何考虑的呢？他认为英军此时的阿拉曼防线并非没有破绽，其弱点在防线南面的穆纳西比（Munassib）和希梅迈特之间。他准备针对性地以非洲军的第15、21装甲师和第90轻装师为主（意大利的第20摩托化军也参加），秘密迂回南方发动主攻，一直要打到海岸，彻底捣碎英军的侧后；在正面，则由第164轻装师、意大利第21军和第10军负责吸引北翼英军第30军的注意力。这种隆氏"右肘攻击"大迂回攻击战术几乎就是加扎拉战役中他运用的战术的重演。但是鉴于阿拉曼的特殊地理态势，他所能做的迂回是极其有限的，也注定要碰上阿拉姆哈勒法岭这颗硬钉子。

隆美尔这个超一流的战争赌徒把宝压在英国军队无法迅速地对他的迂回行动作出反应，这在以前的战斗中已经不止一次地被他的胜利所证明。隆美尔指望他的部队依靠速度战胜敌人不仅仅因为敌人优势的兵力，同时也是因为这时他的装甲部队的全部油料只够跑上100英里，如果统帅部不能给他送来足够数量的话，隆美尔只能寄希望于缴获英国人的汽油储备了。凯塞林的保证在这里起了很大的

作用，他向隆美尔保证如果一切努力都归于无效的话，他麾下的德国空军第10航空队将直接空运600吨燃料给隆美尔。复活的"马耳他毒刺"使得隆美尔明白意大利卡瓦利诺元帅答应的6000吨燃料是靠不住的，但是他还是愿意相信凯塞林一次。

隆美尔最大的不利也许还是情报。在"超级机密"的帮助下，8月13日起开始指挥第8集团军的蒙哥马利早已了解了隆美尔的进攻企图，奥金莱克又早已为他筹划好了防御和反击的一切方案，英军只要针对性地严阵以待就可以了。再加上蒙哥马利拥有充足的兵力兵器资源，他无需费脑筋去考虑隆美尔的任何花招，无论在任何位置，非洲装甲集团军都将面对优势的敌人。这一次，英

■进攻中的德国装甲部队，照片中的是Ⅳ号短炮管型坦克。

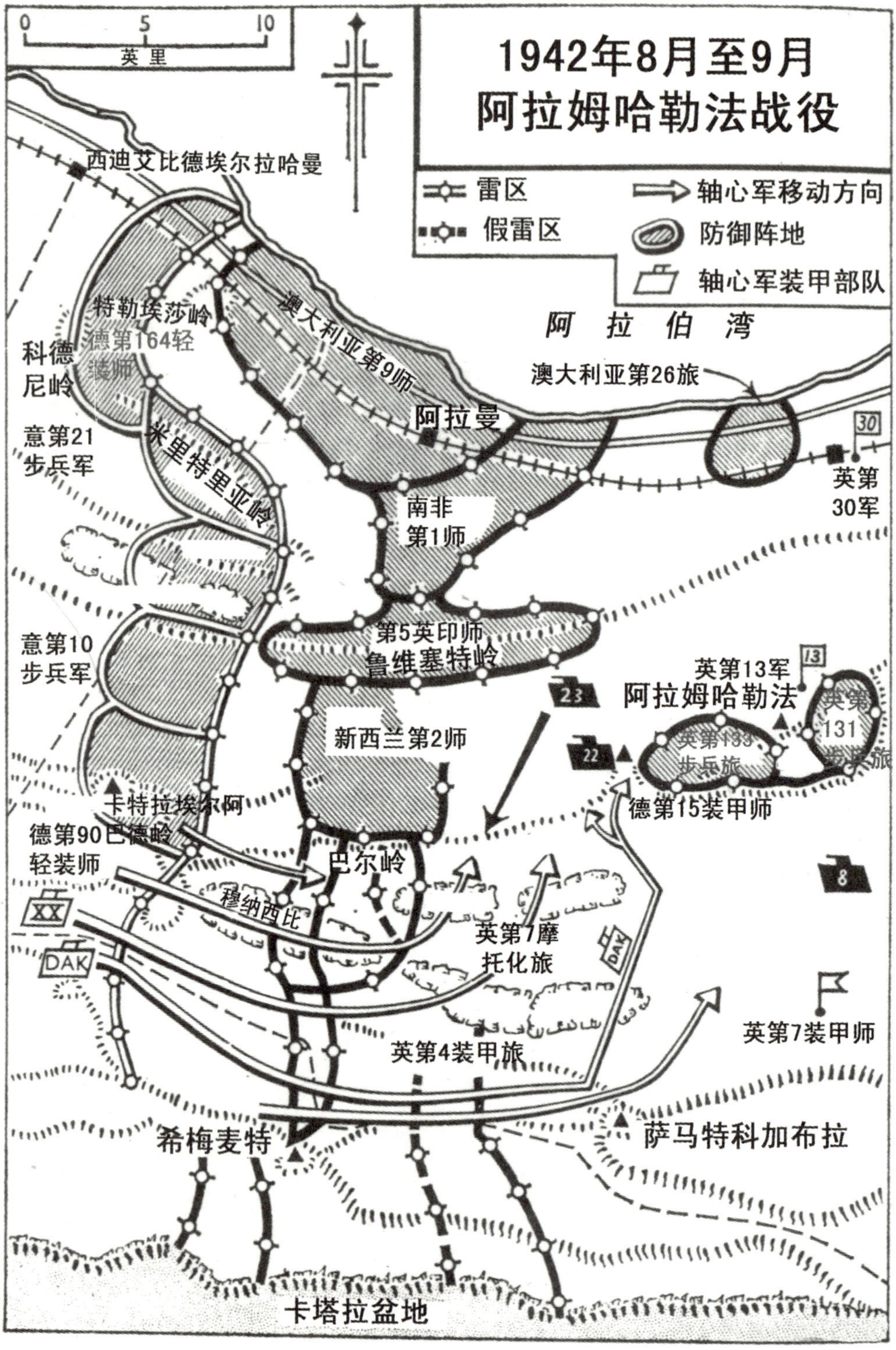

1942年8月至9月
阿拉姆哈勒法战役

0　5　10
英里

雷区
假雷区
轴心军移动方向
防御阵地
轴心军装甲部队

西迪艾比德埃尔拉哈曼

特勒埃莎岭
德第164轻
装师

科德
尼岭

意第21
步兵军

米里特里亚岭

阿拉伯湾

澳大利亚第9师

阿拉曼

澳大利亚第26旅

英第
30军

南非
第1师

意第10
步兵军

第5英印师
鲁维塞特岭

英第13军

阿拉姆哈勒法

英第
131
步兵旅

新西兰第2师

英第133
步兵旅

卡特拉埃尔阿

德第15装甲师

德第90巴德岭
轻装师

巴尔岭

穆纳西比

英第7摩
托化旅

英第7装甲师

英第4装甲旅

希梅麦特

萨马特科加布拉

卡塔拉盆地

国人确信德国人将无法突破他们的防线。事实上，在阿拉曼战役中（乃至在整个战争中），无论怎么评价"超级机密"工作的重要性都不过分，它使得隆美尔的这一次进攻从一开始就没有任何胜机可言。

8月30日晚上是满月，22：00，在由装甲师乐队演奏的古老的普鲁士进行曲声中，隆美尔的部队开始通过自己雷区的缺口沿着卡塔拉盆地的边缘向东前进。尼林指挥非洲军的2个装甲师在最右翼，中央是意大利第20摩托化军的2个师（"利托里奥"和"阿雷特"装甲师），左翼是第90轻装师，按照隆美尔的计划，他们这天晚上要行军30英里，在黎明到来前做好向海岸冲锋、切断英军后路的准备。从一开始，英国皇家空军就发现了非洲装甲集团军的集结并且发动了几次袭扰性的攻击。"大青花鱼"（Fairey Albacores）舰载轰炸机投下了照明弹，把整个战场照得雪亮，为"威灵顿"轰炸机和英军炮兵照亮目标。

次日凌晨，在非洲军的前进道路上，英国第7装甲师第4轻装甲旅和第7摩托化旅在得到加强的英军雷区后面已经等待了很长时间了，他们的任务就是在后撤前尽可能地在空军的配合下杀伤轴心国军队。显然，他们做到了这一点，由于情报工作的失误，隆美尔没有预计到这

里也有雷区（事实上英国人在这里埋下了数以十万计的地雷），德国装甲部队在焦急地等待工兵开路的时候，挤成了一堆，成了英军飞机和各式炮火的活靶子，负责防守这片雷区的英军步兵也用重机枪、迫击炮顽强抗击。在照明弹的指引下，德国非洲军司令尼林的指挥车遭到了一架战斗轰炸机的袭击，他身边的幕僚死伤一片，尼林本人也身中数弹倒下了，而第21装甲师的师长俾斯麦将军更是直接被英军的迫击炮击毙。拜尔莱茵（非洲装甲集团军参谋长）上校临时担任了非洲军的指挥官。

第二天中午，隆美尔的部队还是千辛万苦地在雷区里打开了一条通道，突破了英军南翼防线，由于坦克油料的短缺，隆美尔认为他已经无法让装甲军团按照原先设想的那样继续向东迂回阿拉姆哈勒法岭，而只能让全部兵力直接向阿拉姆哈勒法岭前进。由于不断加重的损失和英军出乎意料的猛烈空

■被英军击毁的IV号长炮管型坦克残骸。

中打击，隆美尔都有些想打退堂鼓了，拜尔莱茵好不容易才让他暂时打消了这个念头。

在部署阿拉姆哈勒法的防御时，奥金莱克就似乎已经算准了隆美尔会采取这个行动，非洲军由此踏进了一个由众多的坦克、炮兵和反坦克炮兵组成的死亡陷阱，蒙哥马利开始收获奥金莱克辛勤耕耘的结果。

18：00，隆美尔的坦克抵达了132高地——阿拉

■"大青花鱼"舰载轰炸机（上）和"威灵顿"重型轰炸机（下）是英军最具威力的空中打击力量。

姆哈勒法岭最高（其余大多海拔100公尺左右）最险峻的地点，第22装甲旅的92辆"格兰特"和74辆轻型坦克在这里严阵以待，他们还得到了英军第44师和新西兰第2师的新式6磅反坦克炮和强大的野战炮兵的支持，英国人实际上放弃了坦克的机动性（他们已经彻底明白隆美尔的非洲军才是这方面的大师，不想和隆美尔在这方面比高低），把坦克简单地充作反坦克炮来使用。

在阿拉姆哈勒法岭的西翼，英军装甲部队主力第22装甲旅旅长罗伯茨用望远镜仔细地观察着面前这片宽广的洼地中越来越近的德国人，他惊奇地发现和以往不一样，这一次，在黑压压的装甲洪流中，德国人使用Ⅳ号坦克在最前面打头阵，以往Ⅳ号坦克由于它们的短炮管，都是被用来作为近距离支

持，因此不会出现在进攻的最前列，这次换装了75mm长炮管的Ⅳ号坦克显然有所不同。幸运的是，英军通过自己的情报人员早已对其性能有所了解。

这些新型Ⅳ号坦克的射程比英国坦克要远得多，它们首先开火并且摧毁了几辆位置突出的"格兰特"。但是等到德国人进入英国人的射程（大约1000码）以后，他们也遭到英国坦克的猛烈打击。第22装甲旅所属的来复枪旅第1营的英国小伙子们非常勇敢，他们镇定地把德国坦克放到几百码内才开火。靠着优越的机动性和准确的火力，德国坦克好不容易在英军的阵地上打开一个缺口，早已计算好射击诸元的英军炮火就铺天盖地地覆盖在他们头上。

德军又试图重施故伎，准备迂回英军

侧翼，但是遭到了早已构筑好阵地的英军反坦克炮的猛烈打击，在战斗中，那些重达6磅的反坦克炮炮弹使得德国人很快损失了22辆坦克，英军的损失则是21辆。

8月31日晚上的战斗进行得如火如荼，德国人痛苦地发现英国人正在使用自己以往最擅长的战术，德国坦克正在英军各种反坦克火器组成的火网中挣扎。雪上加霜的是，"大青花鱼"和"威灵顿"飞机又结伴重回战区，这次它们打击的重点是德意军队的供应线。从英国军队的角度讲，阿拉姆哈勒法战役是他们在北非战场上空地配合得最好的一次。这也是英国皇家空军（RAF）第一次在非洲沙漠中成功地运用了地毯式"饱和"轰炸的战术，这给受攻击同时又无处躲藏的一方造成的损害是毁灭性的。非洲军的官兵们望着空中肆虐的英国佬，明白强大的德国空军正在东线战场同时忙于应付列宁格勒和斯大林格勒两个目标时，戈林暂时顾不上北非了。

9月1日，随着战斗的持续，由于无法得到意大利人许诺的汽油（2艘意大利油船分别在这一天和第二天被击沉在托布鲁克港外），隆美尔开始陷入困境。拂晓时分，代理指挥非洲军的法斯特将军向隆美尔报告装甲部队的燃料只能跑上30英里了，隆美尔痛苦地命令装甲部队减少不必要的机动（而被剥夺了机动能力的非洲军也就失去了活力）。只有第15装甲师能够全师投入战斗，继续他们的迂回努力，不过英军第8装甲旅从侧翼的打击阻止了他们的进一步努力。德

国人的伤亡并不大，因为英国人也需要留下宝贵的坦克以便再次发动进攻。不过阿拉姆哈勒法岭上的英国野战炮和反坦克炮还是可以随心所欲地对德军实施打击，参加在阿拉姆哈勒法岭上这场"大合唱"的还有岭上麇集的英国坦克。这一天在空中，英国空军总计对德意军队进行了6次大规模轰炸，这些英国轰炸机群使得德意军队不仅白天忙于战斗，连晚上也变得漫漫难熬。

战争中总会出现一些富有传奇色彩的人物和故事，一位意大利飞行员在阿拉曼空战中的经历就是如此。吉奥尔吉奥·索拉罗利（Giorgio Solaroli）是一位英俊的意大利战斗机飞行员。9月2日，他驾驶着他的Mc202战斗机接连击落了2架为英军轰炸机护航的美制"寇蒂斯"（Curtiss）战斗机，但自己的飞机也被击中，不想就此跳伞（下面是英军的防区）的他驾驶着摇摇晃晃的飞机向西飞了60英里，确信已经到了自己人的地界，他找了一个平坦的地方以高超的技巧把飞机降了下来，走出飞机。他看到附近的沙包后面晃动的红色盔缨，Bersaglieri！（意大利狙击兵），他不禁心中一阵轻松，信步向他们走去，但是那些人却疯了似地向他拼命摆手，似乎是让他不要过来、也不要移动，诧异不已的他停下了脚步。过了好一会儿，一名狙击兵钻出了战壕，极其缓慢、极其小心地沿着曲曲折折的路线走到了他的身旁，吐出了一段让他终身难忘的话："先生，你知道吗？你降落的这个地方是个布雷区，你刚才居然安全地走过

■意大利空军的Mc202战斗机。

了大约几百颗地雷,下次进教堂的时候,请你记得点上同样数目的蜡烛,去感谢圣母玛利亚吧!"

吉人自有天相

9月2日,英国空军的打击从早到晚没有停止过。而且这天德意军队的情况更糟了,决心不让隆美尔过好日子的英国人把属于第7装甲师第4轻装甲旅的第4轻龙骑兵团和第8轻骑兵团的装甲车,再加上第3皇家马拉炮兵团J炮队和皇家来复枪兵团第1营C连,组成了一支摩托化快速突袭部队。他们绕道穿过南面的卡塔拉盆地,袭击了德军临时设在卡塔拉盆地边缘的希梅迈特的后勤供应点,摧毁了300辆运输汽车中的57辆,这对于运输车辆本来就已经十分短缺的非洲军来说是灾难性的。当天晚上,这支快速部队由于油料短缺,只能使用少数几辆坦克继续攻击,希望扩大战果,德军紧急调来的25辆坦克和几门反坦克炮严阵以待,打退了他

们的进攻。不过可怜的德国人也同样缺乏燃料,只能眼睁睁看着这群狠狠咬了他们一口的饿狼通过卡塔拉盆地逃了回去。

为防止这种情况的再次发生,隆美尔只得把意大利装甲部队调去保卫自己的后勤供应线。

在英军的隆隆炮声和持续不断的猛烈轰炸中显得心力耗尽的隆美尔此时认为他已经绝无成功的希望,继续留在阿拉姆哈勒法这个危险的突出部,只会造成不必要的损失甚至覆灭,灰心丧气的他决定撤退。

整个非洲军都为隆美尔的决定感到诧异不已!虽然伤亡较大,虽然英国空军的轰炸很猛烈,德意军队的官兵们还是斗志昂扬,在这种高速度、机动性很强的作战中,德军绝对有信心再次打败英国人,这一点,许多历史学家也承认了,他们认为如果隆美尔此时再坚持一下的话,并非没有彻底击破英军防线的可能(隆美尔事实上已经成功迂回英军战线了),更重要的是,这种机会从此以后再也不会有了。何况,正如凯塞林指

■英军的装甲部队，因为后勤充足，所以才有能力对德国人发动一次次的进攻。

出的，如果装甲师仍然可以依靠自己的力量打出一条撤退的路来，或者说汽油还够回到出发位置的话，何不用这点力量向前攻击，夺取敌人的补给物资（非洲军在前面的进攻中其实已经小有斩获）来继续进攻呢？难道非洲军以前不是一直这样做的吗？

但是我们不要忘记，这种假设是建立在往昔那个生机勃勃、充满自信的隆美尔上的，但是现在正被病魔折磨着的隆美尔又怎么会有这种自信心呢？正如当时在隆美尔指挥部里就表明不同意见、非常不满隆美尔决定的凯塞林元帅在战争结束后所说的，"（隆美尔）所缺少的是，把不可动摇的决定坚持到底的决心。"

德军第21装甲师第104团那天（9月2日）的记录上是这样说的："这天早上我们的司机给我们送来了饮水，他们告诉我们阿拉姆哈勒法已经拿下了，两个小时内我们将继续出发。我们（似乎）已经看见了尼罗河、金字塔和斯芬克斯（狮身人面）像，还

有那些肚皮舞女和兴高采烈的埃及人。下午1点车队又来了，我们列队上了车，开始向西进发。怎么是向西呢？这就是我们关于开罗、金字塔和苏伊士运河的梦想的终结。"

就这样，隆美尔的撤退决定沉重地打击了非洲装甲集团军全体官兵的士气。

1942年12月，希特勒在和约德尔将军的谈话中，曾对隆美尔的这种突然变化讲过这样一段话，"让一个人长久地承担一项重大的职责，这种做法是愚蠢的，随着时间的推移，有必要让他从这种沉重的负担中解脱出来。"话讲得确实不错，只是不知道他这段话里面包不包括他自己？

在给德军最高统帅部的电报中，隆美尔申述他是由于燃料的短缺、敌人空军的优势和失去攻击突然性而决定撤退的。不幸的是，所有的人此刻都还是那么信任（也许是迷信？）这个病人，包括希特勒吗？

也是在这一天，随着隆美尔信心的消逝，蒙哥马利在开罗的一次晚宴上，信心满

129

满地对着众人宣布："埃及已经没有危险，最后消灭隆美尔将是确定无疑的。"

9月4日，英军顺势发动反攻，但是蒙哥马利谨慎地拒绝使用装甲部队（他要准备未来的决定性一击）担任主攻，只是下令新西兰第2师的步兵进行攻击，其攻击重点当然指向阿拉曼战线南翼，他的意图是切断德国人的退路（决心够大，但使用的兵力过小）。德意军方面由意大利"弗格尔"伞兵师承担了这里主要的防守任务。其第4营和第5营以巨大的伤亡代价击退了新西兰第6旅和英国第69步兵旅的进攻，战斗结束后，伞兵第5营由于伤亡殆尽（营长奥雷里奥·罗西阵亡），被并入了第4营，但也正是这个营的士兵依靠阵前坚决的反突击俘虏了新西兰第6旅旅长克利夫顿，狠狠地教训了一下傲慢的新西兰人（新西兰师的伤亡超过1000人）。

在隆美尔的撤退过程中，虽然新西兰师的合围企图以惨败告终，但第7装甲师的袭扰性攻击还是给德意军队造成了一定的损失。蒙哥马利过于小心的追击行动遭到了广泛的批评，他为自己辩解时说了两个理由：一是他对于英国军队的训练水平还不满意，担心遭到不必要的损失；二是他更担心把隆美尔打得太惨，失去取胜信心的隆美尔一退千里，退到阿格赫拉（Agheila或称Uqaylah，位于利比亚锡尔特湾最底处沿岸），从而使双方的后勤条件发生有利于"沙漠之狐"的改变。从以后的作战进程来看，他的第二个理由当然还是很有道理的。

在阿拉姆哈勒法战役中，隆美尔总共损失了49辆坦克、2900人、55门大炮和395辆各种车辆。蒙哥马利的损失是68辆坦克、18门反坦克炮和1640人伤亡，双方都损失了约100架飞机。对此，蒙哥马利有充足的理由表示满意，因为他知道代号为"火炬"的美军在北非的登陆行动即将开始了，他有资本和隆美尔拼消耗、打一场持久战。双方又回到了战斗爆发前的同样战线上。

阿拉姆哈勒法战役的战果并不重要，其真正的意义在于从此以后，非洲装甲集团军如同他们病恹恹的统帅一样，失去了他们以往赖以克敌制胜的那种气势，而第8集团军却获得了新生，开始憧憬更大的胜利。我们知道，在战争中，胜利的天平一旦开始向另一方倾斜，往往就变成了一种不可扭转的趋势。

9月19日，身材高大、脾气温和的乔治·斯图姆（George Stumme）将军到达北非，接替了"患病"的隆美尔，隆美尔启程回德国。

山雨欲来——第二次阿拉曼战役前夕

在阿拉姆哈勒法战役之后，北非战场上双方都进行了紧张的调兵遣将。德意军队也开始深沟高垒、准备抵御意料中的英军即将发动的进攻，远在德国的隆美尔写信告诉斯图姆，要他带领部队守住既得的阵地，"在我们的部队充分得到供应和恢复以及

130

更多的部队被派往那里以前，将不发动任何新的进攻。"为此德意军队精心构筑了从地中海沿岸延伸到卡塔拉盆地的密布反坦克阵地和雷区（许多地雷都起自英军托布鲁克防御圈和加扎拉防线）、被称为隆美尔的"魔鬼的乐园"的防御体系。

■英军士兵在练习扫雷，德国人布下的成千上万颗地雷对英军是个大威胁。

德军的布雷区连绵不断，由成千上万的地雷和陷阱组成，非洲装甲集团军一共埋下了249849颗反坦克地雷和14509颗杀伤地雷，那些杀伤地雷在触发后，会把钢珠抛撒到一个很大的范围内。在防线的南翼，德意军还把英军的布雷区也转为自身防御线的一部分。在布雷区的背后，首先是构筑坚实的步兵阵地和反坦克阵地，然后又是强大的随时准备投入反突击的隆美尔的百战百胜的装甲部队。

有了这样的布置，斯图姆将军（也包括很多德意将领）对即将到来的英军攻势十分不以为然，认为蒙哥马利注定要碰得头破血流，但是他们显然疏忽了德意军队面临的后勤危机和英国方面为进攻所作的巨大努力。

在北非战场上，由于英国方面的不懈努力（丘吉尔决心要彻底击败隆美尔），他们的优势还从来没有像现在这样明显过：人数方面是195000（11个师加4个独立旅）对104000（其中约50000名德国人，共12个缺兵少将的师）；装甲车方面是400辆对不足200辆；坦克力量上是1029辆（其中有差不

"谢尔曼"（M4A1）坦克的主要技术数据

重量：30.3吨
外形尺寸：车长5.84公尺，车宽2.62公尺，车高2.74公尺
动力、速度及行程：福特GAA400马力汽油机，最高公路速度34公里/小时，最大行程193公里
装甲：13－76mm
武备：1门75mm主炮，1挺0.50英寸和2挺0.30英寸Caliber机枪（其中1挺为主炮并列机枪，1挺位于车前部，还有1挺位于车顶作为防空机枪）
乘员：5名

多近500辆美制"谢尔曼"坦克）对489辆
（其中只有211辆德国坦克）；火炮方面是
近1000门对500门（其中只有200门是德国
炮）；反坦克炮方面是近1500门对850门；另
外可用的飞机是530架对350架（其中150架
德国飞机）。基本上在各个类别上英军都达
到了2比1的优势。

就连质量上，英国方面也开始占据优
势了：新近到达的美制M4"谢尔曼"坦克
的战斗力完全可以媲美德国的IV号坦克（虽
然它还远远比不上以后名闻遐迩的德国"虎
式"和"虎王"坦克）。现在，英军的"谢
尔曼"可以在1000码以外开火，其机动性能
十分优异，连隆美尔都承认"谢尔曼"是当
时非洲最好的坦克。

虽然它的机械性能十分可靠，"谢尔
曼"坦克还是有许多缺点，也许是设计师缺
乏实战经验，它的外形过于高大，在战场上
目标明显；装甲也还不够厚实，尤其汽油
发动机周围的装甲很薄，十分容易中弹起
火，使它获得了一个"朗森（Ronson）打
火机"的绰号（因为这种名牌打火机的广告
词"一打就着，每打必着"很贴切地反映了
"谢尔曼"的脆弱）；此外，"谢尔曼"发
射的高爆炮弹威力尚可，但穿甲弹的威力就
十分平庸，日后在和"虎式"坦克对抗时，
炮弹甚至在几十公尺的距离上都会弹开。只
是一则和当时非洲战场上的对手相比，它的
战斗力（特别是它的坚固耐用）尚有优势。
二则二战中美军的很多武器本来就是以数量
取胜（相对德国人的高端武器而言），这方

面的优势是那么的不可撼动。

在英军实力不断增长的同时，德意军
队却陷入了一场后勤危机。这一次，又是情
报工作（"超级机密"）帮了蒙哥马利的大
忙。给非洲装甲集团军运送燃料和其他军用
物资的意大利船只由于往来电报被破译，接
连在托布鲁克港外被击沉。10月20日，装载
1600吨汽油和其他物资的"巴鲁柯"号油船
在地中海上被"威灵顿"轰炸机击沉；紧接
着，根据代理非洲装甲集团军参谋长威斯特
法尔上校要求传送的以后各艘油船的船期均
被英国方面破译，运载汽油和弹药各1000吨
的"特吉斯蒂"号和载油2500吨的"普罗塞
比娜"号都被以马耳他为基地的英国海空军
击沉。即便在平时，德意军漫长的补给线使
得他们每天也需要至少300吨汽油以便向前
线调运物资。这些运输船只的接连被击沉使
得得不到补充的非洲装甲集团军陷入了一场
空前的后勤危机。

就这样，在一场空前的大战爆发前，
英军卓越的情报工作使得非洲装甲集团军的
汽油库存降到了只够3天作战需要的储量，
而可怜的德意军人更是已经处在半饥半饱的
状态，整整一周没有吃过肉食和新鲜蔬菜了
（前面指出过，这些东西也需要汽油以便向
前线输送）。自然，这种情况也通过被破译
的往来电报被蒙哥马利了解得一清二楚。

如果我们想到隆美尔曾经放过的豪
言，即"给我3船汽油，我48小时内就能打
到开罗"，我们能不能说是小小的"埃尼格
玛"（Enigma）密码机决定了北非战场的

胜负呢？

经过周密的准备，英军第8集团军司令蒙哥马利终于决定于10月下旬发动代号为"轻足"（Light foot）的大规模反攻，计划在突破德意军的阿拉曼防御地域后，迅速向西挺进，占领利比亚席兰尼加和的黎波里塔尼亚全境，配合即将在摩洛哥登陆的英美联军，将德意军全部逐出北非。

英国第8集团军现在有3个军，其下辖的部队作了一些调整。奥利弗·里斯（Oliver Leese）中将的第30军包括澳大利亚第9师、第51"高地"（Highland）师、新西兰师、第4英印师和南非第1师，这将是一支以步兵为主的突击力量；赫伯特·伦姆斯登（Herbert Lumsden）中将的第10军则包括第1装甲师和第10装甲师，是一支完全摩托化的装甲部队；至于第13军，则辖有第50师、第44师、波兰旅、自由法国旅和"沙漠之鼠"第7装甲师。

蒙哥马利的计划是用第30军的步兵和第10军的装甲师在德意军阿拉曼防线北翼的雷区中打开2条通道后，马上就地采取守势，抵抗住德军的凶猛反击；而在南面，布莱恩·赫劳克斯（Brian Horrocks）中将的第13军将在进攻的关键的第一阶段投入2个师组织一次辅助性的进攻。这是一个完全建立在实力基础上的战役

计划，自然蒙哥马利有这样的力量和德意军硬碰硬。

由于阿拉曼特殊的地理情况（没有侧翼，只有正面），蒙哥马利虽然有优势的兵力，却无法包围消灭德意军，只能从狭窄的正面强攻。

为此，蒙哥马利对于未来的进攻定下了一个进攻的三部曲：首先，在敌人的阵线打开一个缺口；其次，把由强大的装甲部队和摩托化步兵组成的第10军通过缺口送到敌占区域内作战，撕碎敌人的防御和组织；最后，全军攻击，彻底消灭隆美尔的部队。

蒙哥马利倾向于夜间发动进攻，但是9月份的满月期间，他的部队显然还没有做好准备，所以最后的进攻时间只能定在了10月末。

虽然德国人也十分清楚英国人马上就要发动进攻，但英国人还是成功地保住了具体的进攻时间和地点的秘密。10月23日总参谋部情报部负责西线敌军动向的利斯上校向

■正在开火的德军大炮，由于弹药匮乏，而不得不在作战中节约炮弹。

133

非洲军打包票，称敌军最近不会在阿拉曼发动攻势。23日晚上，非洲装甲集团军发给柏林的报告中声称：敌人的态势没有发生变化。应该说，蒙哥马利战前的欺敌手段基本还算是成功的。

德意军队中并非没有明白人。英国人进攻的前一天，10月22日晚上，非洲装甲集团军新的无线电侦察连连长古格里亚（Giacomo Guiglia）上尉在仔细分析了一下对手（尤其是英国皇家空军）的频繁电讯和战线南北两端一些反常的情况后，对他的手下这样斩钉截铁地说道："把我的话记下来，这是几个小时内的问题（指英国军队的进攻），而不是几天内的问题！"

不错，第8集团军的集结此时已经完成了。最主要的集结是北面的第10军和第30军，它们将在未来的进攻中起到决定性的作用，第30军的任务是最艰巨的：他们要正面突破德意军队的防线，在隆美尔的阵线取得一个类似"桥头堡"的立足点，以便让第10军的"钢铁洪流"通过这个缺口向纵深发展。

澳大利亚第9师、南非第1师和第4英印师已经占领了出击阵地，他们只需要简单的调整。第51"高地"师和新西兰第2师还在向前进阵地开进的途中，第9装甲旅（隶属第10装甲师）原先是和第10军一起前进的，现在也要和新西兰第2师会合。夜色掩护了他们的许多行动，数以百计的汽车给他们堆存了大量的弹药和其他补给品。步兵是在10月22/23日夜间完成开进的，到了23日白天

已经一切就绪了。

根据斯图姆将军愚蠢的要求节约炮弹的命令，德意军队对于英军明显的战前开进和集结没有能够给予先发制人的压制性的炮火打击，而是呆板地坐等英国人的炮弹落到自己的头上，这极大地便利了英国军队战役初期阶段的运动和集结。

"轻足"——沉重的一击！

就这样，在1942年10月23日这个满月之夜，21：40，英国皇家空军首先开始了攻击，随即600余门火炮的巨大轰鸣声宣告了英军"轻足"行动的开始，也宣告了第二次阿拉曼战役的开始，这一次轮到英国人进攻了！

从英国方面来说，根据战斗的进程，第二次阿拉曼战役可以很方便地分为五个阶段：第一个阶段为10月23日至24日英军的突破行动；第二个阶段是10月24日至25日间的英军的进一步进攻行动（直至25日隆美尔归来）；第三个阶段为26日至28日间隆美尔的反攻及蒙哥马利调整作战计划；第四个阶段为11月1/2日夜间的"增压"行动，这次行动彻底击垮了装甲集团军，使得他们再也无力阻止英军的进一步进攻；第五个阶段为德意军队11月3日至7日的突围行动。

23日深夜，充足的弹药使得英国人的每门炮都发射了至少600发炮弹，总计约50万发炮弹使英国人进行了这次大战爆发以来最猛烈的火力准备，德意军队完全被打得不

知所措。

24日早晨，德国，凯特尔元帅（Wilhelm Keitel，最高统帅部参谋长）给养病中的隆美尔打去了电话，隆美尔是这样记录他这天的经历的："凯特尔告诉我，英国人从前一晚上，开始用猛烈的炮火和轰炸进攻阿拉曼，斯图姆将军失踪了，他问我（身体状况）是否有所好转，能否返回非洲继续指挥作战。我回答可以，凯特尔告诉我他将随时告知我战况的发展，并且通知我何时需要返回（非洲的）指挥位置。随后的几个小时内我一直处在一种极度的焦虑之中，晚上希特勒本人给我打来了一个电话，他告诉我斯图姆依然不见踪影——或死或被俘，问我是否可以马上动身去非洲。"

紧接着又接到了希特勒的一个电话后，隆美尔于25日早上动身，启程去他离开了32天的埃及前线。不过他非常清楚，由于非洲军此刻的后勤供应连他要求的最低标准都达不到（隆美尔离开时装甲部队的汽油还够用8天，此时只剩下了3天的战斗消耗量），在非洲已经没有军人渴望的荣誉在等待着他。更何况他和德国统帅部都知道美英盟军代号为"火炬"的在北非实施登陆的行动马上就要开始（德国人已经掌握了准确的日期，11月8日），"那将是（非洲）集团军的末日"，隆美尔对此十分清楚。

在英国军队发起第二次阿拉曼战役的最初两天里，由于隆美尔的缺阵，德意军队的反应明显地迟缓和有气无力。当然这还有其他一些原因，例如英国军队猛烈的炮击和轰炸一举摧毁了非洲装甲集团军的无线和有线通信联络网络，使得整个集团军遇到突然打击时乱成一团；而斯图姆将军的"阵亡"也使整个集团军群龙无首，最高指挥官甚至死前都还没有弄明白究竟发生了什么，就更不要指望他的手下了；还有就是斯图姆战前的战术部署十分呆板，不能对突然情况做出迅速反应。例如，德意军队的炮兵忠实地执行了斯图姆的节约弹药的命令，没有对敌人进行袭扰性和先发制人的炮击，从而使得英国军队的战役准备和展开执行得从容不迫。

蒙哥马利的力量是如此的充足，使得他在这一次进攻里要做的仅仅是不断地向德意军队施加巨大的压力，直到他们无法承受这种压力为止。正如隆美尔以后在日记里指出的"整个战线都遭到（敌人的）猛烈的炮火打击，其程度是非洲战场所没有遇到过的，而且这种猛烈的炮火要一直持续整个阿拉曼战役。"在给妻子露西的信中，他更是沮丧地写道"我们是被敌人（的优势）压垮的"。

回头看进攻的第一天，10月23日晚上，第30军取得了相当的进展，但是给第10军的2个装甲师打开战线北翼两条走廊的任务还远未完成。虽然最北面的澳大利亚师攻克了绝大多数预定的目标，但是由于"高地"师距目标还差1英里，使得第10军的第1装甲师距他们预定的位置差2英里。稍南一些，新西兰师攻克了米特利亚岭的部分阵地，不过德国人在这里部署的雷区和反坦克

隆美尔与非洲军

■英国坦克部队对付德国人的88mm炮加地雷仍然没有多少招数。

炮阵地远未消除，再加上南非第1师也没有攻克预定的目标（只差区区几百码），这样一来第10装甲师期待的北线"南方走廊"也没有打开，虽然他们的情况要比北面好一些。大概是被非洲军打怕了，蒙哥马利注意到第10军军长伦姆斯登和他的师长们在进攻中明显地缺乏信心，英国坦克部队对付德国人的88mm炮加地雷仍然没有多少招数。

在阿拉曼战线的南翼，英国第13军的正面，由于步兵对希梅迈特的进攻无功而返，第7装甲师同样无法突破他们遭遇到的德意军队的第二个雷区。就这样，第一个晚上蒙哥马利没有取得预定的战果，不过他并不在意，他相信他的对手斯图姆将军的日子要难受得多。事实也是如此，当蒙哥马利气定神闲地去睡觉时，斯图姆却无论如何也无法安心入睡，由于各方传来的消息都杂乱无

章、也零碎不堪，凌晨时分他终于决定亲自去看一下前线的情形。

显然，斯图姆将军的运气不是很好。他的卡车在澳大利亚人的炮火下东躲西藏，终于搞得车也翻了，司机当即丧命，将军也因过度惊吓而心脏病发作，一命呜呼。在战斗的最初阶段，非洲装甲集团军的总司令失去了踪影，德国人活不见人，死不见尸，只能以为他受伤被俘了。在隆美尔于25日晚上返回之前，非洲装甲集团军由冯·托马（Von Thoma）将军代理指挥。

10月24日是星期六，这一天蒙哥马利要求第10军的各个装甲师（第1和第10师）以更主动的进攻精神在德国人的阵线中打开一个缺口，但第1装甲师一突破即在开阔地带受到德军第15装甲师的疯狂攻击，几乎连阵脚都无法保持。

在阿拉曼防线南翼，从10月23日晚上战役爆发起，意大利"弗格尔"伞兵师以薄弱的兵力抗击了英国人整整4个师（第44和第50步兵师、第7装甲师、自由法国第1旅）的进攻。这个师虽然兵力远远不够一个正常的步兵师的编制，却承担了一个师的防守正面，并且出色地完成了任务。

早在9月份的战斗中，"弗格尔"师第9和第10伞兵营的官兵们就采用了一种大胆的战术，现在"弗格尔"伞兵师的其他部队也纷纷采用。他们沉着地把英国坦克放进自己的阵地中，然后隐藏得很好的反坦克小组从几个方向同时出击，用简陋的反坦克武器（使用最多的是"莫洛托夫"燃烧瓶，俗称"莫洛托夫"鸡尾酒，即简陋的玻璃瓶汽油弹）把一辆接一辆顾此失彼的英军坦克打瘫在战场上，"弗格尔"师的战斗日志上记录了仅仅一天中就有多达110辆英军坦克被他们用这种大胆而又危险的方法打得无法动弹。但是由于附属的意大利工兵在英军猛烈的炮火下不敢执行"弗格尔"师师长的命令（同样遭到"弗格尔"师蔑视的还有那些配属给他们的无所事事的德军坦克分队），冲上去用炸药彻底炸毁这些坦克，因此大多数坦克最后还是被英国人拖了回去。

3天的激烈战斗后，英军第13军彻底放弃了从

"弗格尔"师防守的德意军阿拉曼防线南翼突破的企图，转向战线北翼寻找机会。从这里我们可以看到，非洲装甲集团军缺少的实际上并不是物质力量，而正是"弗格尔"师这些意大利人身上蔑视一切危险的精神力量，这也正是以前非洲军赖以摧城拔寨的力量。

和他们并肩作战的德国第1伞兵旅同样毫不逊色，他们以巨大的伤亡击退了新西兰师的进攻。在这两支伞兵部队负责防守的地段，爆发的肉搏战的次数是最多的。这固然说明他们作战精神的旺盛，也可以看出他们装备不足的无奈。

直到11月2日，"弗格尔"师才接到了撤退的命令。这样一支勇敢善战的部队竟然没有得到几辆运输车辆（大多数运输车辆都被德国部队"抢"去了），只能靠自己的双腿向遥远的利比亚撤去，许多人都在漫长的撤退途中或是战死，或是被俘了。最终到达利比亚后，他们剩下的兵力只够组成第

■在隆美尔于25日晚上返回之前，非洲装甲集团军由冯·托马将军代理指挥。

285"弗格尔"伞兵营。

到了25日中午,第30军取得了进一步的进展,他们打开的缺口宽达6英里,纵深达5英里,正在继续敲打德意军的坚强阵地。后续的(第10军的)装甲师也在按计划前进。

隆美尔的反攻

10月25日夜间11:25,抵达非洲的隆美尔向非洲装甲集团军全体德意官兵发出告示:"我将再次担任全军总指挥。隆美尔。"

26日下午,隆美尔正确地判断了蒙哥马利的主攻方向,把第21装甲师、"阿雷特"装甲师和许多炮兵部队都调到北线作战,这又是一次赌博,因为已经不可能有汽油把它们再调回去了,这次他又赌对了。不过由于蒙哥马利把第7装甲师继续留在第13军的进攻正面(蒙哥马利有本钱这样在战线的每一处都保持优势),德意军南翼所受的压力就可想而知了。

10月26日,经过3天的激烈战斗后,蒙哥马利已经损失了6000人(德意军的人员损失为2500人)和300辆坦克,坦克倒是还能修理或补充,但是步兵的损失却是个严重问题。蒙哥马利发现第8集团军的进攻动能开始丧失,觉得有必要重新编组他的部队,也要重新考虑他的作战计划。

为此他决定把筋疲力尽的新西兰第2师(包括第9装甲旅)、第10装甲师,也许还

有第7装甲师,全部都编入他的新的预备队中,这个工作到10月28日凌晨完成了。蒙哥马利以罕见的冷静(在这战况最激烈的时候,作为一名虔诚的教徒,他从阅读《圣经》中获得了慰藉和鼓舞)和细致开始准备给隆美尔最后的致命一击。无论如何,蒙哥马利此时还有约900辆能战斗的坦克,而对应的隆美尔只有不足300辆了。

隆美尔当然知道蒙哥马利留给自己的时间和机会都不是很多了,他开始搜集手头全部的力量,力图打退英军、恢复战线。

10月27日下午,在科德尼岭西南一英里处一个叫史奈普(Snipe)的阵地,英军来复枪旅第2营的小伙子们和他们的6磅反坦克炮进行了坚强的抵抗,和他们在一起的还有皇家炮兵第239反坦克炮队,他们共同打退了成群的德国坦克和意大利坦克的猛烈攻击。不止一次,看上去坦克群就要粉碎炮兵阵地了,但进攻的浪潮还是最终被击退了。一枚维多利亚勋章被授予了特纳(V. B. Turner)中校,由于他个人的勇敢行为,也由于他的冷静指挥。

隆美尔是这样描述这场失败的反攻的:"对28号高地(科德尼岭)的进攻是由第15装甲师的部分兵力、意大利'利托里奥'装甲师和1个意大利狙击兵(Bersaglieri)营进行的,他们得到了附近阵地上全部德意炮兵和高射炮兵的火力支持。不幸的是,攻击取得的进展很缓慢,英国人抵抗得很顽强。鲜血如同河流一般流淌在这片可怜的土地上,(以至于以后)在正常情况下,最贫穷的阿

■战斗中的英军6磅反坦克炮部队，他们英勇顽强地击退了德军坦克的多次进攻。

拉伯人也不会为之烦神。英军炮火猛烈地覆盖在进攻区域……"

负责提供炮火支持的意大利炮兵伤亡惨重，在和英军炮兵的对抗中，他们绝望地发现英军炮兵和他们的力量对比差不多是5比1。雪上加霜的是，意大利的炮兵很多都是非摩托化的，为了达到最大射程，他们的炮锄要埋入沙地达6英尺深。由于要进行水平射击，他们又得移动大炮，但是这时英国人的机枪已经近在400码开外了……

隆美尔在前线其他地段恢复德意军战线的努力也失败了，澳大利亚师的顽强和皇家空军的持续努力使他向铁路一线突进的努力归于泡影。他只能下令坚决守住现有的阵地，炮兵要尽全力以最猛烈的炮火向敌军开火，不使英军在阵地上取得进一步的突破。隆美尔非常清楚，等到蒙哥马利完成了他的重新部署，那么明天晚上（10月28日）在战线的北翼就一定会再有一次进攻。事实上，

蒙哥马利也正是这样做了。

28日上午，隆美尔告诫部队指挥官：英军可能要包围我军，全军官兵必须决战到底，凡临阵逃脱和违抗命令者，无论其职位高低，一律军法论处。当晚，蒙哥马利果然向隆美尔发起全线攻击，试图突破隆美尔风雨飘摇的阵地，激烈的战斗持续到29日晨，德军终于遏止了英军的进攻。

10月29日早晨，蒙哥马利拒绝了他的参谋人员的强烈建议，还是决定对德意军阿拉曼防线的北段发动进攻，所有的参谋人员都觉得不可思议，因为已经证明这是德意军防御最牢固的区域（事实上，隆美尔也是七拼八凑地筹集了最后的预备队，准备在这个地域再次发动对蒙哥马利的反攻）。无奈之下，参谋长麦克格雷里（McCreery）提出了一个变通的主意，那就是在科德尼岭北面，英军已经和德意军接触上的地方发动攻势，蒙哥马利这次同意了。

这就是"增压"行动，这也是整个第二次阿拉曼战役中帮助英军取得突破的关键决策。由于蒙哥马利巨大的人员和物质优势，战场的主动权还是牢牢地掌握在自己手中，胜利的天平也已经开始向他倾斜。

29日白天，为了尽量分散敌人的注意力，皇家海军从亚历山大港出动了3艘驱逐

舰和其他17艘小型舰船，它们沿着海岸游弋攻击岸上的德意军目标，试图造成对方后方的混乱。到了晚上，8艘鱼雷艇还留在富卡（Fuka）以西的海岸，不停地施放烟火和枪炮，但德国人显然也没有怎么把它当一回事。至于皇家空军做出的贡献就更大了，他们无止尽地打击帮助第8集团军把隆美尔可用的坦克数量降到了可怜的102辆。不过地面部队这一天却沮丧不已，在基层部队的呼吁下，他们把几门英军的3.7英寸口径高射炮调到第一线来打击德国人的坦克和已知的炮兵阵地，指望着它们能发挥和德国人的88mm炮一样的作用，但是结果显然不是那么一回事。

和以往一样，虽然隆美尔十分希望蒙哥马利能够在南线发动攻势（这可以使他北线的部队受到的压力得到减轻，而在南线的部队也可以且战且退地撤到预定的二线阵地，从而缩短战线并且省下宝贵的调动部队必需的燃料），但是他还是再一次地正确地预计了蒙哥马利的下一步进攻方向，"沙漠之狐"毕竟不同凡响。

10月30/31日晚上，意大利"的里雅斯特"师开始接替第21装甲师的前沿阵地。只是这时连意大利部队也已经失血过多了，第21装甲师第104团的1个营被迫留在了阵地上。与此同时，隆美尔把"利托里奥"装甲师和第15装甲师的坦克部队，总共39辆德国坦克和23辆意大利坦克，和从南线腾出来的第21装甲师的步兵和装甲部队，以及没有防御任务的第90轻装师的一些单位，一起组成了非洲军的机动预备队，准备着他预料中的

■隆美尔在前线指挥作战。

北线决战或者反攻。

31日早上，利用澳大利亚师短暂的进攻停顿，隆美尔紧急命令非洲军对29号高地发动一次有限反攻，动用的部队有第21装甲师的1个战斗群、第90轻装师的几个单位和集团军的摩托化炮兵。隆美尔显然是觉得对英军的优势已无能为力了，居然亲自去指挥这样一次无关全局的小规模反攻（也许他是想去泄愤吧），冯·托马好不容易才亲自去把他喊回了指挥部。

从10月23日至31日，第30军人员总计1157名阵亡，4229名受伤和982名失踪，伤亡、失踪总数为6368人。整个第8集团军的数字为10000人左右。第30军的2个步兵师，澳大利亚第9师和第51"高地"师的伤亡是最惨重的，各有1000人，南非第1师不到750人，但都还保持了相当的战斗力。

由于英国方面的记录显示至10月31日，英军总计俘虏了3921名德意军人，这样估计德意军队的伤亡率应相当于第30军的程度。

在坦克方面，到了11月1日，英军尚有176辆"谢尔曼"、156辆"格兰特"、272辆"十字军"、115辆"瓦伦丁"和97辆"斯图尔特"，总共816辆，还有300辆在修理中；非洲装甲集团军则大约有100辆德国坦克和189辆意大利坦克还留在战场上（另外有100辆各型坦克在修理中）。

11月1日，除了北线澳大利亚师的防区有激烈的交火外，整条阿拉曼战线处在了难得的平静之中。

"增压"行动——胜利完成的"轻足"

11月2日，蒙哥马利继续在北线发动代号为"增压"（Supercharge）的行动，这一次，虽然英军同样伤亡惨重，但几乎是"轻足"行动翻版的"增压"行动毕竟最后取得了一定的胜利。

之所以说"增压"是"轻足"的翻版，是因为两者所运用的战术一模一样，都是先使用步兵攻击，在敌人阵地前线打开缺口和通道，然后装甲部队通过步兵打开的缺口及通道向纵深发展，扩大战果。

蒙哥马利为"增压"行动制定的作战目标有五个：摧毁隆美尔的装甲部队；迫使隆美尔在开阔地带作战直至他的燃料耗尽；切断隆美尔的补给线，使他无法得到补充；摧毁隆美尔的前进飞机场；分割非洲装甲集团军的力量。在所有这五个战术目标中，只有第四个目标完全达到，前面3个只有部分达到了，最后一个则要看怎么理解了。不过这已经够了，在"增压"行动后，面对蒙哥马利的巨大优势，"沙漠之狐"要做的只能是——逃跑。

在这之前，所有的迹象都表明隆美尔把堪战的德军都调到北线去了，似乎隆美尔已经把南线扔给了意大利人。但蒙哥马利不以为然，他已经不想拣软柿子吃了，因为他知道他的优势是不可动摇的，而且有种种迹象表明隆美尔已经丧失了作战的信心了。

隆美尔与非洲军

蒙哥马利为"增压"行动第一阶段选择的指挥官是担任新西兰第2师师长的弗里博格将军，这位将军是一位意志坚强、富有感召力的领导人，这使得他成为指挥"增压"行动的理想人选。只是他自己的新西兰师的2个旅已经实力大降（新西兰师整个10月份的减员数为1860人，而且它的相对完整的第4旅正在后方改装成装甲部队），不能充当主攻部队了，承担进攻重任的是第50师和第51"高地"师的2个步兵旅。

■蒙哥马利为"增压"行动选择的指挥官是担任新西兰第2师师长的弗里博格将军（左）。

10月31日早上，新西兰第6旅接替了第51"高地"师第152旅的防地，新西兰第24、26营和第25营的一部分迅速地占领了阵地，第25营大部则在1000码的后方担任预备队。第152旅开始和他们的兄弟部队第151旅（隶属第50师）一起准备第二天晚上的进攻，要做的事实在太多了，整理武器、车辆和其他装备，里斯不得不派出参谋长和联络军官去整理秩序，让部队的喧闹声小一些。

第152旅的战前准备明显比较充分，全旅每个人都用擦枪布在背后绑了一个十字，使他们的后勤人员容易分辨自己旅的成员，及时给他们补充，而且全旅都已经换上了厚厚的战斗服，相比之下，还穿着短衣短裤沙漠夏服的第151旅就显得比较寒碜。

英军攻击的目标是拉哈曼（Rahman）小道的反坦克阵地和它西面的特埃阿洽奇尔（Tel el aqqaqir）岭，位于科德尼岭北面的这两个地方都是隆美尔北线的防御核心，德国非洲军的精锐云集于此，意大利非洲军的菁华——第20摩托化军的主力也被部署在这里。

如同在第二次阿拉曼战役的第一阶段一样，在这次攻击中英军第30军也准备使用步兵在夜间进行攻击，坦克同时提供近距离伴随支持，希望到天明时分能为后续的第10军的装甲师打开通道，让他们的滚滚铁流汹涌流入德意军阵线后的开阔地带，以后的作战进程证实这样的构想多少有点过于一厢情愿。

对于第二次阿拉曼战役中鏖战于第一线的英军官兵来说，最困难的莫过于如何在进攻中同时对付敌人纵深布置的密集雷区和

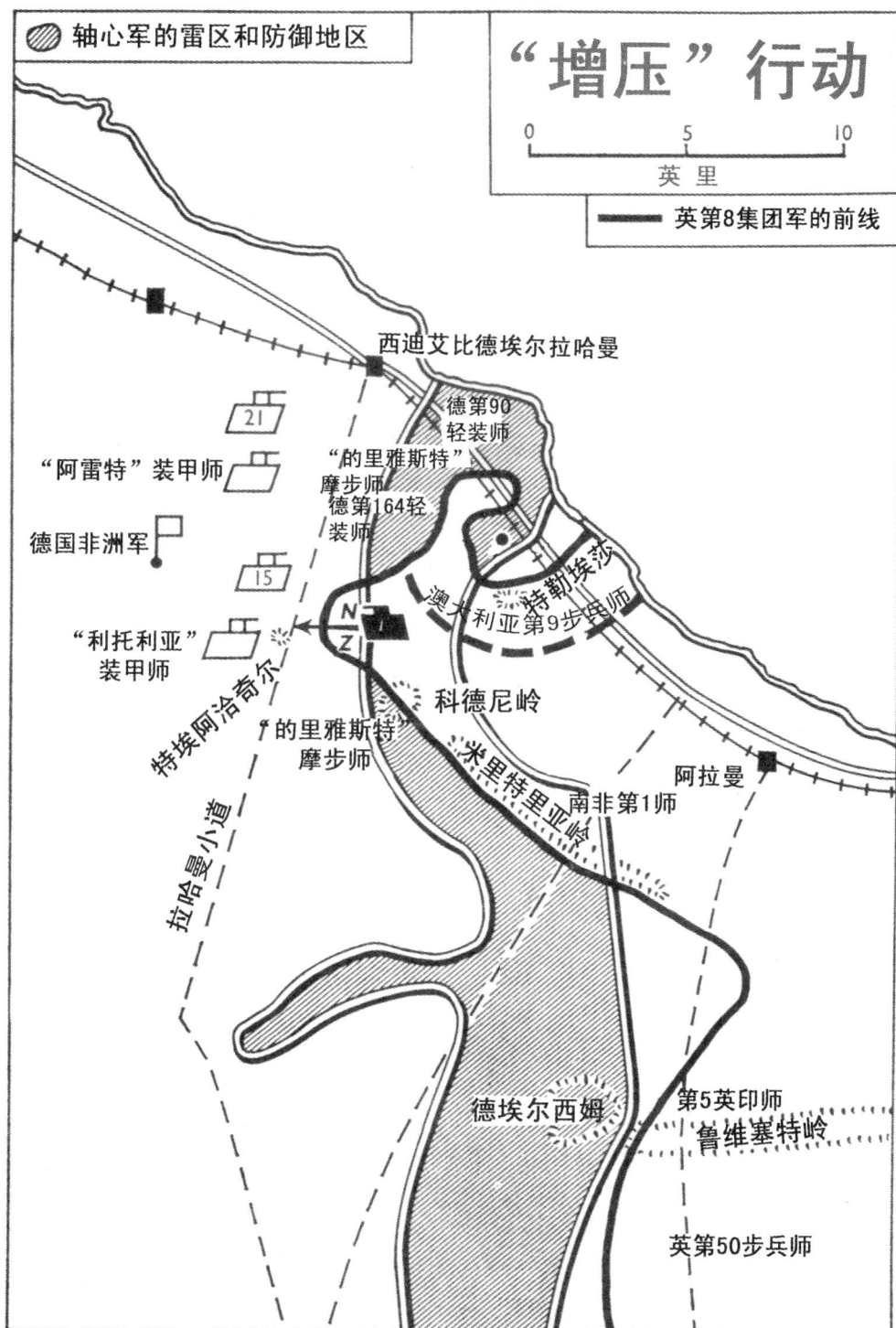

坚固的反坦克炮阵地。我们知道，作战中需要的两个要素是火力和机动，第8集团军不担心缺少火力，但是机动就是另外一回事了，在阿拉曼根本没有空间可供机动，唯一的出路是从那些密密麻麻的布雷区里打开一条通道来，当然这就需要付出巨大的牺牲。特别是对于那些负责排雷的英军工兵来说，不论后面给他们提供掩护的己方炮火如何炽烈，都需要他们以慷慨赴死的精神投入雷场，因为可以想象，德意军那些构筑坚实的步兵和反坦克炮阵地绝不会让他们舒舒服服地完成工作。

名义上是新西兰师承担了在这个半圆形的正面进攻的任务，但实际的步兵进攻是由英军第151和152步兵旅在一个狭窄的大约4000码（攻击的纵深也是约4000码）的正面实施的，在这样一个正面，差不多16个各式炮兵团的火力能起到的作用无疑是决定性的。澳大利亚第9师和南非第1师为他们提供了坚强的侧翼掩护。第9装甲旅的2个"瓦伦丁"轻型坦克团（在弗里博格的坚持下，都加强有"谢尔曼"和"十字军"坦克）和步兵一起发动进攻，辖有威尔特谢尔（Wiltshire）和沃威克谢尔（Warwickshire）这2个自耕农团和第3轻骑兵团的这个装甲旅接受的任务是在炮兵火力的支持下，扩大步兵取得的战果。而在第9装甲旅的背后，准备紧紧跟上的还有第1装甲师的强大机械化兵力。

由于部队集结和联络的困难，根据弗里伯格的要求，原定11月1日深夜的进攻时间被推迟了，最后的进攻时间被定在11月2日凌晨01：05。弗里博格利用这一点争取来的时间，召集各参战部队的指挥官开了一系列会议，在工兵完全按照比例制作的模型上给他们讲解具体的步兵和炮兵的进攻计划。

深夜11：30，第151旅已经顺利地做好了一切出击的准备；而第152旅一部却由于黑暗和尘暴，误入了一个雷区，还没有战斗就开始流血了。第50皇家坦克团的38辆"瓦伦丁"坦克和新西兰第8野战工兵连也做好了跟随第152旅出击的准备。

午夜时分，4艘皇家海军的鱼雷快艇风驰电掣般地开到了西迪艾比德埃尔拉哈曼（Sidi Abd el Rahman）北面的海面上，向德意军的阵地放出了不少熊熊燃烧的气球和筏子，显然，他们的用意是在德意军的后方造成混乱。随即，他们继续向西进发，用快艇上的各种武器对岸上随意射击，以致德军指挥部接到了200名英军试图在阵地后侧登陆的报告。与此同时，皇家空军也来凑热闹了，他们对德军装甲部队所有可能的集结地点进行了猛烈轰炸，其中第125中队还成功地攻击了非洲军的几个无线电通信站，德意军的通信联络就此中断了好几个小时。

海上和空中的打击还没有停歇，290门各种大炮的轰鸣真正地揭开了英国人又一轮新攻势的序幕。不过这一次"增压"行动的炮火准备实施得非常精妙，对于进攻正面那些已经确定的敌人的炮兵阵地和其他目标，英军的炮击故意显得稀稀落落和随意（不过强调了稳、准、狠），要求不引起德意军的注意。而对于并非进攻目标的澳大利亚师的正面，却一本正经地进行了猛烈的火力准备，工兵也在这里早早地开始了排雷的工作，一切都要让德意军相信这里将是主攻方向。

南线第13军也努力地进行了一系列欺敌行动，包括白天黑夜的部队频繁调动和猛烈的炮火袭扰，但是南线德意军基本不为所动，他们只是在英军动真格地发动进攻时才加以坚决反击，法国部队对穆纳西比以西92号高地的进攻就是如此碰了个头破血流。

在发射了近50000发炮弹和4000发坦克炮弹后（英军计划使用100000余发炮弹），炮兵的火力开始每2分半钟延伸100码。第151步兵旅的3个营以新西兰第28营为前锋开始了突击。为了对付德意军队的坚强防御体系，弗里博格给充当前锋的新西兰第28营C、D两个连又特意加强了新西兰反坦克炮和机枪营的各1个排，给第28营加强了1个皇家反坦克炮连和1个新西兰工兵连；为步兵们提供支持的还有皇家第8坦克团的44辆"瓦伦丁"坦克。来自第50和第51师的2个步兵旅的步兵进攻进行得很顺利，他们从出发点向前前进了4000码，由于和炮兵的配合十分良好（他们几乎是完全按照预定的时间表，跟随着炮兵造成的弹幕前进的），伤亡并不是很大（第28营在"增压"行动中的全部伤亡是22人阵亡，72名受伤，4名失踪，第151步兵旅的伤亡是489人，大多为"失踪"），清晨时分，他们到达了预定的目标，但是在3个方向的敌人火力的"招呼"

下也已经成了强弩之末。

现在轮到第9装甲旅了，他们要向拉哈曼小道攻击前进，为第1装甲师的进攻敞开道路。拥有105辆各型坦克的第9旅是晚上19：00从阿拉曼火车站出发的，上半夜由于没有月亮，可以说是伸手不见五指。在经受了数个月的不停断的炮击和轰炸后，阿拉曼一带的沙石路早已变成了粉末状的细沙，在夜风的吹动下，卷起的沙尘使得部队的前进困难重重。

好不容易到达了指定的攻击位置，在进行了一番观察后，第3轻骑兵团的团长彼得·法奎哈（Peter Farquhar）中校直接向蒙哥马利指出，由于敌人在拉哈曼小道的强大的反坦克炮阵地还完好无瑕，第3轻骑兵团的进攻无异于自杀。他没有料到的是，第8集团军的指挥官显然就是准备付出这种牺牲的，"你们必须完成任务"，蒙哥马利对中校这样说道，似乎唯恐他还不明白，蒙哥马利又补充道："如果有必要，我准备接受（你团）人员和坦克100%的损失。"

彼得·法奎哈无疑是具有英军轻骑兵的光荣传统和英雄气概的军人，他认为既然蒙哥马利的回答如此坦率（或者说是冷血），那就没有什么可说的了。就这样，11月2日凌晨06：15，整个第3轻骑兵团和威尔特谢尔自耕农团以悲壮的义无反顾的精神投入了对拉哈曼小道的攻击。在晨光中（刚升起的太阳在英军的背后，使他们成为德意军的良好目标），他们那些"谢尔曼"、"十字军"和"瓦伦丁"坦克在德军第15装甲师的

隆美尔与非洲军

■英军第3轻骑兵团装备的装甲车，他们以悲壮的义无反顾的精神投入了对拉哈曼小道的攻击。

"十字军"）的大队，根据蒙哥马利的命令，它们的任务就是摧毁这里的德军装甲部队，在隆美尔的阿拉曼防线上撕开一个巨大的无法弥补的裂口。而属于第1装甲师的南非第6装甲旅第4团和第1皇家龙骑兵团的装甲车已经带着10天的补给品，向德军

88mm炮、50mm反坦克炮的猛烈炮火下纷纷起火爆炸，就连意大利"利托里奥"师的小口径高炮也可以轻易击穿他们那些轻型坦克薄弱的装甲，但进攻还是一波波地进行着……

法奎哈团长的坦克被击中了，车上的无线电设备也被击毁了，他爬出了自己的坦克，一边步行，一边用手势和嘶哑的吼叫指挥着他的团仅剩下的9辆坦克继续作战。第9装甲旅的旅长克里（Currie）准将也在最前沿指挥战斗，并且拼命地呼叫第1装甲师尽快加入战斗（另外两个团也都只各剩下了7辆可以作战的坦克）。

大约上午10：00，千呼万唤之下，在第9装甲旅的背后，第1装甲师的先头旅，第2装甲旅的90辆"谢尔曼"和66辆"十字军"坦克隆隆地加入了进攻，后面是第7摩托化旅（这个旅除了大量装甲车和装甲运兵车以外，还有4辆"丘吉尔"重型坦克）和第8装甲旅（62辆"谢尔曼"和"格兰特"，47辆

的后方渗透了过去，他们要攻击一切遇到的德意部队，主要目标当然就是缺少保护的后勤车队……

第9装甲旅竭尽他们最后的力量帮助第2装甲旅打退了德军第15装甲师的反攻。他们完成了任务，摧毁了35门德意军的反坦克炮（主要是意大利47mm和德军的50mm炮），大大削弱了德意军的这个坚强的防御正面，代价是整个旅坦克损失了75%，人员的伤亡是50%，第1装甲师是踩着他们的血泊冲上拉哈曼小道的（在"增压"行动中，第9装甲旅的伤亡是所有部队中最大的）。

这时，非洲军的指挥系统也已经回过神来了，终于判断出了英军"增压"行动的主攻方向。第21装甲师从北面，第15装甲师的装甲预备队再加上"利托里奥"和"的里雅斯特"师的坦克从西面一起向第9装甲旅打开的这个突出部发动了反攻，90辆德国坦克和60辆意大利坦克绝望地试图粉碎第1装甲师……

■进攻中的英军坦克群。

蒙哥马利的牌还有很多,他一点也不担心第30军不能守住这个突出部,但是还是命令辖有第22装甲旅的第7装甲师迅速在特勒埃莎车站的西南集结,并且把第13军的第4轻装甲旅也临时调来,步兵方面则把第4英印师的第5英印步兵旅抽调了出来。后续的还将有第151、第154步兵旅和新西兰第2师的部队,蒙哥马利决心要保持对隆美尔的沉重的压力……

德意军的装甲部队指挥官在没有步兵的帮助下,和英军的"谢尔曼"坦克群(许多德国装甲兵都是第一次遇到这种火力超过他们的敌方坦克)、反坦克炮和飞机构成的立体火网奋战着,这样他们的结局也就注定了。

到了11月2日晚上,非洲军司令官冯·托马将军向隆美尔报告,由于敌人在空中、在坦克和炮兵力量上的巨大优势,加上德意军后备力量的枯竭(德国非洲军全部可以作战的坦克此时已经不超过35辆德国坦克和20辆意大利坦克),阵地被敌人突破是注

定无疑的。也就是在这时,隆美尔下了最后的决心,准备把部队撤到阿拉曼以西60英里的富卡(Fuka)防线。但是对于部队摆脱英国人而撤退的前景,他一点也不乐观,并向希特勒做了坦诚的汇报。

与此同时,弗里博格在对这个突出部做了一番巡视后,告诉他的幕僚说他认为敌人的撤退即便还没有开始,也已经迫在眉睫了。"毫无疑问将在一个新的阵地",要求参谋们准备计划11月3日早上的摩托化(追击)作战。在给新西兰总理的信中,他这样写道:"……我相信德国人的抵抗已经由于过去10天的有效的炮击和攻击而被粉碎了。我觉得德国人现在的阵地已经摇摇欲坠,在不久的将来,我们将把他们赶回埃及利比亚边境,在一定的条件下,我希望我们将把非洲的敌人扫除干净……"

具有讽刺意味的是,11月3日上午,希特勒在收到隆美尔的紧急求救电报后,却发出了这样一封著名的回电:"我和全体德国人民,怀着对你的领导能力和你领导下的德意部队的英勇精神的坚定信念,注视着你们在埃及进行的防御作战。鉴于你目前所处的形势,毫无疑问,只有坚守阵地,绝不后退一步,把每一支步枪和每一名士兵都投入战斗,除此别无出路。大批空中援助将在未来几天内到达南线总司令凯塞林处。领袖和意

大利最高统帅部必将竭尽全力积极增援。以保证你能继续战斗。敌人虽占有优势，但已是强弩之末。意志的力量能够战胜强大的敌人，这在历史上已屡见不鲜。你可向你的部下指明，不胜利，毋宁死，别无其他道路。

阿道夫·希特勒"

在第二次世界大战中，也就是从这时起，希特勒陷入了一种歇斯底里的偏执狂中，固执地要他的部下投入"最后一支步枪"作战，同时一英寸的土地也不能放弃，这种偏执狂的第一个直接的结果就是斯大林格勒的灾难，非洲军也终将逃不出和顿河岸边保卢斯的第6集团军相同的命运。

这份电报被英国方面截获后，丘吉尔的反应是嘲弄的："希特勒命令他的部队在胜利和死亡二者之间选择一项！"

比起保卢斯，隆美尔无疑要幸运得多，和元首之间相隔的茫茫的地中海使得他可以违背元首的疯狂的指示（虽然希特勒的命令确实使他犹豫再三）。11月4日，隆美尔在战局不利的情况下，再三权衡后命令部队向西撤退，但是部队已经来不及在富卡新防线停住脚了。

这天中午，冯·托马将军被英军俘虏，到了晚上，非洲装甲集团军记录"敌人的火力猛烈程度是（我们）未曾经历过的"，已经没有一滴汽油的"阿雷特"装甲师覆灭了，经过6个小时的英勇防御后，担任后卫的第12狙击兵团第2营和意大利第11狙击兵营被粉碎了，第90轻装师受命和第

164轻装师的部分残余在29号高地东北的海岸边组织新的防御，他们又坚持了2天……

残阳如血中的撤退

战争中最困难的莫过于在优势敌人的面前撤退，在北非沙漠这种特定的环境中，缺少运输车辆的非洲装甲集团军的撤退就更加困难了。

名义上，隆美尔在部署撤退时，对所有的德意部队都是一视同仁的，要尽可能地把所有的德意步兵都带走，但是事实上由于运输车辆不足，真正"一个都不能扔下"的只能是德国兵，很多意大利部队都早就预料到他们的命运了，他们知道他们得到的命令一定是坚持，因为他们只是具有"较小的战斗价值"。

留下的并不仅仅是意大利部队。在阿拉曼防线南翼，没有其他德军部队的援手，没有交通工具，事实上和友邻的意大利步兵一起被"抱头鼠窜"的隆美尔抛弃的兰克的德国第1伞兵旅的残余部队是以一种传奇般的方式成功地逃出英国人的重围的。

兰克在绝望中把剩余的人马收拾起来向西进发，准备到了实在不得已的情况下才向英国人投降。一路上他们躲过了英军的大队人马，狡猾地伏击了英军一支运送食品和香烟的车队，靠着俘获的英军车辆和汽油，这些伞兵舒舒服服地赶上了隆美尔的大队人马。11月7日，在雨后初雾的马特鲁，兰克大大咧咧地向隆美尔敬礼报告时，心中的怨

■德军战俘，一个个神情疲惫、面色憔悴，对于他们来说，战争结束了……

的命令是尽可能地坚守阵地，给恪尽职责的"阿雷特"装甲师的命令是打到"最后一颗子弹"，相同命运的还有意大利"布雷西亚"师和"塔兰托"师的人马，那些没有车辆，也没有燃料和淡水的意大利人还能有什么选择呢？战后拍摄的许多意大利影片都不无怨尤地反映了意大

气是显而易见的。

强将手下无弱兵，兰克这位日后的德军第2伞兵师师长个人的意志把600名（还有资料说是800名）德国伞兵从投降的命运中暂时（1943年5月，兰克伞兵旅的残部在突尼西亚向美军投降）拯救了出来。1944年诺曼底登陆后，兰克的第2伞兵师在法国布勒斯特完全绝望的状况下依然拒绝向美军投降，战斗到了最后一刻，直到美军步兵把兰克的指挥部打成一片火海。

留在阿拉曼防线的众多没有机动能力的意大利部队的命运是悲惨的。隆美尔给意大利第10军

■德军战斗机的残骸，大多是因为没有燃料而"趴窝"的。

■在阿拉曼的英军阵亡将士的公墓。

149

利军队的这段遭遇。

大约70000名德意军队在身染疾病的隆美尔的率领下向西撤退，缺少燃料、武器和食物饮水的车队长达60英里，一路上在优势英军的无情轰炸和追击下，一退再退地千里跋涉抵达了突尼西亚。

至此，阿拉曼战役以英军的胜利宣告结束。在这场战役中，双方都付出了巨大的代价。英军阵亡将士达7000多人，而德意军伤亡及被俘人数近6万。

阿拉曼战役的意义

阿拉曼战役是北非战局的转折点。此后，德意法西斯军队开始在北非地区节节败退，直至1943年5月被完全消灭在非洲。

蒙哥马利个人指挥生涯中最大的成功无疑是他胜利地指挥了诺曼底登陆，在阿拉曼战役中，虽然他拥有各种有利条件，但是他对于隆美尔的打击离完全的胜利距离还非常遥远。即便如此，人们依然调侃地把阿拉曼战役称为蒙哥马利的位居第二位的成功，这当然是有原因的。

由于隆美尔在阿拉曼战役中部分成功地躲避了英军的打击，使得希特勒又一次对隆美尔和非洲装甲集团军产生了不切实际的幻想，再一次继续了他战略上的错误，把大量宝贵的人力物力投入了这个无关大局的次要战场，正是在这一点而不是从实际战果，我们说蒙哥马利取得了成功。

这样说，对于蒙哥马利这位大名鼎鼎的统帅来说，是不是太残酷了？

阿拉曼战役结束了。它解决了下一步英国第8集团军将向哪里行动的问题；坚定了蒙哥马利取胜的信念；为大英帝国保住了中东这个基地；恢复了英国人民对他们的军队和军队领导人的信心；最后，它还保住了丘吉尔的政治地位。

所有这些综合起来，我们称这个战役是决定性的战役。

■1980年7月伊丽莎白女王在阿拉曼战役纪念仪式上为蒙哥马利将军塑像揭幕。

最后的非洲军

早在1942年7月，英美两国首脑就决定实施在法属北非登陆的"火炬"行动，并任命艾森豪威尔为"火炬"行动的盟国远征军总司令。9月下旬，美英两国参谋长联席会议在伦敦确定了实施"火炬"作战计划的细节，决定两国军队于11月8日在法属北非的阿尔及尔、奥兰和卡萨布兰卡实施登陆，占领沿海主要港口，然后由阿尔及尔登陆部队向东抢占突尼斯，再待机与北非的英军协同作战，消灭在北非的德意部队。参加"火炬"作战的美英军队共13个师，分别编成西部、中部和东部三个特遣队。西部特遣队从

■盟军的推进遭到猛烈抵抗。

隆美尔与非洲军

美国本土出发，横渡大西洋，在摩洛哥的卡萨布兰卡登陆；中部特遣队和东部特遣队从英国出发，分别在阿尔及利亚的奥兰和阿尔及尔实施登陆。

法属北非是指北非的法国殖民地摩洛哥、阿尔及尔和突尼斯，此时维希法国在法属北非尚有军队约20万人，军舰76艘，飞机500架。为减少登陆部队伤亡，盟军积极开展了政治攻心。11月7日，盟军将法军中威望较高的吉罗（Giraud）将军接到直布罗陀，通过美国驻阿尔及尔大使与北非法军最高军事长官朱安（Juin）进行密谈。

1942年11月8日，10余万美英盟军分乘664艘军舰和运输船分别在阿尔及尔、奥兰和卡萨布兰卡登陆，在阿尔及尔登陆的东部特遣部队，除了在阿尔及尔港遭到了法军抵抗外，其他地段登陆都非常顺利。在奥兰登陆的中部特遣部队则遭到了法军较为猛烈的抵抗。在摩洛哥登陆的西部特遣部队最初几乎没遭到抵抗，但随着向纵深推进，法军的抵抗也越来越强。11月11日，正在

■盟军人员观察敌情。

■盟军炮兵向轴心国军队开火。

北非视察的法军总司令、海军上将达尔朗（Darlan）在盟军的动员下宣布脱离维希政府，并命令北非法军停火。因此使盟军顺利地实现了登陆，此次登陆作战盟军伤亡2200人，法军伤亡1800人。盟军登陆成功后，迅速占领了摩洛哥和阿尔及尔，并进入突尼

152

■北非登陆后，盟军势如破竹。

斯，逼近突尼斯城和比塞大港。

盟军在法属北非登陆后，希特勒最初还准备和维希法国政府全面合作，共同对抗盟军。但很快就改变主意，决定全面占领法国南部，并在突尼斯建立桥头堡。于是11月11日德意军进入法国南部维希法国控制区，并迅速占领科西嘉岛和突尼斯。12月9日，希特勒将在突尼斯的德意部队（5个德国师和3个意大利师）编为第5装甲集团军，由冯·阿尼姆（Jurgen von Arnim）上将任司令。

1943年1月14日，英美首脑在卡萨布兰卡会晤，决定设立北非战区，由艾森豪威尔将军任总司令，亚历山大将军为副总司令。北非盟军地面部队整编为第18集团军群，下辖安德森指挥的英第1集团军、蒙哥马利指挥的英第8集团军、弗雷登道尔指挥的美第2军和部分法军，由亚历山大任集团

军群司令。

突尼斯战役

1943年初，尽管面临盟军东西两面夹击的威胁，但隆美尔还是敏锐地察觉到新的战机。东面英国第8集团军尚未对马雷特防线构成威胁，蒙哥马利在占领的黎波里后，就忙于重开的黎波里港，而发动一场新攻势还需准备一段时间。相比之下还是西面英国第1集团军和美国第2军却是个严重威胁。因此隆美尔决心先以迂回包抄的奇袭方式击溃西面盟军，然后再调头对付东面英军。这无疑是个出色的计划，但在实施时却遇到困难，因为

■雄姿英发的蒙哥马利军旅生涯之初的戎装照。

153

隆美尔与非洲军

在突尼斯的德国第5装甲集团军并不归隆美尔指挥,而且隆美尔与第5装甲集团军司令阿尼姆的关系并不融洽,因此两军配合自然不会很协调。

隆美尔的进攻计划被盟军破获,但盟军却搞错了德军的主攻地点,突尼斯盟军认为德军进攻地点是在丰杜克(Fondouk)附近。为此,盟军在丰杜克地区部署了重兵。1943年2月在北非的德意军总兵力已经达到10万人(其中德军7.4万人),坦克约300辆(其中包括12辆德国最先进的虎式重型坦克),这些力量使隆美尔觉得已经可以一战了。

■昔日的斯图卡的威风不再,代之以盟军的作战飞机称霸蓝天。

■盟军飞机在英吉利海峡上空,突尼斯战后制空权已旁落盟军。

2月14日,德意军发起了代号为"春风"的行动。北面第5装甲集团军从弗德(Faid)山口向美第2军阵地发起主攻,德军第10和第21装甲师两面夹击,重创美第1装甲师,攻占了锡迪布齐德(SidiBouZid)。15日,南面隆美尔的非洲军部队攻占了加夫萨,向费里亚纳(Feriana)进逼。17日,进占了费里亚纳。隆美尔计划从费里亚纳挥戈杀向西北,向阿尔及利亚的特贝萨挺进,以切断英美盟军的交通线,从而把战术性胜利发展为战略性胜利。不过,他的计划虽然得到了德军南线总司令凯塞林元帅的支持,却得不到阿尼姆的合作,阿尼姆并不愿意执行这样冒险的行动,更糟糕的是,北非德意军的装甲部队

主力都是在阿尼姆的指挥下。没有阿尼姆的命令,隆美尔的计划根本就无从实现。最后经过妥协,隆美尔虽然获得了第10和第21装甲师的指挥权,但作为交换却不得不首先进攻勒凯夫。在隆美尔看来进攻勒凯夫,是一种令人难以置信的近视。因为这个攻击方向与盟军的正面太接近,必然会遭到盟军强大预备队的反击。

2月19日凌晨02:30,隆美尔开始向勒凯夫方向攻击前进。2月20日,隆美尔攻占了卡塞林隘口,接着向勒凯夫南面的塔拉推进。但在塔拉,德军遭到了优势盟军的顽强阻击。到2月22日,隆美尔停止了攻击,下

154

令撤退。隆美尔撤退的决定非常明智，因为此时盟军已经集中了优势兵力，若再硬挺下去很有可能遭到盟军反击。"春风"行动是一次"目标有限"的攻势，德军取得了很大的战果，尤其是给美军造成了重大损失——美第2军有3000人阵亡，4000人被俘，260辆坦克被毁或被缴获，这是美军在北非战场上遭到的最严重失败，因此艾森豪威尔将第2军军长弗雷登道尔撤职，而以巴顿接任。由于这次胜利，2月23日，希特勒任命隆美尔为非洲装甲集团军群司令，统一指挥第5装甲集团军和意大利第1集团军（即原来的隆美尔非洲装甲集团军）。隆美尔重新获得指挥权后，决定不等蒙哥马利来攻，抢先发动攻击。然而，蒙哥马利通过密码破译掌握了隆美尔这次进攻时间和方向的确切情报，便在隆美尔计划选择突破口的南部地带，集结了近4个师、400辆坦克、350门大炮和470门反坦克炮，严阵以待。

3月6日凌晨，隆美尔以3个半装甲师共160辆坦克，在200门大炮和1万名步兵的支持下，向梅德宁发起进攻。上午8时，当德军装甲部队推进到离梅德宁约15公里的一座山脊上时，遭到了蒙哥马利预先部署的近400门反坦克炮猛烈轰击。在如此猛烈的反坦克火力面前，直到中午时分，德军装甲部队仍无法突破。17时许，德军已损失了50辆坦克，隆美尔只好下令取消了进攻。

蒙哥马利乘胜向马雷特防线步步进逼，由于盟军控制了制空权和制海权，北非的德意部队难以得到补给和增援兵力。3月9日，隆美尔告病回国治疗，他清楚地意识到北非的德意军已濒于绝境，继续留在突尼斯等于自杀，因此向希特勒提出了将北非部队撤回欧洲的建议，这一建议为希特勒所拒绝，而且被希特勒认为是"悲观主义者"而

■在利比亚和突尼斯边界附近的马雷斯，隆美尔正在他的指挥车上与意大利军队指挥官加瓦莱罗交谈。背对镜头的是德军参谋人员贝叶林上校。此时北非的德意军队已经走到穷途末路。

剥夺了北非德意军的指挥权，遗缺由阿尼姆接任。

3月17日，巴顿指挥美第2军开始从西南进攻马雷特防线后方。

3月20日，蒙哥马利指挥第8集团军开始进攻马雷特防线正面。3月26日，梅塞被迫率意大利第1集团军从马雷特防线向北撤退。4月6日，第8集团军突破加贝斯隘口，并于4月8日与从加夫萨东进的美军会师。4月10日，第8集团军占领了斯法克斯。到4月中旬，盟军已经完成了对北非德意军的合围。阿尼姆不得不放弃马雷斯防线，率非洲军共14个师20多万人退守突尼斯北部，全部装甲部队仅剩下120辆坦克，作战物资异常匮乏，而且没有补给。而所对阵的盟军第18集团军群共有20个师30万人，1400辆坦克和1000多门火炮。

4月16日，亚历山大下达了代号为"铁匠"的总攻命令，要求部队沿整个战线全面强攻。英第1集团军担任主攻，直取突尼斯城；第8集团军在南面；美第2军在北面，夺取比塞大港；法第19军掩护第1集团军和第8集团军的侧翼并伺机扩大战果。

4月19日21:30，第8集团军首先在南面发动攻击。4月22日，英第1集团军发起主攻，阿尼姆集中装甲部队的主力进行抵抗，使英第1集团军进展缓慢。亚历山大遂从第8集团军调来第7装甲师、第4印度步兵师和201警卫旅加强给第1集团军。5月6日，在400门火炮和空军的大力支持下，英第1集团军倾力猛攻，德意军终于招架不住，向后溃退。同时，在美第2军的不断压迫下，北面德意军的防线也开始崩溃。5月7日，英第1集团军攻入突尼斯城，同一天美第2军也攻占了比塞大港。

5月13日，阿尼姆上将和梅塞元帅相继向盟军投降，约10万德军、15万意军被俘，至此北非的德意军被全部肃清。

■成千上万的轴心国战俘被囚禁在突尼斯的战俘营里。

非洲之星传奇

——二战德国王牌飞行员汉斯－约辛·马瑟里

非洲之星的年轻时代

1919年12月13日，柏林。原帝国的京城正处于多雪的冬季。战败后的德国出现一片混乱和动荡的景象，罢工、起义、革命和反革命层出不穷。马克已经比战前贬值了18倍，而且还在继续暴跌。三餐不继的柏林市民在街头撕剥死马肉带回家中食用，那些还

没失业的人不得不步行或坐马车去上班。电车工人正在举行大罢工，柏林街头到处是马车，好像时光倒流了100年。在这样的动荡岁月中，住在夏洛滕堡区的32岁退役少校西格弗里德·马瑟里及其妻子夏洛特有了他们的第一个儿子，汉斯－约辛·马瑟里（Hans-Joachim Marseille）。

小汉斯生下来的时候十分娇嫩，差点

隆美尔与非洲军

被战后那场夺去1000多万条人命的世界性流感夺去了性命，虽然侥幸未死，但身体却极瘦弱，到了三岁才会走路。汉斯一出生就给家里带来了惊人的变化。在他出世前1小时，马瑟里家的碗柜突然无故倒了下来，里面的盘子、碟子、杯子稀里哗啦碎了一地。"碎盘子带来好运"的传统说法令夏洛特太太将其视为吉兆。年幼的汉斯学会说话前最喜欢的游戏是大喊大叫。有一次搬家，他在母亲的怀里对搬家工人"像杀猪一样地嘶叫"。一个背着沉重衣柜的工人经过卧室门口时对夏洛特说："太太，您的儿子将来一定有出息。他嚎起来就像老弗里茨·艾伯特（当时的德国总理）。"

汉斯的嗓门大概像其名字一样继承了法国远祖的血统。马瑟里家族的祖先是信奉

■马瑟里与母亲夏洛特夫人。

加尔文教义的胡格诺派教徒，大约1685年的时候，从路易十四的法国逃到信奉新教的勃兰登堡选侯国。"大选帝侯"腓特烈·威廉热情地接待了这些带来文化、科技、艺术和金融知识的法国人，其中一些有军事指挥经验的人加入不断扩大的勃兰登堡军队，其中之一就是马瑟里的祖先。老马瑟里继承了祖先的传统，先后服役于普鲁士皇家军队和德国国防军，二战中升至少将，1943年战死在俄国的诺沃萧尔基。但是在德国战败后的10多年里，由于《凡尔赛条约》将其军队规模限制在10万人，因此马瑟里少校失业了，不得不在柏林的警察部门谋得一个勉强维持温饱的差事。由于夫妻感情不和，在汉斯年纪很小的时候两人便离婚了，夏洛特带着两个孩子（汉斯和妹妹英格）嫁给了另一位警官。

父母离异并未给小汉斯带来过分痛苦的童年记忆。他还是一个无忧无虑的孩子。10岁的时候，汉斯－约辛进入了柏林舍纳贝格区的海因里希亲王预科中学（Prinz Heinrich Gymnasium）。在该校花名册上，他的姓是"路特"（Reuter），这是其继父的姓氏。汉斯对新姓闷闷不乐，因此夏洛特夫人不久又将孩子的姓改了回来。"约亨"（这是同学对他的昵称）很快成为学校的中心人物。虽然他在同龄孩子中个头最小，体质最弱，但是却常领着比他大的孩子去调皮捣蛋。任何恶作剧总能找到他的身影。

海因里希亲王中学的老师们认为这个小魔鬼其实有很大的潜力，可以做个好孩

158

子，只要不那么懒惰的话。在学校里教了他整整6年的派卓尔博士（Dr. Paetzold）曾经试图开导这个有天分的孩子，令其把心思放在功课上，可是直到17岁半从中学毕业，马瑟里都从来不肯努力学习。派卓尔博士回忆说："当他来到我们学校的时候，是一个苍白瘦弱的孩子。但是由于喜欢体育游戏和无休止的恶作剧，他的体格得到了增强。尽管如此，他还是我们学校最瘦的学生，不过却经常成为某个小圈子里的中心人物。我不久就注意到了他的这个特点：只有在处于人们关注的中心时才会感到自在，同时极希望引起别人对他的赞美——不是学习，而是精力……不到3个月的时间就补完了一年的课程，可见他如果愿意学的话，很容易就能掌握知识……他的优点是正直、坦率、彬彬有礼，不过有时会表现得很急躁。"

1937年复活节，汉斯拿到了中学毕业文凭，告诉母亲："现在我可以实现我最想做的事了——当一名飞行军官。"此时的老马瑟里拜德国重整军备之赐，已经重返军队，并官升上校。但是他调到了不来梅，无法在这事上帮儿子一把，或者给他提出什么建议。年轻的马瑟里得先像其他几十万德国中学毕业生一样服劳动役。1938年春天和夏天，他在德国北部波美拉尼亚地区的劳动营中从事垦荒工作，排干沼泽，清除树桩。艰苦的工作并没有使他望而生畏。在劳动营中，马瑟里仍以幽默和热情的态度与大家打成一片，受到同伴们的欢迎。

1938年7月11日，马瑟里加入空军。他首先去马格德堡（Magdeburg）南边几公里的奎德林堡（Quedlinburg）接受基本军事训练，于11月7日带着优良的评价报告向空军报到。到1939年3月13日，马瑟里已经在位于维也纳施威夏特机场的第5飞行训练学校（Jagdfliegerschule V）完成了初级飞行训练，成为候补军官。同年夏天，他来到费尔斯滕菲尔德布吕克的空战飞行学校（Luftkriegsschule Furstenfeldbruck），接受战斗机飞行员培训。

马瑟里在飞行学校的时候就"行为放纵"。在该校的第一次飞行中，按照教官的规定，他驾机在机场上空绕大圈，但是在降落时突然压低高度，绕着他前面的飞机来了个假想的低空缠斗。他的放肆行为受到了警告：转为正式军官的时间可能会因此而推迟。但是其伴飞教官穆勒上尉（Mueller-Rohrmoser）私下里喜欢他这种无拘无束的行为：只有像他这样具有主动精神的飞行员才会成为最优秀的战斗机飞行员。当然，他不可能把这种想法告诉马瑟里。这个孩子放荡不羁的行为已经给自己惹了不少麻烦。

马瑟里成名以后，曾向他的战友兼好友斯塔尔施密特（Hans-Arnold Stahlschmidt）讲过当年在马格德堡至布伦瑞克（Braunschweig）高速公路上降落的经过。那是他第二次单独放飞，夏天的天空没有一丝云彩。马瑟里飞过高速公路的时候，看到下面的公路上空荡荡的，好像在邀请他。他将飞机降低高度，放下襟翼和起落架，随后"突然"发现自己已在高速公路上降落。马瑟里赶紧跳下飞机,躲到树后迅速撒了泡尿。一些在路旁田间劳动的农民向他跑来,准备提供帮助。马瑟里连忙跳回了飞机,向他们挥了挥手,重新飞上天空。第二天,这个故事在当地传开,甚至连学校的指挥官也听说了。这严重地违反了飞行纪律,马瑟里因此受到了惩处,并记录到他个人的档案中。未来,摆在这个孩子面前的道路也许不是金质奖章,就是军事法庭。

到1941年冬天,马瑟里的同期同学都已经毕业一年半,奔赴西线参加战斗,他却仍然是飞行学校名册上的一名候补军官。其同伴纷纷猜测,大概是由于老马瑟里上校动用了一些关系(他已经列在晋升将军的名单上),才把小马瑟里的行政关系扣在学校不放。这样的猜测自然有损马瑟里的自尊心。事实上在1940年初他便从飞行学校毕业,驾着Bf109在莱比锡(Leipzig)附近洛伊纳镇(Leuna)的法本化工厂上空进行巡逻,保卫德国的领空。

海峡空战

1940年8月10日,马瑟里调往第2教导联队第1战斗中队(1(Jagd)/Lehrgeschwader 2),分配到荷兰的罗瓦登(Leuwarden),在那儿完成了生平第一次作战任务。在这次任务里,他遇上一个技术不错的英国飞行员。马瑟里虽然没有战斗经验,但在飞行技术上一点不比对手逊色。在一场为时4分钟的短暂缠斗后,他拉起一个

跟头翻到了英国人后方,将其打了下去,但随即有另一群"飓风"从太阳的方向俯冲而下。不过马瑟里抢先一步,迅速飞到贴近水面的低空,逃过了英机的追杀。

那天晚上,头一次杀人的马瑟里在俱乐部里对朋友们说,他觉得很对不起那个被他干掉的敌方飞行员。战友们闻此不禁哈哈大笑,他的一个朋友(名字不详)说:"如果你没能比他快一步开火,那么挨枪的人就是你了。约亨老弟呀,你得记住这一点,如果你想活到被人称为'老飞行员'的岁数,那么就必然会有许多年轻的敌人飞行员死在你的手下。"他们拍拍他的肩膀:"以后就习惯了。"

在随后的第二次战斗中,马瑟里又击落了一架敌机,并因此获得一枚二级铁十字勋章。到参战的第5天,马瑟里又击落了另外2架敌机,并获得一级铁十字勋章。马瑟里的同胞们将他视为一个天赋异禀的飞行员:他身上充满了进攻精神,每次总是向数量较多的敌人挑战,几乎每次返回基地时机身上总有敌机留下的弹孔,甚至有一次不得不用机腹在沙滩上迫降。最后他终于遭了霉运:在一次为HeⅢ轰炸机护航的任务中,马瑟里的座机因引擎故障而迫降在海峡中,在海上漂了3个小时,等被救援的He59水上飞机发现并捞起时已经精疲力竭。由于体温过低及神经紧张,他被送进医院休养,但是没过几天就跑回了联队——他渴望战斗。

虽然马瑟里是一个成功的飞行员,但其任性的作风使得他不受长官的喜爱。他成

了全联队里唯一还没被正式授予少尉军衔的候补军官。究其原因，大概与马瑟里在战斗中的我行我素不无关系。他违反了德国空军的多项纪律条令，以及关于空中战斗规则的众多教条。以下是其传记作者弗朗茨·库罗夫斯基记载的一个例子：

在一次执行任务前，中队长把马瑟里叫到跟前，交代道：

"马瑟里，今天你负责飞僚机，了解吗？"

"是！"马瑟里知道他这么一来就没什么战斗的机会了。他的责任只是伴随并保护长机，注意四周，并在敌机发动攻击时向长机提出警告。

这一次英国人早就作好了准备。18架德国护航飞机突然面对40架敌机的拦截，而且甫一交手便发现英国飞行员的技术绝不亚于己方。激烈的缠斗随即展开，马瑟里突然听到领队在无线电里下令：

"调头，撤退！"

这令他难以置信：为什么要走？我方的油弹都很充足，而敌人还没被打败呢。这时他发现一架"飓风"尾追德机编队，准备对其长机发动攻击。马瑟里来不及发出警告，立刻脱离编队，一个筋斗掠过长机迎向敌人。他第一次扫射就命中了"飓风"的引擎，使其冒着火焰坠入海峡，并保护了长机的安全。

回到基地后，马瑟里刚跳下飞机，他的中队长便斥责他：

"我宣布你因不服从命令而停飞3天。"

马瑟里觉得很委屈。他击落了一架敌机，虽然不期盼着因此受到奖赏，但是队长起码也应该拍拍他的肩膀说一句：

"干得好，约亨！"因此他反问道：

"我不知道自己做错了什么。"

"你的责任是跟牢你的长机，不准擅自跑去与敌人交战，结果呢？你为什么擅自脱队去攻击那架'飓风'？那是其他的人可以做的。"

"但是我是离敌机最近的飞行员！而且，长官，我保护的是自己的长机！"

但是禁闭命令仍然生效。马瑟里对于那些对他不公的待遇一向敏感。在他看来，敌人要突袭领队，而领队自己尚未发觉，他打下了偷袭的敌人。他不了解为什么他想帮助别人，却被认为不守纪律。过了几天，有消息说将会有几名将军要来参观他们的部队，中队长给了马瑟里一个惊喜。他将负责在来宾面前表演飞行特技：

"你现在可以去做你想做的了，去吧，好好表现，让他们吃惊得帽子都掉下来！"

马瑟里在部队中就以喜好恶作剧飞唬人而著名。而他对飞机的操纵能力也的确是超凡入圣，在恩斯特·乌德特（Ernst Udet，一战德国王牌飞行员，热衷于特技飞行）之后的德国空军里鲜有人能及。将军们对这位年轻人的技术纷纷鼓掌。然后中队长宣布：

"现在是压轴科目。"

隆美尔与非洲军

马瑟里以慢速通过机场上空，飞机高度越来越低，低到离地面只有两公尺的高度，而且越来越贴近地面。地上插着一根竹竿，竿顶上系着一条手帕，马瑟里要用翼尖去把它挑起来。将军们突然吓得笑不出来了。等到马瑟里的座机翼尖把手帕挑起来的一刹那，一阵叫好声才从人群中爆发出来。此时Bf109战斗机迅速拉起机头，高速怒吼着掠过观众们的上空。

降落后，马瑟里笑逐颜开地爬出机舱，发现中队长在地面等着他。这一次他又为自己赚得了5天的禁闭，原因是不遵守最低飞行安全高度的规定。这种高危险违规行为很可能使帝国失去他和他的飞机。马瑟里辩解道：

"但是，长官，我完全遵守了您的命令。我的飞行表演也属于特技飞行的范畴啊！"

但是这样的辩解仍然不能生效。马瑟里感觉自己又被长官要了一次。

1940年12月24日，马瑟里被其长官如愿以偿地踢到了第52战斗机联队第4中队（4/JG52），归赫赫有名的约翰内斯·施坦因霍夫（Johannes Steinhoff）中尉指挥。日后在东线创下击落352架飞机纪录的埃里希·哈特曼（Erich Hartmann）在两年后也分配到该联队。施坦因霍夫后来回忆说："马瑟里长得很英俊。他是个天才飞行员，但是很不可靠，他到处拈花惹草，这很分散他的精力。他经常因'过于劳累'而被勒令停飞……他不能充分理解自己所担负的责

■埃里希·哈特曼和他于创造第300次击落飞机纪录后所获得的钻石宝剑橡树叶骑士铁十字勋章。

任，这也是我开除他的原因。但是，他的确有一种令人难以抗拒的魅力。"

很简单，施坦因霍夫想尽快摆脱这个

162

年轻的飞行员造成的问题。因此在1941年2月21日把马瑟里踢到了驻防在柏林附近杜布雷茨（Doberitz）的第27战斗机联队第I大队（I/JG27）。这个调令使他日后成为德国空军的传奇，并使其达到飞行员生涯的顶峰。但是在当时，这个长得有些女孩子气的金发小恶魔只不过是施坦因霍夫巴不得想尽快摆脱的一个梦魇。作为一名指挥官，他能做的一切就是让马瑟里摆脱那些不切实际的幻想，走一条正确的道路，以免成为威胁军队纪律及权威的祸水。

马瑟里利用到JG27报到的机会顺路回家探亲，向母亲诉说妨碍不能晋升的困境。

"你知道吗，妈妈，他们只想着自己的成功和胜利。他们盘算好让别人掩护他们，击落敌机以后最终的荣誉总是属于他们。在他们眼里，我不过是一个可怜的小卒子，任由他们摆布。"

对于闷闷不乐的马瑟里而言，这次调动其实是一个转折点。他原来的那些上司既不了解、也不看重他的能力。长官们只记得他永远不守规定，因此连正式的少尉军衔都还没拿到。虽然马瑟里出生在军人家庭，但毫不掩饰对军队死板条令的憎恶。他生性渴望无拘无束的自由。在一个平庸长官的领导下，马瑟里很可能埋没在众多不知名的飞行员当中。但是一旦给他自由驰骋的天地，这颗未经雕琢的宝石必定会发出璀璨的光辉。I/JG27里有一位伯乐正在等着他。

进驻利比亚

毋庸置疑，马瑟里的反叛精神在原部队里给他带来了越来越多的麻烦，只有I/JG27的大队长爱德华·纽曼上尉（Eduard Neumann）了解他，并竭力将他培养成为一名真正的军官和飞行员——能发挥出最大能力的飞行员。施坦因霍夫视而不见的情况被纽曼看作不同寻常：这个放纵的年轻人其实是一个天才的、高超的飞行员。这个不守

■格哈德·赫姆特，3/I/JG27中队长，1943年战死。

■卡尔·雷德里希，1/I/JG27中队长，1944年战死。

■伯尔尼哈德·沃尔登加，JG27第二、四任联队长（1940.10－11，1941.6－1942.6），后调任JG77联队长。

■马克斯·伊贝尔，JG27第一任联队长（1939.10－1940.10）。战后任联邦德国空军第1防空师司令。

规矩的青年想要开创一种新型战斗战术，纽曼必须把他保护起来。在纽曼的亲自调教下，马瑟里渐渐改变了放荡的本性，把精力专注在战斗飞行上。

JG27的各个大队原本也驻扎在英吉利海峡，整个联队在不列颠之战中击落了147架敌机，己方阵亡19人，29人被俘，14人失踪。入侵英国的"海狮"计划无限期推迟后，该联队于1940年11月调回本土，第Ⅰ大队入驻杜布雷茨，联队总部和第Ⅱ大队入驻戴特蒙德（Detmold），第Ⅲ大队入驻迪普霍尔茨（Diepholz）。

1941年3月初，第Ⅰ大队被调往奥地利的格拉兹（Graz），于3月6日收到进攻南斯拉夫的命令。第3中队中队长格哈德·赫姆特中尉（Gerhard Homuth）率队对莱巴赫

■I/JG27的飞机正从艾因盖扎莱基地起飞执行任务。

（Laibach，今斯洛文尼亚首都卢布尔亚那〔Ljubljana〕）机场发动了进攻，马瑟里作为僚机飞行员参加了这次任务。他在战斗中被地面的高射炮火击中，但是将飞机开回了格拉兹基地。

4月10日，第3中队转场入驻阿格拉姆（Agram，今克罗埃西亚首都萨格勒布〔Zagreb〕）机场，准备调往意大利。卡尔·雷德里希中尉（Karl Redlich）指挥的第1中队此时已进驻西西里，为轰炸马耳他岛的轰炸机护航。格利茨上尉（Erich Gerlitz）指挥的第2中队则留在格拉兹。这3个中队不久将和JG27的其他中队加入隆美尔中将的非洲军团，协助溃败的意大利人，并提供其亟需的空中掩护。

当德国军队于1941年初到达北非的时候，意大利皇家军队已经在埃及和利比亚一败涂地，随时准备逃回老家。已经被希腊人打得落花流水的墨索里尼不得不再次厚着脸皮向希特勒求援，后者派出了第5轻坦克师，以及几个驱逐机和俯冲轰炸机大队（例如III/ZG26、II/StG3和I/StG1）前去支援。但是由于没有战斗机提供空中掩护，从2月14日到4月18日的两个月里，北非还是英国人的天下。

I/JG27的到来扭转了这一局面。从西西里出发的第Ⅰ大队第1中队于4月18日上午到达北非。由德国运来的地勤人员、食品、弹药、零件早已经在3月20日从那不勒斯（Napoli，亦称那波利或拿坡里）运抵的黎波里，经公路运至隆美尔新近收复的艾因盖

■北非战场的两种主力战斗机：英国的"飓风"和德国的Bf109。上图中靠近镜头的是英制1000磅航空炸弹，下图靠前的飞机是3/JG27中队长赫姆特的座机。

扎莱（Ayn al Ghazalah）。I/JG27将以这里为基地。第一批飞行员一入驻艾因盖扎莱，便立即在沙漠里搭起了帐篷，修建营地，准备投入战斗。次日德国飞行员便与皇家空军打了第一仗，击落了3架"飓风"。

JG27的另两个大队派到非洲的时间要晚得多。里珀特上尉（Wolfgang Lippert）指挥的第II大队在1941年1月从戴特蒙德调至维也纳－施威夏特，随后由铁路运到了罗马尼亚的赫尔曼施塔特（Hermannstadt，今锡比乌〔Sibiu〕）；杜比斯拉夫上尉（Max Dobislav）指挥的第III大队和JG27指挥部在2月2日从杜布雷茨调到了布加勒斯特。这两个大队随后进驻保加利亚首都索非亚附近，参加对希腊的进攻。同年7月，第II大队奉命将其Bf109-E型飞机移交给第III大队，返回德国接收新式的Bf109-F型飞机后于10月初转场非洲；后者则和联队指挥部一同被调往俄国前线，迟至1941年12月才到达利比亚。

从奥地利出发的I/JG27纽曼大队长及第2中队于4月21日到达艾

■初到北非的马瑟里。

因盖扎莱，纽曼还带来了一辆在法国缴获的野营拖车，这辆车不久就成了非洲飞行员们耳熟能详的东西——"纽曼的华美剧院"。

马瑟里所属的第3中队中途耽搁了一下。他们两天前从西西里的杰拉（Gela）起飞，绕过马耳他岛飞越地中海，抵达的黎波里附近的本尼托堡机场（Castel Benito）。他们在空中发现这个基地有些不对劲儿，地面上一片死气沉沉的景象。第3中队的飞机在机场上空飞了几个来回，甚至向帐篷周围的地面扫射了几梭子弹，但仍是一个人也没见到。由于燃料快要耗尽，他们只得在这个荒废的机场上降落。中队长赫姆特命令手下将其座机油箱里的汽油都抽出来，灌到马瑟里的飞机里，让他飞到苏尔特（Surt）向驻扎在那里的驱逐机中队求援。

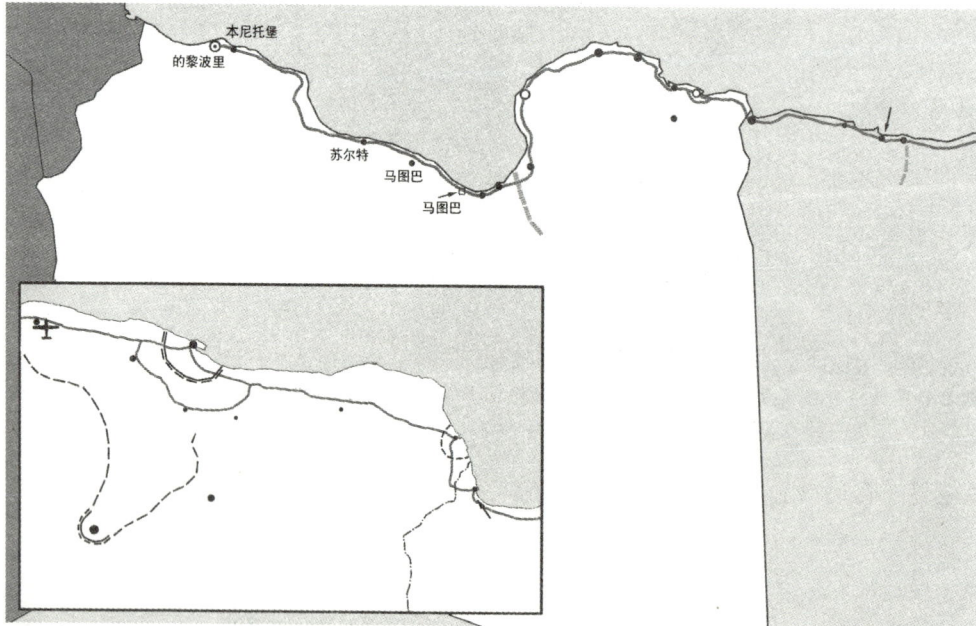

■JG27在北非战场的主要基地——艾因盖扎莱德尔纳和马图巴，以及主要战斗地点。马瑟里在西迪拉赫曼上空坠落。

可是马瑟里一去便杳无音信。次日清晨，赫姆特不得不搜刮了最后几滴汽油，让另外一名飞行员科瓦尔斯基飞到苏尔特去报信。将近中午时分，一架Bf110出现在本尼托堡机场上空，投下了一个通讯袋：科瓦尔斯基的飞机因燃料耗尽已经坠毁，马瑟里也因引擎故障不得不迫降在苏尔特附近的公路上。好在两人均无大恙，都已被搭救。

几小时后，满面春风的马瑟里坐着一辆卡车露面了。油罐车为第3中队剩下的6架飞机加满了油，他们立刻起飞。马瑟里拦住了正在发动飞机的赫姆特，问道：

"你们走了，我怎么办？"

赫姆特答道：

"谁叫你把自己的飞机摔了？你自己想办法回去吧！"

该中队飞机于4月22日下午到达艾因盖扎莱，马瑟里则侥幸遇到一辆路过的意大利卡车而得以归队。当他们路过的黎波里塔尼亚和席兰尼加的分界标志——著名的"胜利拱门"（Arco Philenorum）时，热情的卡车司机向他讲述了这座大理石古迹的故事：迦太基为了和希腊城邦昔兰尼亚争夺本地区的控制权，双方约定各派出2人相向奔跑，以相遇之地作为分界线。迦太基人派出了擅长长跑的腓力尼兄弟，希腊选手则因风暴而耽搁。昔兰尼亚人觉得吃亏，于是提出只有将腓力尼兄弟活埋，才能接受这道边界。腓力尼兄弟毫不犹豫地接受了这个条件。为了纪念这种精神，迦太基人在这里建造了大理石拱门。

"可是这东西像是全新的啊！"

吃惊的马瑟里喊道。

"没错。这是几年前由巴勃罗空军元帅下令重建的。"

4月22日傍晚，马瑟里到了欧盖莱

■著名的"胜利拱门"，的黎波里塔尼亚和席兰尼加的分界标志。

（Al-Uqaylah）。他径直走进当地的德军后勤司令部，向值日官询问什么时候可以安排一架飞机送他去德尔纳（Darnah）——那里离艾因盖扎莱还有60多公里的路。值日官告诉他甭想搭飞机走，不过倒是可以考虑搭卡车去，后天可以抵达。

"可是我明天中午之前就要到达艾因盖扎莱！"

值日官对这个自大的年轻人很不耐烦：

"那我就无能为力了。你去问将军吧。没准他能借给你辆轿车什么的。"

生来不畏惧权威的马瑟里果真走进了负责北非战线后勤补给的赫尔曼将军（Gen. Hellmann）的办公室。将军注意到他脖子上的一级铁十字勋章，没有将这个肆无忌惮的年轻人赶出房间，而是饶有兴味地让他讲了一通在英吉利海峡作战的故事。马瑟里的故事令将军眉开眼笑，慷慨地说：

"我的车归你了，年轻人！不过你得先陪我吃晚饭。"

他把副官叫到办公室，问道：

"我们手头有几辆车？"

"3辆，将军。两辆福斯和您的专车。"

赫尔曼慷慨地把自己的座车（一辆漂亮的大马力欧宝"海军上将"）及司机——来自柏林的舒尔茨中士借给了他：

"你可以明天早上再走，或者现在就动身。不过今晚月亮要11点才升起来，而且还是新月。"

■Bf109E-4N/Trop型战斗机属于热带沙漠型，显著特征为涡轮增压器进气口加装方盒形滤沙器，以避免风沙吹入引擎中。

"将军先生，如果可能的话我想现在就走。"

"好吧！摔断脖子和腿（德国传统的祝福话）！听着，小伙子，现在你可欠我一笔债，必须打下50架敌机才能勾销！我希望不久就能听到这个消息。"

"是，将军先生！"

听到这个玩笑后，约亨也变得眉飞色舞了。

和将军用完晚饭后，马瑟里和老乡舒尔茨立即出发，一路连夜飞驰。他们于23日凌晨两点到达班加西（Banghazi），中午到达德尔纳，最后在下午5点开进了艾因盖扎莱空军基地。除去中途加油吃饭的时间，他们在16个小时里开了800多公里，只比开飞机来的同伴晚了两个小时（后者曾在班加西加油过夜）。马瑟里的同伴们看见他得意扬扬地走出将军的专车，不禁爆发出一阵惊呼和赞叹声，呼啦一下子将他围起来，七嘴八舌地问这问那。马瑟里向他们讲了将军专车和50架敌机债务的故事。就连赫姆特私下里也为这个头脑敏捷的年轻人感到高兴，不过表面上并没有流露出来什么。他把马瑟里领到了新座机跟前。

这是一架Bf109E-4N/Trop型战斗机，两个地勤人员正在对其检修，机身上涂着黄色的"14"。马瑟里并不十分迷信，不过前天摔在苏尔特的那架飞机机身编号恰好是"13"。从此以后，非洲军团里编号"14"的Bf109飞机将和马瑟里一样闻名。

托布鲁克的捕食

I/JG27进驻北非后的第一件任务是为轰炸托布鲁克（Tubruq）英军前线的"斯图卡"（Stuka，即Junkers Ju-87）俯冲轰炸机护航。托布鲁克扼守着进入埃及的交通线，同时也是班加西以东最好的海港。如果攻克该港，预计可以大大缓解隆美尔的后勤压力。而现在这位"非洲之狐"每天需要消耗的1500吨物资，大多是从2000公里外的的黎波里长途跋涉运来的。对面，则有12000名英澳联军利用意大利人留下来的复杂防御工事进行顽强抵抗，德国空军的Ju-87则对这些工事展开猛烈的轰炸，为隆美尔的进军扫除障碍。

4月23日上午10点，I/JG27奉命派出10架Bf109，为轰炸托布鲁克的20架"斯图卡"护航。马瑟里没有被指派参加这次任务，不过到了中午时分，他接到了前去托布鲁克支持的命令。马瑟里和僚机飞行员波特根下士（Uffz. Rainer Poettgen）迅速起飞，沿着海岸公路飞到了托布鲁克湾上空。

波光粼粼的地中海在阳光的照射下如同万点碎金，在4000公尺的高度上，马瑟里注意到托布鲁克上空升起了一股巨大的烟柱：一队"斯图卡"正在空袭那里。他和僚机绕到该城的东边（太阳位置），准备猎杀那些随时有可能出现的"飓风"战斗机。

马瑟里编队在空中没有盘旋多长时间，就发现了皇家空军第73空军中队的7架"飓风"组成环形编队，在下方1000公尺的高度向先前到达的德国机群飞来，并与之展开激烈的缠斗。马瑟里看见下面一架Bf109向托布鲁克湾方向逃去，一架"飓风"紧追其后，那架倒霉的Bf109飞得太低，机鼻突然触到了水面，随即解体。马瑟里不再犹豫，立即向英国机群俯冲而去，波特根紧随其后。由于"飓风"们正在忙于对Ju87发动进攻，没有想到两个死神会突然从天而降。马瑟里下降到3500公尺的高度，发现两架"飓风"就在他的面前追逐德机，没有防备后方。马瑟里按下机枪射钮，一梭子弹从对方机尾打到了机头，第一架"飓风"拖着黑烟栽了下去。

"干得漂亮，约亨！"

波特根在无线电里喊道。马瑟里拉起机头，准备对另一架"飓风"如法炮制。这时另外4架"飓风"发现了他，调转方向紧追而来。凭借优异的DB601发动机，马瑟里转眼逃进了云层。当他飞回基地时，晃动机翼表示已有斩获。所以落地后马上受到同伴们的热烈祝贺：他击落的"飓风"是整个中队在非洲的第一架战果。

■马瑟里（左）与僚机飞行员波特根下士。

当沙漠机场上的尘土落定，马瑟里又立刻跳上座机，执行当天的第3次飞行任务。这一次全大队的23架Bf109全部出动（另有1架已被击落），为20架"斯图卡"护航。这一次他没有交到好运。在战斗中，他被5架"飓风"从3个方向围攻，根本无法逃脱。马瑟里清晰地听见了机枪子弹打进机身的声音，几乎有些绝望了，他下意识地把头向后仰去，没想到这个动作拯救了他的性命：两发子弹打穿了风挡，从离鼻尖不到5公分的地方飞过，另外几发则击中发动机。马瑟里已经闻到了发动机起火的味道，不得不退出战斗。他勉强把飞机开回了基地，并以机腹着陆迫降，然后踢开座舱罩没命地跳出飞机，一头扎在旁边的沙地里。幸运的是飞机没有爆炸。地勤人员在"黄色14号"的

残骸上发现了30多个弹孔。战后得知，差点让"非洲之星"在升起之前即行陨落的，正是法国飞行员德尼中尉（Sous Lieutenant Denis）所为。

4月28日清晨，一架布里斯托尔"布伦海姆"轰炸机紧急降落在托布鲁克机场。该机奉命在托布鲁克陷落前将5个人撤出去：一名空军联队长，一名空军中队队长，一名牧师和两名参谋军官。马瑟里和波特根当时正好在托布鲁克湾上空巡逻，发现了这个刚起飞不久的大家伙。

"看我来吃掉它，波特根！"

马瑟里兴奋地叫道，驾着Bf109像游隼一样冲了下去。"布伦海姆"的驾驶员发现了他，没命地向东跑去。马瑟里扑到"布伦海姆"的旁边，向那些只剩下几分钟可活的

■I/JG27大队徽记。

■艾尔温·隆美尔（Elwin Rommel）。

大家伙拖着浓烟坠入了地中海。

I/JG27是隆美尔反攻托布鲁克计划的一个组成部分。4月30日晚上，在由本土前来观战的副参谋长冯·保卢斯中将的监督下，隆美尔发动了开战以来对托布鲁克最猛烈的进攻。不过这天不是德国人的黄道吉日，不仅地面进攻受挫，而且在天空中也是如此，整个大队里只有第1中队的雷德里希取得了一架的战果。但是次日便时来运转，在托布鲁克以南20公里的阿科马堡空战中，马瑟里击落了两架"飓风"，从而使"黄色14号"尾翼上的击坠标志增至11个（中队长赫姆特也于此役击落2架敌机）。

1941年5月，第26战斗机联队第7中队（7/JG26）的6架Bf109从西西里调派到艾因盖扎莱，以充实隆美尔的进攻力量。该中队长官是约辛·明希贝格（Joachim Muecheberg）中尉。他当时已经击落了47架敌机，是德国空军最出色的王牌飞行员之一。该中队被暂时划归I/JG27指挥，但是除了执行战斗任务外，纽曼并不直接插手其内部事务，而是放手让明希贝格指挥自己的中队。

纽曼的华美剧院

I/JG27在艾因盖扎莱的基地与非洲军团其他部队的营地并无二致：住宿帐篷、医疗帐篷、后勤帐篷……总之是帐篷连着帐篷，众多小道穿插其间，其中一条颠簸不平的土路直通机场，它就是飞行员戏称的"纽

乘客表演了一套高超的飞行技术。他翻了几个筋斗，然后姿势优美地飞到距离目标只有50公尺的下方，像猛兽进餐前先欣赏猎物那样打量了一下受害者，不慌不忙地向"布伦海姆"的机身和发动机射出两梭子弹，这个

171

■北非作战的情况在许多方面与东线相似，那里有广阔的空间、双方均缺乏雷达预警系统，空军的活动几乎全部围绕地面支持展开，主要作战区域在中低空。

■安全降落后的马瑟里向地勤人员展示发动机上的弹孔。

曼大道"（Via Neumann）。

　　纽曼大概是德国空军中最出色的心理专家之一。他出生于罗马尼亚的布科维纳地区，毕业于柏林机械工学院。几年前曾参加西班牙内战，并击落两架敌机。由于阅历广泛，他对年轻士兵的心理非常了解，知道如何去激发埋藏在放荡或懦弱外表下的非凡潜能。

　　纽曼深具机械方面的才能。为了改善

枯燥艰苦的沙漠野战生活，自己动手将一辆报废的油罐车改装为淋浴车，还修好了一艘荒废在岸上的小船，中队成员在没有战斗任务的间隙，可以乘坐它出海钓鱼。另外，纽曼还经常带领手下的年轻人去参观附近的古希腊、古迦太基和古罗马遗址，让他们开阔眼界、增长学识。纽曼满意地发现，亚历山大大帝和托勒密征服北非的故事令这些年轻的小伙子们血脉贲张，使他们暂时忘记沙漠中的蚊子、毒蛇、蝎子和扁虱，以及单调伙食带来的苦恼。马瑟里也非常积极参加这类的观光活动，因为他发现这类杂七杂八的知识在泡妞的时候很有用。

　　I/JG27的飞行员们都把纽曼当作父兄一样的宽厚长辈来爱戴。在纽曼6月4日生日那天，第1中队送给他一头叫"伊万"的驴

■I/JG27在艾因盖扎莱基地的帐篷营地。

子作为生日礼物，第2中队的礼物则是头母驴子。这两头喜欢到处探头探脑、逮到什么就吃什么的家伙不久就成了艾因盖扎莱基地厨子的眼中钉，直到有一天它们"突然消失在沙漠中，连蹄印都没有留下"，而当晚整个大队的人都吃了一顿来历不明的炖"牛肉"。

此时英国人已经开始对艾因盖扎莱基地展开一系列骚扰性进攻。他们在5月中旬得到了美国人支持的寇蒂斯P-40B"战斧"（Tomahawk）和P-40E"小鹰"（Kittyhawk）式飞机，将其编为第250战斗机中队，驻扎在埃及的亚历山大（Alexandria）港。至此英国人在托布鲁克地区已经拥有10个战斗机中队、计100多架战斗机，以及同样数量的各型轰炸机。德国方面，除去第2陆军侦察联队的几架炮兵观测机外，只有4个战斗机中队（I/JG27的三个中队和7/JG26）、1个驱逐机中队（8/ZG26）和2个"斯图卡"大队（I/StG1和II/StG2），共120架飞机。

由于托布鲁克久攻不下，隆美尔决定绕开这座孤城，继续向东挺进。5月15日，他击败了前来营救托布鲁克的55辆坦克和2个步兵团，26日重新夺回了从利比亚前往埃及的唯一通道——哈法亚关隘（Halfaya Pass），打开了通往埃及心脏地带的门户。

为了夺回哈法亚关隘，尤其是为了重振丢失克里特岛后一蹶不振的英军士气，韦维尔上将（Sir Archibald Wavell）指挥英印部队在6月15日发动了代号"战斧"（Operation Battleaxe）的进攻行动。可是两天以后，该行动以英军惨败而告终。英军第7装甲师有91辆坦克出人意料地被88mm高射炮击毁。丢尽脸面的韦维尔因此战失利被丘吉尔调往印度，由奥金莱克（Claude John Auchinleck）上将来接替了他的位置。

在"战斧"行动打响之前，英国轰炸机于6月14日清晨光顾了艾因盖扎莱机场，试图摧毁I/JG27的基地。空袭结束后，第3中队的代理中队长弗朗茨克特中尉（Ludwig Franzisket，赫姆特中尉此时正生病住院）带队迅速升空，追击回航的敌机。在托布鲁克上空，他击落了1架"飓风"和1架"马里兰"式轰炸机（即马丁M-167），另外3名飞行员——雷德里希、施奈德中尉和霍夫曼少尉也取得了战果，马瑟里却拿了个零蛋：他的座机发动机在战斗中中弹，被迫降落在沙漠中。

■艾因盖扎莱基地的路标：柯尼斯堡（今俄罗斯加里宁格勒）2999.9公里。

■原I/JG27飞行员送给战后联邦德国空军第36战斗轰炸机联队的礼物——"纽曼华美剧院"拼贴画。左下角的毛驴就是当年送给纽曼的生日礼物。

除了纽曼外，弗朗茨克特是另一位对马瑟里影响甚深的人。他也具有一种激发别人潜在本能的性格，不同的是他比纽曼飞得更多，通过在战斗中凝成战友情谊使得大家团结在其周围。候补军官史塔尔施密特则是马瑟里最亲密的战友（这两人是I/JG27中闻名遐迩的"最后的候补军官"）。马瑟里常常和这个小他一岁的威斯特法伦人谈天说地，吹嘘自己的风流艳遇或在飞行

■当时，北非皇家空军的装备并不好，因为1941年春季以前所有的"喷火"式都保留在本土使用，但由于面对的是意大利空军，所以"飓风"以及后来的寇蒂斯"战斧"和"小鹰"都还能够应付。可是在德国空军到达后，英军的好日子到头了。除了1942年春天到达的少量"喷火"V型以外，盟军战斗机整体水平都无法比拟德国的Bf109-F和随后的Bf109-G。

学校里的糗事。这次被击迫降后，马瑟里一回到基地便惊魂未定地向史塔尔施密特讲述了自己刚才的遭遇。

第3中队随弗朗茨克特飞到托布鲁克时，当地的"飓风"战斗机起飞迎战，双方在空中展开了一场恶斗。马瑟里正要对一架敌机下手，突然发现僚机波特根被另一架"飓风"紧紧咬住。

他翻了几个花里胡哨的筋斗，飞到"飓风"后方，准备进入理想射程内再行开火。突然他的发动机被不知什么地方飞来的子弹打穿了。马瑟里只听到一阵刺耳的尖啸和金属刮擦声，接着飞机便猛烈地抖动起来。同时，蓄电

池也被打破了，酸雾、油雾、冷冻液和黑烟扑面而来。

"发动机被击中！"

马瑟里在无线电里向弗朗茨克特呼叫，随即准备撤出战斗。这时又有4发子弹穿透驾驶舱，两发从他脑后飞过，另两发擦过前额。

■3/JG27代理中队长弗朗茨克特。

■马瑟里最亲密的战友史塔尔施密特。

"波特根！掩护我！"

马瑟里一面拼命控制飞机，一面寻找可以迫降的场地。下面是托布鲁克东边的外围防线，地面上坑坑洼洼全是弹坑。他不想（也无法）向西横穿布满高射炮的托布鲁克，只得转向西南方的沙漠，希望在那里能够碰上德国巡逻队。当飞机已经降到了300公尺高度时，滑油温度超过了警戒线，而且越来越高，灌到座舱里的黑烟也越来越浓，险些令他窒息。

又飞了一会儿，马瑟里看到下面有一块平坦的空地，于是以机腹擦地迫降在沙漠中，立即跳出机舱逃到远处。过了一会儿，飞机还没有爆炸，马瑟里点着了一支香烟，这时他才注意到自己的双手颤抖得十分厉害。

待火势熄灭后，马瑟里回到飞机残骸里，取出了飞行地图和其他文件，然后迎着太阳向南方走去，希望能找到德军的哨所。走着走着，突然前面不远处传来"哗啦"一声上枪栓的声音，由于正对着刺眼的阳光和白晃晃的沙地，根本看不清对方是什么人，只能依稀辨认出几条影子，头上戴着英军的热带遮阳帽。一定是澳大利亚人，要不就是新西兰人。马瑟里无法转身逃跑，只得硬着头皮走过去，用在中学里学的蹩脚英语和他们打招呼：

"I...I am a German pilot,don't fire."

"嘿，老兄，你从什么地方过来的？"

对方领队用带着士瓦本口音的德语流利地问道。在马瑟里听来，这口南巴伐利亚的乡下土音不啻是天籁。

■马瑟里（左）与纽曼。

两天以后的6月16日，马瑟里再次在托布鲁克上空被对方打坏发动机，挡风玻璃被喷出来的油滴甩得漆黑一片。这一次幸亏有波特根飞在他旁边引路，才勉强飞回了基地，并盲降在跑道上。短短两周里，马瑟里摔了一架飞机，迫降了两次，连他自己都觉得不对劲，怀疑自己的战斗方法是不是出了什么问题。

"你知道，史塔尔施密特，我想大队长申斥我的确是有点道理。但是我一看见'飓风'排成那种愚蠢的圆圈队形，就忍不住要跳进去。"（注：一旦发现德机，"飓风"和P-40往往组成防御环阵。环阵是一种直径接近1000码的大型战术编队方式，其中各机要控制在大约70°坡度，因此需要承受3G的过载，时速在250公里左右，各机之间相距约250码。其优点是可以首尾相顾，形成彼此保护。德国飞行员在1941－1942年很难对付这种圆阵。）

第二次迫降后，他和好友谈到这件事。

"然后他们就等着给你的小脑袋'梆'地来那么一下子。"

史塔尔施密特嘲笑道。

"是啊，我也觉得有问题。不过这么打确实很刺激，就跟狼扑到羊群里似的，我老是忍不住。"

这时一辆摩托车停在他们的帐篷外。纽曼大队长召见马瑟里。

"约亨，注意你那张嘴巴！"

史塔尔施密特嘱咐道。

马瑟里坐着通讯兵的摩托车，来到机场南边那辆被称为"纽曼的华美剧场"的拖车跟前，敲了敲门走了进去。

纽曼大队长正坐在办公桌后面打电话，示意马瑟里站在门口。过了一会儿，纽曼放下话筒，起身打量着这个净惹祸的年轻人。

"马瑟里啊马瑟里！"

纽曼在桌子前踱步，

"你要知道，在我们大多数战斗中，敌人都拥有优势兵力。这就需要我们在战斗中保持双倍的审慎。一个好飞行员不能一见敌人就头脑发热，跟斗牛似的口吐白沫，两眼只看见红布。马瑟里，你要清楚这一点：四个星期没有击落一架敌机，并不是什么可耻的事，我也不会因此而批评你。但是，如果你拿自己的生命冒险，那就必须因此受到惩罚。你是个飞行员的好料子，但是只有你明白这一点。控制住急躁脾气，在贸然冲进敌机防护圈前多用脑袋想一想，计算出脱离的方向，这样才会成为一名真正的战斗机飞行员。"

"是，上尉先生！"

"我看了你这一次被击中的报告。你没被打死在飞机上真是交了狗屎运。不，别顶嘴，我知道你要说什么。你是能靠这种鲁莽的横冲直撞击落几架敌机。但是总有一天，你的守护神会对你交了这么多好运感到不耐烦，把你一脚踢开。"

"上尉先生，我……"

"你现在的战斗技术只是纯粹的疯

177

隆美尔与非洲军

■休息时的马瑟里（歪着身子叼着香烟的那一位），其吊儿郎当的形象与中队长的仪容要求相差万里。不过这种没有架子的做法也正是他受到战友欢迎和热爱的原因之一。

狂。你在玩弄死神。这是很危险的游戏。而且你看看你这游戏的代价。飞机一架接一架地往沙漠里摔！"

"可是上尉先生，这种战法能成功，而且……"

"你是个非常出色的飞行员，马瑟里。自从我把你调到我手下的那一天就知道这点。我看过你的档案，知道你过去的飞行表现。但是现在我们是在打仗，不是玩空中杂技。英国飞机上也有机枪，也懂'射击'二字怎么写。你以后在空战中不可以再把他们当玩具耍着玩儿！"

"我晓得，上尉先生……"

"不。你别想蒙混过去。不要把在飞行学校养成的习惯带到战场上来。我命令

你，以后在战斗中不许无必要地卖弄那些飞行技巧。如果你再玩一次，年轻人，你的麻烦就大了。明白吗？"

"明白。"

看到这个年轻人似乎心情不佳，纽曼让勤务兵拿来一瓶高级的马德拉白葡萄酒。

"祝你成功！不过记住，在战斗中永远要审慎！"

"是的，长官。我想我可以为飞行牺牲一切。"

"没错。不过你要弄清楚这里边的是非轻重。停飞3天，好好总结一下。"

马瑟里这次可是受到了很大的触动。当他走出拖车的时候，赫姆特和雷德里希正好到来。纽曼向他们布置了次日的飞行任务

后对赫姆特说：

"我想你那个马瑟里不久就会学会控制住自己。我刚才好好训斥了他一顿。"

"咱们走着瞧，上尉先生！"赫姆特咧嘴笑道。

事隔多年，纽曼向马瑟里的传记作者谈起这次谈话，仍对其记忆犹新。纽曼还谈到了马瑟里性格的另一面：喜欢自我吹嘘。

"他吹起牛来可说是花样百出。这反映了他性格的复杂性。他渴望得到别人的承认和尊重，成为人们注目的焦点。当年他经常和我们吹嘘如何受到女性的青睐，不仅在德国有一大群性感女朋友，而且还泡到了一个女明星什么的。他跟我们吹起这些事来可是没边没际的，而且事实上马瑟里在男女关系方面确实像他吹嘘的那样放纵。用今天的话说，他就是——你们美国人怎么说来着？对，花花公子。"

马瑟里的确是一个很会享受生活的人。他的大城市背景、漂亮的容貌（可能还有法国祖先浪漫的血统）使他在成名之前便在女孩子中大受欢迎。他的日常装束——衬衫、短裤和网球鞋——完全不符合德国空军作训着装规定，而且还毫不掩饰对被德国官方禁止的爵士乐的热爱。出身普鲁士军官家庭的赫姆特中尉对此非常反感。但在纽曼从中调和下，赫姆特中队长还是宽容地接受了这个年轻人的一切。

1941年的北非战场

在纽曼的保举之下，马瑟里终于在1941年6月1日获得了少尉军衔，脱离了候补军官队伍。6月17日，马瑟里又在哈法亚关隘上空击落了两架"飓风"，使其击落纪录增加到了13架。在6月14日到18日的短短5天里，英军一共损失了32架"飓风"，其中25架是被德国人击落的。地中海地区皇家空军司令泰德（Sir Arthur Tedder）为此惊叹道：

■7/JG26中队长明希贝格于1943年3月23日在突尼西亚阵亡，总战绩135架。

■JG27第二号王牌飞行员施罗尔。

179

"我们的战斗机损失惨重，有经验的飞行员接连阵亡，剩下的人为了给地面部队提供可靠的空中掩护，不得不每天连续出击数次，身心疲惫已极！"

7/JG26的明希贝格和I/JG27的大队长纽曼在6月和7月间也取得了很多个人战果。当明希贝格在7月15日击落第47架敌机时，个人战绩排名暂列北非战斗机飞行员第一。他的中队于7月31日被调回西西里，在非洲的两个月中取得了10架的战果，其中5架是明希贝格击落的。

也是在这一段时期，马瑟里开始改进并熟练自己的独特战术。他从来不肯照搬教科书中只从后上方攻击对方的呆板战法，而是尝试在直飞、盘旋、爬升和横滚等各种飞行状态和各种位置上去攻击敌机。这种本领绝不是每个人都能掌握的，但马瑟里以其对空间和时间的敏锐感觉迅速熟悉了这套方法。他对波特根这样描述其战法：

"我在他们的'环阵'上空飞一到两个来回。等第三次反向通过时猛然压杆俯冲，速度越来越快，从圈子中央钻过，然后拉起机头，翻半个筋斗，然后做个横滚翻把机身调转过来，向离我最近的敌人开火。"

马瑟里的战法听起来很简单，但是做起来却需要无比高超的水平，几乎没有别人能做到。撇开射击技术不说，首先很难把握从"环阵"中央穿越的时机，因为稍有计算错误，就可能与相对飞行的敌机发生碰撞；其次，在向下俯冲到谷底开始拉起时，将承受7个G的过载，也就是说马瑟里的体重从

60公斤变成420公斤。JG27的另一位王牌飞行员施罗尔（Rolf Schroer）曾经体验过类似的感觉：

"……高过载能让你暂时失明。我就遇上过一次，甚至还短时间失去了知觉，直到我依靠经验和意识判断将Bf109拉平后才清醒过来。"

这种技巧没有人可以传授，只能自己反复琢磨和练习。每次第3中队编队返航时，马瑟里总要在征得允许后再在空中飞上几圈，反复演练多角度攻击战术。马瑟里也以其对空间和时间的敏锐感觉迅速熟练了上述战法。

随着新一批补充飞行员到达北非，马瑟里和其他一些I/JG27的老飞行员在1941年8月获得了回国休假的机会。当他精神饱满地再次回到北非的时候，发现大队里多出很多新面孔。从德国的飞行学校分配到第3中队的飞行员包括霍夫曼少尉（Lt. Hoffmann）、克罗讷少尉（Lt. Kroerner）、库格尔包厄军士长（Ofw. Kugelbauer）和莫罗斯卡军士（Uffz. Mroska），其中克罗讷少尉在进行从意大利到利比亚的转场飞行时已经击落了一架敌机。赫姆特中尉像老母鸡一样地照顾这些刚刚来到北非的新手，首先给他们上了一堂健康饮食课：在炎热的沙漠气候下，高脂肪的饮食会导致黄疸和其他疾病。

在这段时间里，英国的轰炸机对第3中队的机场发动了几次空袭。在一次夜袭中，他们以为炸烂了"机场"的跑道，但事实上

■雷德里希和马瑟里（右）。

这不过是I/JG27的天才们设置的假目标。真正的机场跑道用帆布、木箱和垃圾伪装得好好的。一个星期天的早晨，又有一队英国轰炸机从第3中队头顶上轰隆隆地飞过去，不过十分反常地没有扔下炸弹。原来它们刚轰炸完甘布特（Gambut），正在返回己方基地。此时马瑟里及其僚机正在座舱里待命，听到空中的发动机声后立即起飞，追赶扬长而去的英国机群。在巴尔迪亚上空，他们追上了两架掉队的马丁"马里兰"轰炸机。发现马瑟里后，两架英机上的机枪手立即向他们开火，同时迅速调头企图甩掉追击者。马瑟里用老法子接近敌机，从空中向下俯冲到距离其中一架只有300公尺的地方，然后迅速拉起，离右边的那架"马里兰"只有120公尺距离，同时位于左后方另一架"马里

兰"的火力死角内。马瑟里按下了机枪按钮，看见前面这架飞机的右发动机被子弹击中，碎片向四周爆裂开，接着冒出了浓烟，右机翼被打掉了，随后盘旋着坠入海中，除了一片油渍外什么也没剩下。这一天是9月24日，当天他还打下了另一架"马里兰"和两架"飓风"，这是他首次一天之内击落4架飞机，再加上9月13日击落的1架"飓风"，马瑟里的战果上升到18架。

除了空袭外，第3中队还遭遇了一次地面突袭。一天傍晚，当全中队的人都在帐篷里懒散地休息时，外面突然枪声大作，整个中队顿时一片慌乱，飞行员向他们的飞机跑去，其他人拿起武器进入战斗岗位。原来英军"特别空勤旅L分队"（SAS前身）早就注意到3/JG27的驻地位置，想摧毁其战

181

斗机。这支部队的指挥官是凯斯中校（Lt. Col. Keyes），其根据地在锡瓦绿洲（Siwa Oasis），隆美尔攻占锡瓦后转移到了库夫拉绿洲。该部队经常在深入德军战线几百公里的地方对其后方目标发动突袭，但是这一次显然选错了目标。他们只有轻武器，在德国人的凶猛火力下不得不撤退。而且事情还没完，次日破晓，3/JG27派出了最好的3名飞行员——赫姆特、雷德里希和马瑟里，沿着英国人留下的车辙追踪而至。他们在低空肆意扫射英国人的装甲车，乘员纷纷弃车而逃，其中两辆车被完全摧毁。

在1941年8月上旬，还发生了一件对马瑟里意义非常的事，后来他向史塔尔施密特讲述了这件事的经过。该月月初，他奉命将一架飞机从艾因盖扎莱经班加西送到的黎波里。这天早上刮起南风，马瑟里起飞后注意到天边有几片乌云，远方的德纳山脉在浓雾中半隐半现。路程的前半部分还算顺利，马瑟里在班加西加了油，起飞的时候发现太阳已经被南方吹来的云层遮没，空气变得又粘又湿，好像温室一般。地勤人员向他喊道：

"喂，少尉先生，小心点，好像是'基布利风'（Ghibli，指撒哈拉沙漠季节热旋风）！"

"气象员告诉我了。他说这阵风会擦着班加西的边儿过去，对飞到的黎波里的航线没有影响！"

"我可不敢指望靠这运气飞行，少尉先生！"

"我是向西边飞，方向跟这风正好相反，没事儿！"

地勤人员帮他爬上飞机，拍了拍他的肩膀，然后跳了下去。马瑟里将直接向西穿过锡德拉湾（Gulf of Sidra）到达的黎波里。起飞后一切看起来都很正常，但是风向突然变了，"基布利风"的前锋从班加西的西边擦了过去，正横在马瑟里的航线上。无数在空中狂劲飞舞的细小沙尘使得他的能见度下降到了200公尺，满眼望去只见灰色幕布一样的厚厚沙尘。马瑟里在风暴中挣扎着控制住猛烈抖动的操纵杆，但是他的飞机不听使唤，在"基布利风"中飘来荡去，仿佛是风神的玩具。

马瑟里在风暴中失去了对方向、高度、速度的判别，他向左下方望去，竭力想找到海岸线的影子，但结果只是徒劳。不能再在这样险恶的环境下飞下去了，必须想办法拯救飞机！如果摔了飞机，怎么对赫姆特中尉交代？这时一个念头蹦出他的脑海：向北转去，也许海平面上的风暴会弱一些！他凭感觉向北飞了十来分钟，但是四周仍是一片昏天黑地的景象。马瑟里看了看油量表，他还剩一个半小时的汽油，到时候就只能跳伞，而在地中海深处，谁也不会找到他。难道自己的好运真的全都用尽了吗？马瑟里想起了史塔尔施密特有一次对他说的话：

"你老是交好运，约亨。但是千万别谈论它！"

他只能再次指望自己的运气了。马瑟里一推操纵杆，飞机猛地向海面俯冲下去。他紧张地盯着前面的风挡，一只眼睛时不时地瞟一下高度计。突然，在前面的灰色沙墙中隐约出现了一道垂直的黑影。"胜利拱门"在风沙中看起来就像海市蜃楼，不过那确实就是它！马瑟里从离拱门100公尺远的地方擦过，然后调头，盘旋，确定方位，终于降落在拱门附近的一处意大利简易机场上。地面的能见度连50公尺都不到，但是机场人员隐约听到了发动机的声音，向他跑了过来。

"你是从哪儿来的啊，老兄？"

"从天上！"

马瑟里隐隐约约看见下面的人影，得意地答道。

"老天爷！你怎么飞到天上去的！？你不知道那儿什么都看不见吗？"

"我从班加西来，起飞的时候那边天气好好的。"

"甭管怎么说，老兄，你回头可得好好庆祝一下了。今天等于是你的第二个生日。"

也许，在马瑟里的身后，真的有一位守护神在庇佑着他。

"十字军行动"与沙漠洪水

1941年10月3日，在德国接收了Bf109-F型飞机的第27战斗机联队第II大队（II/JG27）也经意大利调到了北非。他们当天即与英国人展开一场遭遇战，路特军士（Uffz. Reuter）、罗德尔中尉（Oblt. Gustav Roedel）和沙赫特少尉（Lt.

■4/JG27中队长、II/JG27大队长、JG27第6任联队长罗德尔。

Schacht）各击落一架"飓风"，已方的一架Bf109在西迪·巴拉尼（Sidi Barrani）上空被击落。三天后，第II大队第6中队的舒尔茨军士长（Ofw. Otto Schulz）的名前缀次出现在II/JG27在非洲的胜利公报上，他在西迪·奥马尔上空和12架"战斧"遭遇，击落了其中1架。

"战斧"比霍克的"飓风"速度更快、机体也更结实，与Bf109-F型有得一拼。10月12日，I/JG27的小伙子们也遇到了这些顽强的对手，分别隶属于南非空军第2中队和澳大利亚空军第3中队的24架"战斧"在比尔·谢夫赞绿洲上空与他们相遇。"战斧"像过去的"飓风"一样排成环形防御阵形，击伤了一架Bf109，但是马瑟里故

隆美尔与非洲军

伎重演，两次从英国人的环形编队中央穿过，击落了两架"战斧"。这次战斗之后，马瑟里为自己赢得了"非洲之星"（Star of Africa）的称号，这颗明星还只是刚刚升起。几个月后，当马瑟里荣膺橡叶骑士十字勋章时，东地中海英军最高统帅部曾对这位

■"战斧"比"飓风"时速快出40公里，作战半径超出近50%。

■马瑟里及其座机"黄色14号"。

■Bf109-F安装1350马力的DB601E-1型发动机，最高时速接近624公里，弱点是只配备1门20mm机炮和2挺7.92mm机枪，相比其他德国战斗机，火力略显贫弱。

德国飞行员做出了如下评价，发到该地区空军部队手中："驾驶'黄色14号'飞机的驾驶员是在北非最优秀的德国飞行员，他的驾驶技术比其他所有德国人都高超。在一对一的缠斗中我方飞行员没有优势可言，只有几架飞机同时对他展开围攻，才有可能将其击中。在攻击他的时候，必须在其实施机动动作前抓紧射击其座机的正面或侧面。"

在接下来的几个星期里，英国人加强了对JG27驻地的空袭。在10月17日的空袭中，英国人摧毁了3/JG27的机场和帐篷营地，该中队的飞机此时正在别处执行任务，没有遭到损失，但次日深夜的另一次轰炸摧毁了2架停在地面上的Bf109。II/JG27的驻地也遭到频繁空袭，德方据此推断盟军将发动一次大规模的地面进攻。

经过短时间停战及重新部署后，坎宁安中将（Sir Alan Cunningham，安德鲁·坎宁安海军上将的弟弟）于1941年11月18日发动了"十字军行动"作战，目的是解救托布鲁克。他已经为此调

184

来了170辆"马蒂尔达"坦克、300辆"十字军战士"坦克、300多辆美制M3"斯图亚特"轻型坦克、600门野战炮、60门重型高射炮及180门轻型高炮、200门反坦克炮、900门迫击炮和34000辆卡车。进攻主力由英国第8集团军担任，下辖英国、新西兰、南非和印度的1个装甲师、3个步兵师和1个护卫大队。他们从战线（及雷区）的南边迂回包抄到德军后方，争取与托布鲁克突围守军会合。此时隆美尔手下有2个装甲师、第90"非洲师"和5个意大利师，布置在托布鲁克周围及该地至埃及边境交通线的侧翼。他原计划在11月21日向托布鲁克发动总攻，为此提前派出两支侦察部队搜寻英军动向。如果发现英军也在准备进行大规模进攻，将发回"洪水"的暗号，隆美尔将立即采取应急策略。

这个暗号选得真是再恰当不过了。11月17日傍晚，从托布鲁克、

■1941年11月17日的沙漠洪水。

■地勤工作1：从报废的Bf109上拆下机翼，以用作备用部件。

■地勤工作2：从同一架报废的Bf109上拆下武器。

隆美尔与非洲军

坎布特直到哈尔法亚关隘一带，突然下起了60年不遇的大暴雨。雨水迅速涨满干涸的河床，形成汹涌的洪水，卷着泥沙，淹没了德军无数帐篷、卡车、坦克，士兵们扔下一切装备，喊着"Hochwasser！Hochwasser！"（洪水！洪水！）夺命而逃。

对于隆美尔来说，这场暴雨最糟糕的后果是所有机场的跑道都变成了泥潭，所有飞机都无法起飞。如果他在17日晚上或者18日清晨派出飞机侦察英军动向，将会发现英国人违反了集中兵力的原则，正兵分数路浩浩荡荡地向托布鲁克推进，那么他就有可能集中优势兵力将其各个击破。但事实是"十字军行动"从一开始就演变成了一场坦克大混战。隆美尔的部队在沙漠中盲目地同英军作战，虽然击败了其中一些部队，但在补给短缺和源源不断的敌人增援部队面前，只好边打边撤。12月12日，德军退守艾因盖扎莱一带，托布鲁克解围。

这段时间里，马瑟里和他的战友们在干什么呢？

1941年11月3日，马瑟里

■地勤工作3：修补方向舵。

■地勤工作4：清洗发动机。

■地勤工作5：拆装、清洗机枪。

得到了德国空军荣誉奖杯（Ehrenpokal），他的名字第一次引起帝国元帅赫尔曼·戈林的注意。直到两个星期后，他的战友们还在拿这事敲诈马瑟里，让他请大家喝酒。11月17日下午，3/JG27的小伙子们都围在帐篷里庆祝中队电台的电池耗尽，他们因此半天之内不用起飞值勤。从意大利带来的酒已经全都喝完，为了活跃气氛，马瑟里瘪起嘴来模仿奥地利演员莫瑟（Hans Moser）咕哝着说话，引起一片哄堂大笑。突然一名勤务兵敲门进来，向马瑟里报告：

"少尉先生！史塔尔施密特少尉将在10分钟后到这里！"（史塔尔施密特早先时被调到大队队部，担任纽曼的副官。）

勤务兵一本正经的报告又引起了一片哄堂大笑。克罗讷少尉笑道：

■地勤工作6：校准机枪。

■I/JG27的地勤人员排队领取午饭。

■艾因盖扎莱基地的淡水主要来自海边的海水淡化厂，因此其配给十分有限。

187

"汉斯－阿诺德从什么时候起开始这副长官派头的啊？队部那些红头文件还没有把他给累死吗？"

"他那么壮实，可不是容易累死的！"波特根插嘴说道。

5分钟后，史塔尔施密特走进了帐篷，热情地和大家打了一圈招呼，然后告诉他们刚从队部听来的消息：

"我们的运输船最近到不了。包括油船在内。很快就要实行燃料管制了。"

"那可真是太糟糕了！"波特根说道。

"现在情况很严重。机场上全是被英国佬打坏的战斗机，还没有替换零件。地勤们已经忙得四脚朝天了，我看见乌尔利希用缝纫机跟旧军装来补方向舵上的破洞。咱们

剩下的飞机还能飞，简直就是个奇迹。"

"是啊。这些黑人（飞行员给晒得黝黑、身穿深色制服的地勤人员取的绰号）真不容易……"

马瑟里想插嘴，但是被史塔尔施密特打断：

"而且马上就有一场大雨。你们得赶紧作好准备。"

"我早听说啦！他娘的，沙漠里面竟然还会下大雨！"波特根惊叹道。

"啊，你这个包打听还真听对了。气象军官说这场雨大概会下几小时，没准还会下好几天。你们的帐篷支得怎样了？"

"我的帐篷不是支起来的，是站起来的。"马瑟里嬉皮笑脸地答道。

"约亨，你白痴啊？跟你说，这场雨

■接受凯塞林元帅的祝贺。最左边是史塔尔施密特，凯塞林与马瑟里之间是纽曼。

非常危险。所有支在干河床中的帐篷都可能被冲走。你们得赶紧搬到高一点的地方去。零件仓库今天下午就要先行转移，中队长下令说所有住人的帐篷都得从低洼的地方搬走。"

这时电话铃响了，大队队部让史塔尔施密特回去。

"听着，汉斯，下次天气预报要是说有大雪的话，提前告诉我们一声！我好给我的滑雪板上蜡。"马瑟里调侃道。

"傻瓜！"史塔尔施密特怒气冲冲地走出了帐篷。

虽然大家拿史塔尔施密特的警告开玩笑，但是还是对这场大雨感到忐忑不安。他们走出帐篷向北望去。地中海上空黑压压的乌云清晰可见，其中不时夹杂着一道闪电。

凌晨2点的时候，暴雨来临前的狂风刮到了3/JG27驻地，狂怒地撕扯着帐篷。一些人被大风吵醒，走出帐篷，看到了一幅奇特的景象。头顶上万里无云，繁星和银河在漆黑的天幕上闪耀。但是把视线稍微挪下来一点，就能看到一堵黑墙似的乌云被狂风挟裹而来，迅速吞没了那些星星。豆大的雨点开始砸在帐篷上，很快变成了倾盆大雨，把没被风声吵醒的人也都惊醒了。到3点钟，3/JG27的驻地已经汪洋一片。大家慌忙逃出帐篷，眼见自己的鞋、袜子、衣服、皮箱和其他东西被浑浊的洪水从帐篷里冲出来，在旋涡中打了几个转后与山谷中的洪流会合到一起，向大海流去。一些反应过来的人扑回自己的帐篷，从中抢出一切能穿的衣服套

■纽曼为马瑟里佩戴金质德意志十字勋章。

在身上。

洪水遇到一座沙丘后分为两支，上面漂浮着3/JG27没来得及转移的全部财产：轮胎、炊具、罐头、餐具……赫姆特中尉立即组织大家打捞物品，以免被洪水冲走。这场山洪持续了3个小时，当汹涌的洪峰变为平静的小水流后，3/JG27开始清点损失。值得庆幸的是，飞机、零件、弹药和燃油都没有损失，食品和药品也提前地转移了。没人被洪水卷走，帐篷也都完好无损。除了一些倒霉蛋的鞋、袜、衣服和珍贵的信件、照片被洪水冲走外，最惨重的损失恐怕就是两台发动机罩和一辆运水车了。II/JG27的损失要严重得多，由于他们缺乏沙漠驻扎经验，帐篷钉得不牢，大多数都被冲走了，其中几个帐篷里还有人。他们挣扎着爬到帐篷

外，坐在帆布上，眼睁睁地看着自己向大海漂去，旁边还漂着一辆卡车。这些人后来被救了出来。纽曼去其队部慰问的时候，发现他们像遭了劫一样，连晾衣绳上都挂满了湿淋淋的文件。接下来的半天里，除了"在干草堆上都能起飞"的菲斯勒Fi156"鹳"式观察机外，北非的德国飞机全部趴在地面上。直到18日下午，3/JG27的机场跑道才干透，1/JG27的4机编队得以降落在这里。他们刚刚截击了9架南非空军第21中队的"马里兰"轰炸机，雷德里希上尉和埃斯本劳布军士长（Ofw. Espenlaub）各自击落了一架。奇怪的是这些飞机没有携带炸弹，而是在德军机场上空扔下了大量传单，上面

写道："德国的飞行员们！德国在呻吟，德军在衰退，你们在挨揍！早点放弃无谓的争斗吧！"

"十字军行动"在地面展开的同时，空中的战斗也在激烈地进行。在11月22日的空战中，1/JG27的雷德里希击落了2架敌机，施奈德中尉（Oblt. Schneider）、格里姆军士（Uffz. Grimm）和埃斯本劳布各自取得1架战果。第II大队也参加了空战，这一天德方一共击落了21架敌机，其中13架战斗机，己方损失5架。

11月23日，II/JG27击落了9架"飓风"和1架道格拉斯DB-7"波士顿"轰炸机，但是大队长里珀特上尉在空战中被击

■JG27"四巨头"。从左至右分别为布劳恩（III/JG27大队长）、罗德尔（II/JG27大队长、JG27第6任联队长）、纽曼（I/JG27大队长、JG27第5任联队长）和赫姆特（3/JG27中队长、I/JG27大队长）。

落。他的双腿被打断，跳伞后落到了英国人手里，送到了埃及的英军第119综合医院。尽管医院立即为他实施了截肢手术，但他还是在手术后10分钟死于血管栓塞。英国人以全套军礼为其举行了葬礼，将他安葬在军人公墓中，然后通过电台将情况通知德方。4/JG27中队长古斯塔夫·罗德尔中尉奉命临时兼任II/JG27大队长。里珀特死前一共取得了29架战果。

3/JG27没有参加这几场空战，他们在11月下旬奉命返回德国接收Bf109-F-4型飞机。12月1日，被英军称为"微笑麦克斯"的凯塞林（Albert Kesselring）元帅接见了马瑟里，向他颁发了金质德意志十字勋章。该勋章创立于14天前，他是整个北非战线第一个获此荣誉的飞行员。马瑟里本来还应该获得骑士十字勋章，但不幸的是在他击落第20架飞机之前，获得该勋章的条件由击落20架敌机上升为40架。凯塞林为此向马瑟里表示了遗憾，并预祝他早日达到这个目标。

12月4日，换装完毕的3/JG27取道意大利飞回了北非。新战斗机令马瑟里如虎添翼。12月6日，他在比尔格拜（Bir el Gobi）上空击落2架"飓风"，8日和10日各击落1架"战斧"，17日又击落了2架"战斧"。

I/JG27换装飞机的同时，其他几个战斗机大队也抵达非洲前线增援那里的空军力量。12月5日，III/JG57"黑桃A"（Pik-As）大队进驻利比亚。没过几天，III/JG27以及JG27联队总部也从俄罗斯前线调

到了北非，这是不列颠之战后JG27三个大队的首次团聚。此时，III/JG27的大队长已经换成了布劳恩上尉（Erhard Braune），联队长也由沃尔登加少校（Bernhard Woldenga）接任，他们在俄罗斯前线期间共取得了220架战果。

随着德军地面部队在"十字军行动"的攻势下不断后撤，JG27的两处主要基地德尔讷和艾因盖扎莱暴露在英军主攻部队面前，因此不得不向西转移。12月18日，隆美尔正式下令放弃艾因盖扎莱，由于卡车不够，机场上所有没来得及修好的飞机和运不走的设备全都炸掉了，JG27在德尔讷城里的所有设施也如法炮制。在3/JG27的最后一架飞机离开艾因盖扎莱机场之前，波特根军士在机场入口树起了一块大牌子，上书："我们马上就回来，英国佬，圣诞快乐！保持好卫生！"

到1941年圣诞节，JG27的所有部队已经全都后撤到了锡德拉地区。三个队部和联队司令部在马图巴（Martuba）村外一片多砾平地上安扎下来，纽曼把他的"华美剧场"送给了联队司令沃尔登加作为指挥所。JG27在这里一直驻扎到1942年春天，飞行员们想尽办法把自己的生活安排得舒服一些：II/JG27在司令部附近开了一家帐篷电影院，名字极其夸张："荣耀宫"（Gloriapalast），遇到空袭的时候，观众可以从帐篷的一道侧门躲进紧邻的山洞掩体。I/JG27则在海滨的古罗马遗址阿波罗尼亚开办了一个小小的观光胜地，有酒吧、海水

■I/JG27的库格尔包厄（左）和迈耶军士在被太阳晒得滚烫的金属上煎鸡蛋。

■9/JG27中队长冯·卡格尼克伯爵，北非德国空军王牌飞行员之一。

浴场、小型赌场和照相摊，向全联队的伙计开放，联队每12天从马图巴开来一辆卡车，送20个人到这里休假。

虽然飞行员的日子过得还算不错，但整个联队的处境却十分悲惨。那次大撤退后，3个大队总共只有6架飞机还能飞上天，其他的飞机和零件全都炸掉了。联队库房里没有燃料和弹药，而且很多地勤人员在西撤途中阵亡或被英军俘房。12月24日，联队又蒙受了一次重大损失。9/JG27中队长冯·卡格尼克中尉（Graf Erbo von Kageneck）率领仅存的6架Bf109迎战20架"飓风"，在空战中他的腹部中了数发子弹。冯·卡格尼克挣扎着将飞机开回机场，但是被抬下来的时候就已经不行了。1942年1月12日，他因伤势过重死在那不勒斯陆军医院。冯·卡格尼克生前一共击落了67架敌机，并获得了橡叶骑士十字勋章。

马瑟里在12月底也因黄疸病调离北非，住进了雅典陆军医院。他在医院中急切地盼望自己早日康复，以赶上隆美尔的反攻。他估计这次反攻很快就要开始，到时候他又可以在北非大展身手了。但是就在他快出院的时候，突然收到了母亲拍来的一封电报："妹妹故世，速回柏林！"

马瑟里迅速赶回家里。他的妹妹英格在维也纳被其善妒的恋人杀害。马瑟里完全不能理解这件事，彻底地惊呆了。由于父母离异，马瑟里从小和他妹妹的感情就非常好，她的死令马瑟里非常伤心。当他帮母亲处理完妹妹的丧事、于1942年1月底赶回班

加西时，他的战友们都注意到马瑟里仿佛变了一个人。

骑士十字勋章

到1942年1月北非地区的皇家空军一共有3个联队：第112、250、450中队和南非空军第3中队组成第239联队，全部装备P-40；第33、73、80、274中队组成第243联队，全部装备"飓风"；第94、260中队、南非空军第2、第4中队组成第233联队，混合配备上述两种战斗机。在1月底之前，北非英国空军在兵力上占压倒性优势，然而随着补充的新飞机陆续从德国运来，JG27重新恢复了战斗力，同时正好赶上隆美尔的大反攻。

这次反攻可谓天时、地利、人和的绝配。由于德军的撤退，英军的战线和补给线已经拉长到不堪一击的脆弱程度；皇家海军在东地中海损失了3艘主力舰，士气遭到了沉重的打击，同时由于日本向美英开战，迫使英国将北非的部分坦克、飞机和步兵师调到马来亚；而德国的坦克、部队和补给却源源不断地运往北非。

1942年1月20日傍晚，隆美尔下令炸毁沿海的一些旧房子和布雷加港（Mersa Brega）内的废船，给英国间谍造成德军将继续撤退的假象。21日凌晨，隆美尔向北非德意部队发出了动员公报："德国和意大利的士兵们！我们在敌人优势兵力下撤退的日子一去不复返了！在我们居于劣势时，你们的战斗意志便已牢不可破，而今天我们已经

193

■JG27的"高层人士聚会"，左起四人为卡格尼克、施罗尔、纽曼、罗德尔，照片摄于1941年的意大利。

在数量上远远超过了敌人。为了摧毁他们，我们将发动进攻！我希望一切士兵恪守他们的职责，英勇战斗！意大利万岁！大德意志帝国万岁！元首万岁！"

　　隆美尔动员了手下所有的部队——"非洲军团"的3个师和3个意大利军团——立即向英军发动进攻。他派出两支作战群——"马克斯纵队"（Kampfgruppe Marcks）和"盖斯勒纵队"（Kampfgruppe Geissler）——沿海岸公路前进，主力部队则在与公路平行的沙漠中跟随，以实现对英军的包抄。到第二天晚上，德军已经击溃了英国第1装甲师的抵抗，向东推进了100多公里。1月29日，隆美尔重新攻克班加西，随后以该港为补给基

地，继续向东推进。2月6日，"沙漠之狐"已经再次抵达艾因盖扎莱郊外，但这一次他自己的补给线又被拉得过长，不得不暂停进攻，返回德国去向希特勒争取更多的部队和物资。

　　2月8日清晨，刚返回北非的马瑟里执行了这年里的第一次飞行任务，单独为一架侦察机护航。当他返回马图巴基地的时候，突然听到耳机里传来地面的警告："当心！你后面有7架寇蒂斯！"英国飞机的到来让空荡荡的机场拉起了防空警报，所有在室外的人全都目睹了这场奇特的空战：1架孤零零的Bf109对抗7架P-40。

　　马瑟里并没有紧急拉起，而是继续伪装降落，直到离地面只有几公尺高的时候

■隆美尔的车上参谋部（他位于最右侧）。

领队的英国长机压低了机鼻，准备向其开火，马瑟里突然向左急转，然后陡直地向上爬升，出现在大吃一惊的敌人侧翼。除了高超的飞行技术外，经过近两年的实战，马瑟里的射击技术也达到了炉火纯青的地步，第一个点射就打掉了最右边的1架"战斧"，其飞行员跳伞被俘。

马瑟里收起起落架和着陆襟翼，向右转弯加速，消失在远方。英机编队放弃追击，在I/JG27的机场上空盘旋，准备伏击其他返回基地的飞机。这时马瑟里突然又从天边出现，以迅雷不及掩耳之势闪电般地击落了另一架寇蒂斯，然后迅即把速度降到了刚好不致失速的地步，他的Bf109就像风筝一样慢悠悠地飘来飘去。英机由于速度过快，从他侧前方冲了过去，等他们转弯回来时，马瑟里再次加速，向自己的第三个猎物扑去。

看到此时，站在发报室外观战的纽曼才冲到了屋里，拿起话筒向1/JG27发话："你们在干吗？要让他一个人战斗到什么时候!?""他们已经起飞了，上尉先生"，话筒另一头的值日官答道。等纽曼走出发报室的时候，发现马瑟里又打掉了1架敌机。这时1/JG27的3架Bf109才赶来支援，剩下的4架寇蒂斯见势不妙撤出了战场。

马瑟里一落到地面就被人们围了起来，满头大汗的纽曼也跑了过去，兴奋而激动的地勤人员把马瑟里抬出机舱，一直抬到了大队长的跟前。马瑟里看到他脸上一片灿烂的笑容，知道这一次不会遭到训斥了。

这天下午，I/JG27对轰炸德尔讷的11架"布伦海姆"展开攻击，马瑟里又击落了1架为其护航的"飓风"，使其成绩上升到40架，在I/JG27中名列榜首。次日赫姆特中尉便赶上了他，但是由于2月13日在托布鲁克上空击落4架飞机、15日又击落3架，马瑟里的成绩再次领先。到2月21日，他击落了第50架敌机。其好友史塔尔施密特则因在出勤次数上领先，第一个获得了"金质战斗飞行徽章"（Goldene Frontflugspange，奖给完成200次战斗飞行任务者）。

2月22日晚，德军空军南区总司令凯塞林元帅突然通过军用线路打电话到I/JG27的营地，并要求马瑟里接听电话。凯塞林在电话里春风满面地向他祝贺道："马瑟里，元首命令我授予你骑士十字勋章。祝贺你，

■马瑟里站在被他击落的"飓风"残骸前沉思。

■击落第50架飞机后的马瑟里。

■地勤人员正在往"黄色14号"尾翼上画第50架击坠标志。

年轻人！祝你继续交好运！"虽然对这枚勋章早就有心理准备，但马瑟里还是喜出望外，当晚便给母亲写了一封短信："亲爱的妈妈，我已获得骑士十字勋章。非常自豪。爱你！约亨。"

马瑟里是JG27联队里第10个获得该勋章的飞行员，从而还清了整整10个月前那个晚上他欠下赫尔曼将军的"债务"。这一天他还被提名升为中尉。到2月27日，马瑟里又击落了2架寇蒂斯，因此在2月份一共击落了18架敌机。几天后，他和史塔尔施密特获准返回德国，休假一个月。II/JG27的奥托·舒尔茨军士也于2月22日获得骑士十字勋章，3月15日返回德国，接受军官委任状，并且跳过了少尉军衔，直接擢升为中尉。

"非洲一周年"庆典

1942年4月18日是I/JG27进驻北非一周年，纽曼准备为此举办一次"狂野的"庆祝活动。所有在非洲的德国空军、步兵和装甲部队都受到了邀请。来宾们在马图巴营地可以看到一座大帐篷，门口挂着一幅白布缝成的横幅："带啤酒来也好，带保龄球柱来也好，欢迎参加纽曼的沙漠狂欢！"纽曼还请来了第90"非洲师"的军乐队为大家助兴。第3中队前来参加派对的小伙子们都身穿奇装异服：天蓝色的婴儿装、竹子图案的裙子、海王和地精、挂满铝盘子的飞行皮夹克……赫姆特好奇地问波特根："如果约亨在这里，他会化装成什么？"后者毫不犹豫地答道："Casanova（浪荡公子）！"

在派对上，纽曼向来宾和下属们致祝酒词："一年前的今天，第一架梅塞施密特降落在的黎波里机场。从那个时候起便在艰苦的条件下一直英勇战斗的士兵们有权忘记一切，尽情享受今晚的放纵。本大队的将士们取得了优异的战果，在敌人的领空击毁了无数敌机，为胜利扫清了道路……光荣不仅属于飞行员，而且首先属于我们勇敢的地勤人员，技师、机修兵、雷达兵、通讯兵、医务兵、司机以及我们的炊事兵——今天的精美晚宴就是拜他们所赐……我们是密不可分的群体，团结的群体，充满战友情谊的群体。今天是庆祝的日子，也是狂欢的日子，你们可以、而且应该胡作非为，你们有这个权利！干杯！"

I/JG27的小伙子们赠给纽曼一根特别的拐杖作为非洲周年纪念品，它是用一架击落的"飓风"的操纵杆做的。然后这些精力永远过剩的人便开始了无边的狂欢。联队指挥部送来一大盆"潘趣酒"和好几桶红酒为晚会助兴，纽曼用他的新拐杖当宝剑，把I/JG27里块头最大的伯格军士封为"骑士"。基地的其他帐篷里还有化装舞会、飞镖比赛

和轮盘赌，大队的厨房做了烤羊肉和"古斯古斯"（北非的一种蒸面食），地上到处扔满了空啤酒瓶和烤香肠的木签。

当邻近的意大利友军前来道贺的时候，营地里已经闹翻了天。当晚最热闹的节目是拔河比赛，奖品是一大瓶真正的法国干邑白兰地。最终获胜的是维修连的地勤人员，他们的体力谁都比不过。基地的电台对这场狂欢进行了直播，晚会上的喜剧、杂耍以及各种笑话都传到了方圆30公里内的各处营地。对于每一个人来说，1942年的这次晚会都成了他们永生难忘的事，每个人紧绷的精神都得到了松弛，暂时忘掉沙漠里的尘土和炎热，精力饱满地迎接未来的战斗。

4月25日，马瑟里从德国回到了大队，一个多月的休假使他从妹妹去世的阴影中恢复过来，人们在他身上重新看到了往日的活力。当天早上，II/JG27的8架战斗机为I/StG3护航，轰炸托布鲁克港外的一艘英国油船；I/JG27的14架飞机在其上空担任警戒；III/JG27的13架飞机和15架意大利战斗机则在轰炸完毕后进行接应。这是几个月以来JG27的三个大队首次同时参战。英方派出33架战斗机前去拦截，击落了1架Ju87和1架意大利的MC-202，但自己损失了10架，其中马瑟里在两分钟内接连击落2架"小鹰"。现在他以54架的成绩当之无愧地成为I/JG27的头号王牌。

5月1日，马瑟里收到了晋升中尉的委任状，一星期后开始代理第3中队的中队长

197

隆美尔与非洲军

■刚获得骑士十字勋章、走出"纽曼华美剧场"的马瑟里。

■马瑟里的帐篷：左边是一床从家里带来的踏花被子，头顶上是蜘蛛网和一只大得吓人的假蜘蛛。

一职。原中队长赫姆特代理I／JG27大队长，纽曼则升任联队长。马瑟里进步之快令他的战友们咋舌：昨天还是与他们称兄道弟的约亨，今天就成了自己的顶头上司。不过，马瑟里从来没有摆出长官架子，用他朋友们的话说，他只是"官方意义上"的中队长，私下里仍是和其他年轻人不分彼此的伙伴。

像其他飞行员一样，马瑟里也憧憬着战后的生活。有一天，他在帐篷里和新调到3／JG27的飞行员施朗少尉（lt. Schlang）聊天，谈起战后的打算："我说老兄，战后你应该给自己弄一架飞机，然后开着它周游世界。"

"你呢？你战后也想继续开飞机吗？"施朗问道。

"当然！"马瑟里说，"有了飞机，你才会发现你周围的天地多狭小，你又是多么渴望

198

■起飞前的马瑟里总是显得很沉着。

摆脱周围环境对你的束缚。战后我要当一个专职飞行员。"

在这次聊天中，马瑟里还对施朗讲述了不久之前他做过的一个噩梦："我正飞着，突然周围漆黑一片，我从飞机里掉了出来，落到地面之前一切就都结束了。"这个预兆性的神秘恶梦几个月后就将成为事实。

渐入佳境

1942年5月间马瑟里一共击落了14架敌机：5月10日在马图巴击落2架"飓风"；13日在艾因盖扎莱击落2架"小鹰"；16日傍晚在艾因盖扎莱又击落了2架澳大利亚空军的"小鹰"（其中一架爆炸后的碎片还打中了第三架飞机）；19日上午击落了2架"战斧"；31日又击落了3架"飓风"。

随着隆美尔向埃及方向的胜利进军，空军的作用日益突出，俯冲轰炸机及为之护航的战斗机成了在其进军道路上扫清障碍的利器。5月19日，III/JG53从克里特调回了北非，II/JG27的大队长格利茨上尉（Erich Gerlitz）调去担任大队长，雷德里希战死后一度代理大队长的罗德尔再次接管II/JG27。

6月1日晚，马瑟里在3分钟的缠斗后击落了第69架敌机，并在两天后再次创下了令人目瞪口呆的战果。6月3日上午，3/JG27接到任务，为进攻比尔·哈基姆（Bir Hacheim）的德军提供空中掩护。该地位于艾因盖扎莱防线的最南端，由马利·柯尼希将军指挥的自由法国军队守卫着这里的一系列"盒子"（用铁丝网和地雷防卫的方块形筑垒地域）。StG3的"斯图卡"Ju87俯冲轰炸机已经起飞，马瑟里和其他5名战友也各自坐进了自己的飞机，6架黄褐色Bf109在尘土飞扬的沙地跑道上滑行了一段距离，轰鸣着飞上了天空，不久就消失在东方的地平线。

马瑟里的编队不久就追上了前面的"斯图卡"编队，随即分散到其周围担任外围护卫。"斯图卡"的飞行员和发报员们隔着座舱玻璃向他们挥手致意。除了3/JG27的6架战斗机外，JG27其他中队和大队的飞机也参加了这次护航，在"斯图卡"编队上空担任警戒和支持任务。德机编队飞到法军防线上空后，"斯图卡"以70度到80度急速俯冲下去,起落架整流罩上的哨子发出女妖般的尖啸,扔下它们携带的"死亡快递"。

"斯图卡"俯冲的时候,为其护航的战斗机在2000公尺高度盘旋,突然耳机中传来基地雷达站的警告:"印第安人向你们飞来!高度3000公尺!"马瑟里用余光看见了来袭的英机,迅速拉起机头,陡直地向上爬升占位。

英国人的飞机约有16架,排成环形编队,各机间隔约为70公尺,整个编队都正在领队机带领下向左转弯追击"斯图卡"。波特根的飞机紧跟在"黄色14号"左后方几十公尺的地方,但接下来发生的事令他简直不敢相信自己的眼睛:马瑟里一摆机翼,突然像鹞子一样猛地向下扎去,飞进了英机环形编队里,插在了两架飞机的空隙中间。在其后面的寇蒂斯驾驶员意识到前面是一架德国飞机之前,"黄色14号"的20mm机炮抢先向前面的飞机开了火。马瑟里仅仅发射了10发炮弹,便让这架寇蒂斯变成了一团火球,然后立即拉起机头向上脱逃。英机没有分散追击,而是排成了更紧密的队形。

令人难以置信的是,当被击落的飞机一头栽进沙漠的同时,马瑟里再次故伎重演,又一次飞入了英机编队中,离前面一架寇蒂斯只有约50公尺的距离,机鼻上的两挺机枪喷射出黄色火焰,又击落了1架寇蒂斯。此时"斯图卡"已经完成了轰炸任务,正在战斗机的护卫下准备返航,这时超乎一切人想象的事发生了:马瑟里第三次飞入了英机编队中!再次插入两架敌机中间!再次

击落了1架寇蒂斯!从发现英机到取得第3架战果不过才花了12分钟的时间,而真正的交战时间只有6到7分钟。

这下子英机慌了手脚,也顾不得保持队形了,纷纷四散飞开,然后调头向马瑟里扑来。旁边另一组编队中的10多架英国飞机也加入了战斗,35架寇蒂斯对1架Bf109展开了围攻!好在这时"斯图卡"已经飞出了英国飞机的追击范围,马瑟里的战友纷纷调转机头回来支持中队长,双方在空中展开了混战。对马瑟里来说,这正是大展身手的好机会,他用机枪击落了第4架敌机,1分钟后又击落了两架。从他第一次飞进英机编队算起,在11分钟的短暂战斗里,马瑟里一共击落了6架飞机(其战友也击落了2架敌机)。

看到英国飞机被驱散,马瑟里打破了无线电沉默,向僚机呼叫:"E1呼叫E2!你有没有战果?"波特根在无线电中答道:"E2呼叫E1!没有!我在帮你计算战果呢!"3/JG27的其他飞行员也听见了两人间的对话,纷纷在无线电中向中队长表示祝贺,马瑟里的耳机里一片七嘴八舌的说话声。飞行员们围在马瑟里和波特根的周围,像古代维京海盗们护送首领凯旋一般向基地飞去。

在马图巴机场上空,马瑟里的队友们向四周散开,让他一个人低空通场。马瑟里摇摆了一次机翼,表示击落了1架敌机,然后又摇了一次,等摇到第三次的时候,已经飞到了机场边缘,他将飞机拉起,兜了一个

大圈，然后又摇了3次机翼。地面的人群不禁哗然：击落了6架敌机！13时52分，马瑟里降落在跑道上，然后滑行到停机坪，四周"呼啦"一下子围上来几十人，把他从驾驶舱中抬了出来，架在肩膀上接受人们的欢呼。军械维护员舒尔特军士打开发动机罩，查看"黄色14号"的机炮和机枪，突然抬头看着马瑟里，脸上露出难以置信的神色。"怎么了，舒尔特？"地勤班长问道。

"你自己来看看！机炮炮弹只少了10发！机枪子弹也不过用了300来发！"

"这不奇怪，"已经爬下飞机的波特根向他们走来，"他不过打了10多分钟，每次击落敌机都是几秒钟内的事儿。要不是我亲眼看见，我也不敢相信。"

从此马瑟里成为JG27中的偶像人物。史塔尔施密特写给母亲的一封家信里描述了当时联队大多数人对马瑟里的看法："他的射击技术就像是超自然能力一般令人无法置信：他总是将子弹以不可思议的角度射入敌机，而且所用的弹药也比其他飞行员要少得多。他可以在任何姿态下准确射击：转弯、爬升、俯冲，甚至翻跟头时。我们要在这种姿势下射击是绝对不会命中的。"

波特根在6月3日当天写给联队的战斗报告中也对此表示惊叹："……在马瑟里开火前，似乎只要将机鼻对准敌机，就一定能命中。连他自己也不能解释其原因……这种技术别人目前无法模仿……这次战斗中，我注意到他在投入缠斗前像以往一样

将自己的速度降得很低，以减小转弯半径，在机动性上超过敌人……这次战斗中，他消耗的弹药一共为360发，平均每60发击落1架敌机……"

6月6日早上，马瑟里被召到大队队部。他惊讶地发现，除了担任战备值勤的人以外，全大队的官兵都在那里集合。片刻后，新任大队长赫姆特上尉露面了，跟在他后面的是艾伯特·凯塞林元帅！

马瑟里站在了凯塞林的面前，后者以元首的名义授予他一枚橡叶骑士十字勋章，以奖励他取得的75架战果。他是德军中第97个获得该勋章的人。当天德国国防军最高统帅部的战报广播中首次提及这名飞行员：

■手捧嘉奖文件的马瑟里中队长。

"6月2日，明希贝格上尉击落了第80架敌机……6月3日，马瑟里中尉击落了第70到第75架敌机……"

可以想象，当晚I/JG27的营地又举行了一次庆祝活动。纽曼提出给他几天休假，但马瑟里谢绝了联队长的好意。6月8日，马瑟里被正式任命为3/JG27的中队长。在这个月接下来的日子里，他由英雄变成了传奇：6月7日，在艾因盖扎莱至阿克鲁马（Acroma）一带击落2架"飓风"；10日晚上在比尔·哈基姆击落4架敌机；11日在阿代姆（El Adam）击落2架"小鹰"；13日晚18：10到18：15，马瑟里在托布鲁克上空于3分钟内击落3架"小鹰"，2分钟后击落了第4架。

15日傍晚，3/JG27要在阿代姆执行护航任务，马瑟里的机械师迈耶中士给"黄色14号"装弹药的时候，马瑟里跟他打招呼："迈耶，多谢啦！今天我打下一架飞机就分给你50里拉的红利。"迈耶笑道："中尉先生，这钱我可不敢要。要是跟您打这个赌的话，我怕您今天晚上就要破产了。"这天傍晚的战斗中，从19：01到19：05，马瑟里在4分钟内又击落4架寇蒂斯"战斧"，迈耶因此拿到了200里拉的奖金。现在他的战果上升到了91架，整个基地的人都在打赌马瑟里什么时候能够击落第100架敌机。最保守的人估计需要一个星期。

两天之后，这些保守的人便发现他们错了。

第101架战果

6月15日晚上，当马瑟里看完自己的飞机尾翼被漆上第91个击坠标志后和波特根一同走回帐篷的时候，一个地勤人员兴奋地向他们大喊："收拾你们的行李！我们就要搬回艾因盖扎莱了！隆美尔刚收复了那里。我们明天一早就动身，一个半小时以内扎好帐篷安置下来！"

"哦，我是对的。"波特根说道。

"什么对的？"马瑟里好奇地问。

"去年咱们从那儿撤退的时候，我在基地大门上给'汤米'们留了句话，说我们会回去，让他们把卫生保持好。"

他们走到史塔尔施密特的帐篷前，波特根把这个消息告诉了后者。

"真的吗？"

马瑟里点了点头，点着一根香烟吸起来。

"你在想什么，约亨？"

"在想今天我打下的最后那个英国飞行员。"马瑟里的声音变得不自然起来，"我在想，当人坐在机舱里，从天上笔直地往下坠，知道自己马上就要死去的时候，心里会是个什么滋味。"

史塔尔施密特把手搭在约亨的肩膀上，大家都沉默不语。他们都知道马瑟里说的是什么意思。

6月16日白天，由于JG27要执行战斗任务，搬家的事情被后延一天。这天晚上，马瑟里在阿代姆东南方击落了1架"飓风"，时

■舒尔茨阵亡前共取得了51架战果。

间是19:02。5分钟后，他发现了南非空军第2中队的另一群战斗机，于是再次使出"马瑟里之跳"的战术，飞入他们的环形防御圈，在19:10、19:11和19:13击落了另3架敌机。现在他只差5个战果就达到100架的目标了。

6月17日上午，I/JG27搬回了久违的艾因盖扎莱基地，其他两个大队也和他们一起转场到那里。英国空军派出战斗机对他们进行了骚扰，舒尔茨中尉和其他飞机一道与之混战。在战斗中，他击中了第274中队的1架"飓风"，其驾驶员康拉德少尉将飞机迫降在沙漠中。舒尔茨追过来进行低空扫射，在确认对方飞行员离开后，将那架飞机打爆。当他第二次从熊熊燃烧的"飓风"残骸上

飞过时，1架"战斧"在后面悄悄地跟上了他，在100公尺外的距离上向其开火。舒尔茨中尉的飞机一头栽进了沙漠，随即猛烈爆炸。

当天中午，JG27的另4架Bf109在坎布特上空与10架"飓风"和20架寇蒂斯相遇。13:02，马瑟里中尉第一个冲进了敌人机群，5秒钟内便击落了1架"小鹰"。当他向上爬升以摆脱后面敌机追击的时候，另一架"小鹰"突然出现在他前面，马瑟里没有多想就向它开了火，只见其发动机冒出一股浓烟，向下栽去。4架英机脱离了机群，组成编队保护跳伞的飞行员，马瑟里猛地降低速度摆脱了追击的敌机，然后调头向这4架飞机展开了攻击，并击落了其中的2架。

"约亨！再打下1架就满100了！"波特根在无线电里向他激动地大喊。马瑟里没有激动，他看见下面坎布特机场有1架飞机正在滑跑起飞，于是扑了下去，将其击落在跑道上，时间是6月17日13时09分。他已经击落了第100架飞机，成为德国空军第11位百架战绩的飞行员。

两分钟后，马瑟里发现头顶上有2架"喷火"快速飞过，估计是去执行侦察任务的，于是拉起机头笔直地向上爬升，悄悄地跟在他们后面，敲掉了其中1架，然后返航回家。在回程途中，他发现了一个"飓风"中队，于是偷偷跟踪了5分钟，寻找下手的机会，但是当他准备开始攻击时，其机炮和机枪却突然卡壳。这时，他已被敌机发现，2架"飓风"迎面扑来，一左一右将"黄色

203

14号"夹在中间。马瑟里猛地加速，从敌机的夹击中逃了出去。

"黄色14号"出现在艾因盖扎莱机场上空的时候，地面爆发出一阵欢呼。马瑟里晃动了6次机翼，然后降落在跑道上，滑行到自己的专用停机位，人们蜂拥而上，迈耶中士第一个跳上机翼，却发现马瑟里的表情与以前完全不同。孩子气的天真微笑不见了，他看上去形容憔悴、身心疲惫，凝神注视着前方的仪表板一动不动，仿佛完全变了一个人。突然，如同卸去一副重担似的，马瑟里摘下了飞行帽，向左转过脸来看着迈耶。迈耶打开驾驶舱盖，帮他解开降落伞背带，马瑟里伸出右手，迈耶一把将他拉起。这时，他才从之前的高度紧张中恢复过来。地勤人员欢呼着将他抬下飞机，扛在肩上。纽曼少校推开人群走上前去，和马瑟里紧紧地握手："谢谢你，马瑟里！真是太了不起了！不过明天我不想看到你再待在这儿了。明天你将飞回德国！没有任何讨价还价的余地！"这时联队通讯官也凑上前来："刚刚收到最高统帅部的电报！元首在拉斯登堡亲自发布了命令，向马瑟里颁发宝剑橡叶骑士十字勋章！"

"这下你更得回德国去了。"纽曼满面笑容地祝贺说。

"现在？少校先生？把图卜鲁格的战斗都扔下不管？在需要所有飞机投入战斗的时候？"

联队长的神情告诉马瑟里，这一次真的是没有争论的余地了。

在国内

马瑟里是德军中第12个获得宝剑橡叶骑士十字勋章的人。他在6月18日早上从班

■回国途中的马瑟里在班加西阅读登有自己被授予宝剑橡叶骑士十字勋章消息的报纸。

■马瑟里在拉斯登堡火车站的木头站台上。

加西飞到了那不勒斯，其乘坐的Ju52机组特地为他准备了一把躺椅，以让这位空军英雄旅途更加舒服一些。在那不勒斯机场，Ju52机组人员拿来几份报纸，上面用黑体字大标题写着"英雄马瑟里——100次空战胜利！"马瑟里不禁哑然失笑："英雄？一个英雄？我像吗？"

Ju52在罗马又加了一次油，然后便直飞柏林。当天下午4点，马瑟里的飞机在柏林－坦普尔霍夫机场降落。当他跳下飞机的时候，感觉自己的打扮——黄色军便服、白色飞行帽、右手还拎着一只手提箱——与机场上的隆重欢迎气氛并不相衬。新闻片《每周新闻》的摄制组拍下了他踏上柏林土地的镜头，人们送给他一份当天的报纸，头版是马瑟里的大照片，标题是"柏林为他而自豪！"机场上的人群向他挥手，高呼他的名字。在向欢迎委员会致以简短的答谢词后，马瑟里坐进了机场大门外的一辆出租车。连出租车司机都认出了他，把他载到舍讷贝格区的家门口后热情地拒绝接受车费，最后马瑟里塞给他一包香烟作为答谢。

马瑟里的家中早已聚集了上百人。亲友、邻居、记者、摄影师、海因里希亲王中学的同学和老师，以及他最盼望见到的两个人——母亲和未婚妻。马瑟里欣

慰地发现，自己并没有令这些曾经关怀自己的人失望。

在家里只待了两天，马瑟里便乘坐最高统帅部的一趟专列前往东普鲁士的拉斯登堡。希特勒将在那里亲自向他颁发勋章。从柏林安哈尔特火车站到拉斯登堡的木头站台，一路上人们都纷纷要求与他合影。

在阴暗潮湿的东普鲁士森林中，马瑟里见到了那个把欧洲和北非变为屠宰场的人，后者正式授予他宝剑橡叶骑士十字勋章。马瑟里本来个头就不高，但还是比希特勒高出几公分。具有讽刺意味的是，尽管马瑟里不是纯种雅利安人，好歹头发也是金褐色的，而元首的头发比他还黑。马瑟里奉命作一场45分钟的战况介绍，他向希特勒表示，盟军并不像某些德国宣传家所说的那么差劲："敌人的物质优势太强了，我们很快就会吃足苦头。"希特勒谈到了北非战场的局势，马瑟里发现他对那里的每一场战役都很关注。当被要求谈谈对北非局势的看法

■马瑟里在"狼穴"与奥地利下士握手。

205

时，马瑟里提到了飞机数量上的劣势，希望能够得到增援。他甚至还激动地说："我们需要更多的战斗机，因为英国人一天比一天壮大。我觉得我们轰炸机的数量早就该削减了，反正我们现在已经被迫处于守势。"

希特勒踌躇着说，俄国前线战况很紧张，德军不久就要在那里展开一次大行动，因此每一架可抽调的飞机都将派到那里去。但是他将安排一些飞机去北非，因为那里不久也将展开一次大规模行动，德军将会拿下开罗，所以会有更多的武器与弹药送往非洲。马瑟里原本相信希特勒的这些承诺会得到实现，但是回到非洲后不久就失望了。

在最高统帅部的晚餐上（希特勒照例吃他自己的素食），他们再次谈起了北非。希特勒的话题集中在隆美尔身上。"沙漠之狐"在比尔·哈基姆击溃了英军防线，收复艾因盖扎莱后向图卜鲁格发动了猛攻，并在6月20日攻克了该城，俘虏了上万名盟军官兵，缴获了大批物资，希特勒已将他提升为元帅。马瑟里后来告诉史塔尔施密特，他发现元首了解的事情十分广泛，知识渊博，注意力也很敏锐。晚饭后希特勒请这位年轻的英雄谅解，因为他不得不去埋头应付那堆小山似的战报。告别的时候，希特勒握住马瑟里的右手，那双淡蓝色的眼睛凝视着他，仿佛在说："再见，希望你取得更多的战果。"

离开拉斯登堡后，戈林元帅在其奢华的狩猎行宫——位于柏林远郊萧恩夫黑德的"卡琳大厦"接待了马瑟里。马瑟里被那里的欢迎仪式惊呆了：整整一个团站在他的面前接受检阅。戈林伸出手臂，用低沉雄浑的声音向他问候："在非洲沙漠中待了那么长时间，你一定想多看点绿色吧？"然后挽着马瑟里的胳膊，穿过"卡琳大厦"里一间间豪华的大厅，走到了主楼后面的园林中。在花园里，这位肥胖的元帅和瘦削的飞行员进行了友好、轻松的聊天。由于戈林本身便是一位空战王牌（在一战期间曾任JG1"里希特霍芬"联队最后一任联队长，击落了22架敌机，并获得第二帝国最高军事荣誉——"蓝色马克斯"勋章），所以马瑟里向空军的头号人物再次讲述了在非洲遇到的一系列困难：飞机和燃料的不足、"基布利风"和蚊子、苍蝇和疟疾、缺乏淡水、糟糕的伙食及其导致的黄疸病……

"我知道了。非洲战场将得到所需的一切物资。"戈林保证道，"特别是现在，隆美尔就要攻占亚历山大和开罗，他需要的所有物资都将优先供应。"然后他问起马瑟里的空战技巧。马瑟里比划着向他描述了自己如何突然插进英机的防护圈，如何闪电般地击中前面的飞机、然后逃离的经过。他向帝国元帅诉说了在最初使用这种战法的时候如何困难重重。"但是你并没有气馁，马瑟里。我很喜欢你这一点。"戈林赞扬道。

在临别时，深谙待客之道的戈林还以空军的名义送给马瑟里的母亲一大篮礼物，包括当时在柏林已经很罕见的新鲜菠萝、上好的葡萄酒、鱼子酱和瑞士巧克力。帝国元帅的奢靡生活给马瑟里留下了深刻的印象。

■马瑟里与希特勒青年航空团的年轻纳粹们在一起。

在"卡琳"庄园主楼的大门口，戈林双手握住马瑟里的肩膀说："好好干！摔断脖子和腿！"

当天傍晚，马瑟里坐着戈林的专车回到了柏林。在接下来的几天里，他与家人相处的时间也不是很多，空军和宣传部安排了一系列的接见、采访、拍摄活动。最后，宣传部长戈培尔博士在自己家里招待了马瑟里。他与戈培尔全家一起喝咖啡，向年轻的小戈培尔们讲述如何击落英国战斗机，品尝戈培尔夫人玛格达"亲自"（起码她是这么告诉他的）为他做的小点心。晚饭后他与宣传部长一直谈到了深夜，戈培尔满意地发现自己为其鼓唇弄舌的宣传机器找到了一位"德国士兵的楷模"。当马瑟里起身告别时，戈培尔对他说："你是一个天赋异禀的人，虽然你挂着中尉的军衔，但骨子里还是一位士兵，天才的、优秀的士兵。记住，一定要保护好自己，成为我们以及后代的楷模。""我会努力的。"马瑟里答道。不过他并不想成为什么"楷模"或者"教材"。他希望的只是能够作为一名飞行员，自由地投入战斗。

此后马瑟里又参加了一系列官方活动，包括柏林市长在市政厅"红色大厦"（Rathaus）举办的仪式，将他的名字写进了一本金色大书：《柏林名人录》。从市政厅回家的路上，他选择坐电车，售票员认出了他，车里的人"呼啦"一下围了起来。售票员怎么也不肯接受马瑟里的车钱，自己掏腰包替他买了票。

当晚，马瑟里穿着便服和母亲夏洛特夫人一起去看电影。拜灯火管制所赐，这一次在路上没有被人拦住要求签名或合影。他们看的电影是《最后的安东》，正片之前的《每周新闻》里出现了英吉利海峡空战的镜头。一架Bf109在长时间缠斗后追到了一架"喷火"的后面，刚要开火，那架"喷火"一摆机翼翻滚到Bf109的下方。德国飞行员还在盲目地向前方的天空开火，这时马瑟里忘记了自己身在何处，站起来大喊"停止射击！停止射击！"前面的一个观众回过头来打量了他一眼，轻蔑地用地道的柏林腔说道："年轻人，你知道什么？你有人家马瑟里知道的多吗？"马瑟里并没有还嘴，而是坐了下来，脸上露出调皮的微笑。他母亲看到了一丝熟悉的表情，小时候他要淘气或者搞恶作剧时常是这副模样，于是悄悄地攥住了他的手。

虽说马瑟里不是一个淡泊名利的人，但无休止的官方庆祝活动最终还是让他感到厌倦了。在柏林的最后一周里，他隐身在绿林区（Grunewald）的湖泊和河流中，钓鱼、划船，还和朋友打了两次猎。但是最令

他高兴的活动，如他回到非洲后对史塔尔施密特所说，是去柏林的希特勒青年航空团（Hitler Jungen Berliner Flieger）向那里的孩子们作报告。这些十几岁的少年在那里接受飞行训练，身穿制服聆听马瑟里讲述他的战斗故事。约亨给他们讲了激烈的空中缠斗、僚机飞行员的无私、英国人的勇猛顽强、壮丽的沙漠日出和狂暴的"基布利风暴"、海边的罗马遗迹、寒冷的夜晚和炎热的白天。他还讲到了他的同事和战友，史塔尔施密特、纽曼以及舒尔茨。到演讲结束的时候，这些孩子缠住他不放，直到马瑟里答应与他们每人单独拍一张合影为止。

在国内休假期间，马瑟里还被维利·梅塞施密特博士邀请到他在巴伐利亚奥格斯堡的工厂参观。他向博士讲述了自己驾驶Bf109各型号飞机的心得。这两个人一个造出了德国空军最优秀的战斗机，另一位在战斗中将这些飞机的性能发挥到别人无法达到的极致。马瑟里还提出了一些在使用中发现的问题，梅塞施密特博

■在梅塞施密特公司的欢迎会上。

■与梅塞施密特公司的首席试飞员温德尔（左）一起抽烟。

■在奥格斯堡的梅塞施密特工厂，马瑟里正在系飞行围巾，准备试飞最新型的Bf109-G10型飞机。

■与未婚妻汉妮在柏林西郊的绿林区打网球。

士表示这些问题在新出厂的G型飞机上将得到解决，随后请马瑟里讲述了他在空战中使用过的飞行技巧。与单纯研究战术的飞行员们不同的是，梅塞施密特博士还要计算气流、风向、武器、燃油重量和天气对战斗机性能的影响。马瑟里说当他飞到离英国战斗机很近的地方时，经常可以感觉到紊流对操纵杆的影响，他本人可以完全控制住飞机，但其他飞行员遇到这样的情况可能不知该如何处理。

谈话结束后，梅塞施密特带着马瑟里参观了飞机组装车间，受到工人们的热烈欢迎。这时一架新组装好的Bf109飞机降落在车间外的试飞跑道上。"这是我们的试飞员温德尔。咱们到外面去。如果你愿意的话，

可以开开我们最新式的109飞机。"（1938年7月，巴伐利亚飞机厂（即Bf）更名为梅塞施密特飞机厂，故Bf109亦称Me109，但一般仍称Bf109。）

他们坐车来到了试飞场。温德尔（Fritz Wendel）是梅塞施密特公司的资深试飞员，曾于1939年4月26日驾驶Me209-V1型飞机达到755.138公里的时速，创造了活塞螺旋桨飞机平飞速度的世界纪录（该纪录直到1969年才被打破）。温德尔热情地与马瑟里握手："你好，马瑟里！早就听说过你的大名了。看！这是我们最新的飞机。想开开看吗？"他指着停机坪上一架Bf109-G10型战斗机问道。马瑟里愉快地接受了邀请，他系上飞行围巾，坐进驾驶舱，发动飞机，

滑跑到起飞位置。起飞旗刚一举起,飞机便轰鸣着飞入了天空。马瑟里在空中做了一系列特技动作,横滚,空翻,急升转弯,俯冲到离地面只有几公尺的地方然后陡直拉起……等他落到地面后,温德尔惊叹道:"我知道该把这架飞机送给谁了。太谢谢你了,马瑟里!你让她活了起来!"

在德国的最后几天,马瑟里是和未婚妻汉妮莉斯(Hanneliese Kruppers)一起度过的,她是一位教师,为人活泼而风趣。马瑟里很想让她陪自己一起回北非,或者哪怕仅仅送他到罗马也好。8月6日收到的一封

意大利电报让他喜出望外:"领袖在今天授予您金质忠勇勋章(Medaglia d'Or),请来罗马受勋。"在二战中,只有另一位德国人有幸荣获此勋章,即明希贝格少校,连隆美尔元帅也只获得了银质忠勇勋章。

他和未婚妻一起飞到了罗马,受到"如同昔日迎接罗马皇帝凯旋"般的盛大欢迎典礼,并于8月13日受到墨索里尼的接见。这位独裁者对年轻的德国空战英雄一向十分有好感。他说:"不只是你们的祖国以你为荣,意大利人民也以你为傲。对德国的盟邦们而言,你也是我们的一分子。对于你的胜利,我们和德国人民一样地感到兴奋,也和德国一样为你热烈庆祝。"

但是,这位法西斯领袖给马瑟里留下的最深刻印象是:"他竟然吻了我两边的脸颊!我真不喜欢这样的方式!撇开别的不说,他连胡子都没刮干净!"

非洲之星的升起

1942年8月23日,在国内休假两个月的马瑟里终于回到了利比亚,在他缺席的两个月里,北非情势发生了重

■马瑟里正在讲解战术。

马瑟里常用的几种攻击战术

1.爬升－俯冲攻击：

b.以大角度急速拉起，爬升到敌机上方，然后向下俯冲。

d.必须不断侧滚以调整机头指向，否则无法击中敌机。

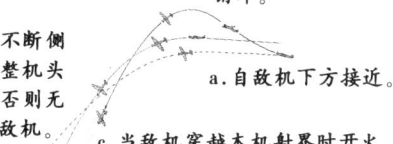

a.自敌机下方接近。

c.当敌机穿越本机射界时开火。

2.小半径盘旋：

c.若转弯半径过大，则会导致脱离目标。

a.敌机未发现自己时可直接将其击落。

b.敌机发现自己并作出机动规避时，以小于敌机的转弯半径急速转弯，将其击落。

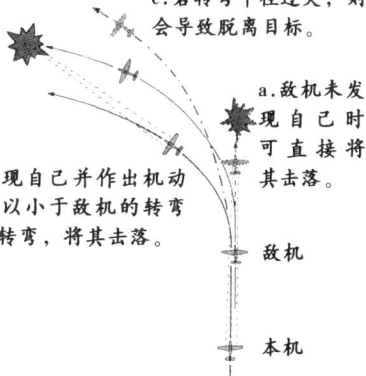

敌机

本机

3.盘旋格斗：

敌机

本机

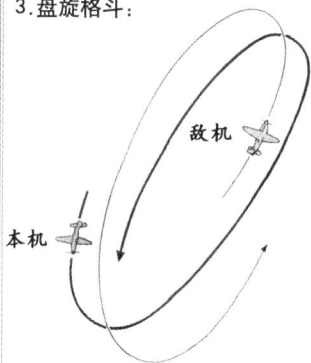

4.从斜上方冲入敌机环阵 (Lufberry Circle)：

德国空军本是"一击脱离"战术的奉行者，而马瑟里却找到了一种"打了不跑"、继续攻击的办法，那就是在垂直平面而不是在水平平面进行空战。盘旋能力既是机翼载荷的函数，也是速度的函数，开始俯冲时获得的速度使其在迅速跃升过程中发起闪电般的攻击，尔后在防御者作出反应前脱离到环阵上方，这时由于爬高过程损失了速度，可以在低速状态下小半径转弯，迅速占位并再次俯冲攻击。这种方法要求飞行员射术精湛，马瑟里将此种战术发挥得淋漓尽致。

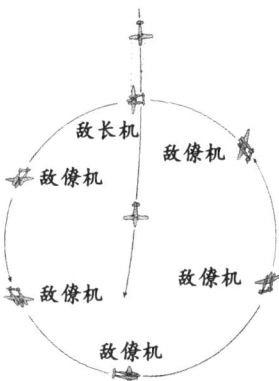

敌长机

敌僚机

敌僚机

敌僚机

敌僚机

5.垂直方向缠斗 (dogfight)：

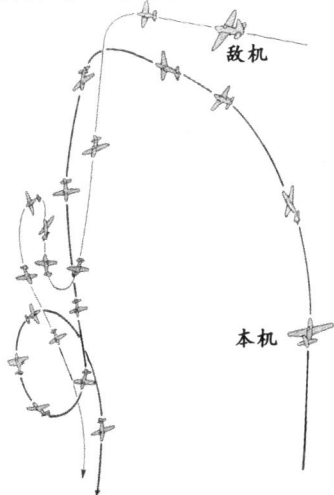

敌机

本机

6.俯冲轰炸机护航作战：

与护航的俯冲轰炸机分离

然后向敌机发起攻击

向俯冲轰炸机

发动进攻的敌机　俯冲轰炸机

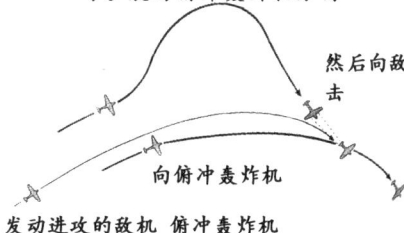

马瑟里是少数几个能够熟练地掌握偏转射击技术的飞行员之一，他自1941年4月到1942年9月在沙漠上空共取得151架战绩，这个数目听起来似乎令人难以置信，但其中绝大多数均在盟军档案中有据可查。

大变化：7月1日到3日，隆美尔袭击距离开罗只有60公里的沙漠火车站——阿拉曼，给英军造成极大的恐慌。虽然这次攻势消耗了隆美尔有限的物资给养，迫使其在此转入防御，但英国人并不知道这一点，结果地中海舰队匆忙放弃了亚历山大港，转移到红海；开罗的英军总司令部也开始焚烧文件……这一天因此得名"圣灰星期三"（Ash Wednesday，意想不到的"副作用"是：开罗的英军官僚机构后来因此大大提高了工作效率）。

对JG27来说，这段时间里最重大的事件是II/JG27的施奈德下士（Uffz. Bernard Schneider）于8月7日击落英军新任第8集团军司令戈特中将（Sir William H. E. Gott）的座机，这位刚上任一天的司令当场阵亡，使得后来在阿拉曼一役中成名的蒙哥马利中将接掌其职务。

但对马瑟里本人来说，最大的变化发生在当天傍晚回到艾因盖扎莱基地后。他惊喜地发现，自己的帐篷已经被同伴们改造成一个沙漠酒吧：帐篷的右边是小型吧台，旁边有一台轻型钢琴，左边是3张桌子，上面已经摆好了丰富的晚餐——马铃薯、煮鹰嘴豆和英国人的牛肉罐头。帐篷最里面有个一人大小的出口，用布帘遮住，帘子后面是一顶睡觉用的小帐篷。马瑟里笑逐颜开地说："嘿！简直太棒了！再找个穿白西服的黑人调酒师，就都齐了！"

黑人调酒师不久就找到了。他是南非陆军的一名黑人下士（而非一些传记里所说的南非随军牧师的仆人），名字叫马修·勒图鲁（Mathew Letulu），但JG27成员习惯称他为"马蒂亚斯"。1942年6月20日，他与另外3万多名盟军士兵一起在图卜鲁格被俘，然后自愿报名参加3/JG27的勤务队，主要负责开车。马瑟里将他调到自己手下充当勤务员，而且不顾第三帝国荒谬的种族政策，和他成了好友。马瑟里死后，马蒂亚斯又去"伺候"弗朗茨克特上尉，并一直伴随德军撤退到西西里、克里特岛和希腊。1944年英军收复希腊前夕，弗朗茨克特设法将他安排进一座即将被盟军解放的战俘营，他在那里被英军解救。1989年，当JG27的老飞行员们得知"酒保马蒂亚斯"还活着的消息后，把他邀请到埃及参加"非洲军团"老兵聚会活动。

从8月31日到9月26日，马瑟里在五个

■ 在"非洲军团"老兵聚会上，马蒂亚斯回忆起3/JG27的中队长："马瑟里上尉是个伟大的人物，他永远伸出乐于助人之手，充满友善和幽默感，对我非常好。"

星期内继续快速积累着战果，又击落了57架敌机，仿佛暝暝中在为一个目标凑数，并因此获得二战中德国最高军事荣誉——佩戴钻石、宝剑、橡叶骑士十字勋章。可是与个人的高歌猛进正相反，德军在非洲前线的总体形势不容乐观：以马耳他为基地的英国轰炸机对轴心国运输船队展开了大规模攻击，6月击沉6艘补给船，7月击沉7艘，8月更将12艘送入地中海海底。隆美尔急需的汽油、弹药以及崭新的飞机和坦克随之化为泡影。由于缺乏零部件，至8月末，整个JG27的83架飞机中，只有59架堪用。具体配置如下：JG27指挥部：2架Bf109，驻地为桑亚－昆塔菲亚；JG27第I大队：23架Bf109，驻地为特尔比亚；JG27第II大队：24架Bf109，驻地与指挥部相同；JG27第III大队：10架Bf109，驻地为哈格格－夸萨巴。此外，其他空军战斗部队在北非的兵力如下：JG53第III大队：24架Bf109，与JG27第III大队共享机场；ZG26第III大队：46架Bf110-C，驻地卡斯塔利。

综合上述数字，1942年8月底德军在北非前线仅可投入作战飞机129架（轰炸机和俯冲轰炸机未计算在内），而此时英军可投入的战斗机达295架，是德国人的两倍多。

在诸多不利情况下，"非洲之星"传奇的第三个阶段开始于8月31日。当日上午10:20，JG27第I大队再次担任为"斯图卡"护航的任务，空战中，马瑟里于阿拉曼（El Alamein）上空顺利击落2架"飓风"，当天傍晚的另一次护航任务中又击落1架"喷

火"。不过，这些还只是序幕，第二天他将创造德国空军史上的一个奇迹。

9月1日清晨7:00，太阳刚从东方沙漠的地平线升起，就像一个硕大的火球。机场上，每天清晨的例行活动已经展开，马瑟里中尉站在"黄色14号"旁边和弗朗茨克特聊天，讲述头天晚上和"喷火"缠斗的心得，纽曼少校也走过来加入交谈。当地勤人员为座机加油装弹后，马瑟里说了声抱歉，告别兴致勃勃的谈伴爬进Bf109-F的座舱，准备前往阿拉曼上空执行护航任务。7:56，"黄色14号"轰鸣着飞入天空，与I/JG27的另外15架飞机及III/JG53的10架增援飞机奔赴前线。

就像以往一样，马瑟里首先发现敌机——16架英军的"寇蒂斯"正在阿拉曼上空悠然地编队飞行，完全没有意识到危险降临。8:26，马瑟里从高空直扑而下，冲入敌机编队，在一分钟内击落了第一架英机。其僚机施朗中尉还是个新手，在空战中企图跟随马瑟里学习战术，但他根本做不出中队长如此疯狂的飞行动作，只能飞到上方为其计算战果。8:28，第二架敌机又变成施朗的统计数字。当德军"斯图卡"开始俯冲之时，一架"寇蒂斯"从下方悄悄地逼近马瑟里，想从机腹方向攻击他。马瑟里发现对方企图后，立即做了两次漂亮的横滚，翻到英机后方，射出大约50发子弹，目标拖着黑烟向沙漠栽去，四分钟内已经击落3架敌机，这个战果相当不错。

这时英机编队已经解散，6架"寇蒂斯"

■（上及下）马瑟里外表秀雅文弱，身材如同女孩一般，但一旦升空，立即变成无情的杀手。综观其飞行生涯，一共起飞482次，其中388次为战斗起飞，即取得158架战果，而德国王牌飞行员在战争结束时，往往拥有近千架次战斗起落，如此可以推论马瑟里活到1945年，可能已经击落400架飞机。

些来不及减速的"寇蒂斯"从他旁边冲过去的时候，马瑟里再次向右急转，飞到敌机后面，于8：39，再次击落一架。这时传来地面战管人员的呼叫："返航！基地已完成为你加油的准备"，马瑟里和施朗一起脱离战场。当地勤人员爬上"黄色14号"重新装弹时，发现马瑟里击落4架敌机只消耗了80发炮弹和240发机枪子弹。

当天第二次飞行任务是为轰炸阿拉姆·哈尔法山（Alam Halfa）的"斯图卡"护航，那里的英军凭借山梁上几座地堡中的大炮，顽强阻挡着"非洲军团"的攻势。还未到达目标上空时，德机便与一群英国飞机遭遇——30架"寇蒂斯"正为赶去攻击隆美尔的轰炸机护航。当他们看到德机后，其中8架战斗机立即脱离编队，组成"环阵"逐步逼近。马瑟里和另两架Bf109前去迎战，在僚机保护下分别于10：55和10：56轻松击落

绕到马瑟里的后面展开进攻。马瑟里耐心地等到对方飞离自己只有150公尺的距离，然后突然减速向左急转以脱离敌机射程，当这

其中2架。英国人恼火地一拥而上，试图群殴这架恶魔一样的黄褐色敌机，但马瑟里毕竟技高一筹，一分钟内又有两架"寇蒂斯"

■当海峡前线战况逐步稳定后，英国终于将部分"喷火"式战斗机转移到北非，从此刻起，德国飞行员的日子就不太好过了。

■马瑟里的黄色"福斯"座车，注意车门上的黑字"OTTO"。

队向己方机场落荒而去，但马瑟里和施朗一同紧追不舍，并终于斩获第九个战果。另一架英机见逃生无望，索性转回头来，向看起来技术平平（事实也是如此）的施朗发起进攻。马瑟里见状立即间隔到两者之间，纠缠敌机以方便施朗逃脱，然后在英机炮口喷出黄色火焰前的一刹那将机头猛烈下压，躲开了对方的攻击，之后急剧减速，以小得难以置信的转弯半径绕到英国人后方，让它成为自己当天的第10个战果。

在飞返基地途中，马瑟里发现另外一群"寇蒂斯"也在向东返航，他用机炮击落最右边的敌机，且把左侧目标让给施朗，希望僚机初尝胜利果实。但后者手忙脚乱之际没有成功，马瑟里心急如焚，一个"S"形转弯"插足"

成了他的"刀下之鬼"。至此，马瑟里已在一天之内击落8架敌机，打破了他的个人纪录。

剩下的4架"寇蒂斯"见这个德国佬不好惹，遂放弃继续与之缠斗的念头，两两编

而入并补射成功。至11：05时止，马瑟里当日战绩已经飙升至12架！

当他们返场时，地面人群再次爆发出欢呼，但这些欢呼突然中断了，所有人都屏住了呼吸——"黄色14号"的左轮在触地的

215

一刹那爆胎了！直到马瑟里关闭发动机、曲折地滑行到跑道尽头，大家才松了一口气。

马瑟里没有参加当天中午的第三次护航任务，因为在人们热烈祝贺的间隙，纽曼注意到这位年轻人疲惫而紧绷的神情，于是提醒道："你现在必须回去休息一会儿。"马瑟里回到自己帐篷中，一头倒在床上，几分钟后，史塔尔施密特走进中队长的帐篷想表示祝贺，却发现马蒂亚斯就像尽职的仆人一样示意自己不要出声，然后被轻轻地推出了帐篷，因为中队长已经睡着了。

当马瑟里像孩子一样熟睡的时候，附近驻扎的意大利部队"偷"走了他的座车，并用黑油漆在车门上涂写了四个大大的字母："O-T-T-O"——在意大利语里，这个词的意思是"8"，意大利人用这种方式来表示对他的祝贺。看来，他们知道的讯息有些滞后，因为此刻马瑟里已经击落12架敌机。

当天下午一点多钟，马瑟里轻松而愉快地睡醒了，他决定与自己的老伙计开个玩笑，顺便抓个做午饭的差役，便拿起话筒接通了史塔尔施密特的电话。

"喂？少尉同志"，马瑟里捏着嗓子用维也纳口音说，"我是飞行员芬克尔休伯，今天刚调到埃赫纳，你什么时候来接我啊？要不给我派辆专车吧！"

电话那头先是一阵沉默，然后咆哮起来，声音大得连马瑟里旁边其他观看这场恶作剧的人都听得清清楚楚：

"芬克尔休伯？没听说过。要专车？

你等着看我怎么来接你！"

"芬克尔休伯"示意旁边的人不要笑，然后继续捏着嗓子说：

"你来接我吗？太好啦！我有一大堆行李呢。"

可以听得出来，电话那头的史塔尔施密特已被这个不知好歹的"新人"完全激怒了。

"你在哪儿？我去收拾收拾你！"

"我在非洲，亲爱的少尉先生！"马瑟里赶紧挂上电话，不过还是晚了一步，周围伙计的哄堂大笑暴露了"芬克尔休伯"的真实身份，几分钟后，满脸狐疑的史塔尔施密特出现在帐篷门口。

"做得很好，芬克尔休伯，你来得正好，厨房现在正缺人手，削洋芋去吧！"

当马瑟里再次接到出击命令时，"黄色14号"的轮胎已经修好，尾翼也涂上了最新的击坠标志——被花环围绕的"100"，下面是16道竖杠。I/JG27这次的任务是为大约50架"斯图卡"和Ju88轰炸机护航，另有II/JG27的10架战斗机提供支持。

17：41，德机在德尔·拉加特（Deirel Raghat）上空与15架英国战斗机遭遇，基地无线电台听到了马瑟里发出的警告："E1呼叫，E1呼叫，所有人提高警觉！"两分钟后，迎面相遇的两群战机展开了缠斗，如同往常一样，马瑟里身先士卒冲入敌机中间。17：47，他的首例战果——一架"飓风"已经翻转落地，然后在17：48、17：49、17：50和17：53又各击落一架敌机，前后仅仅6分钟，马瑟里击落了5架敌机！与他一同执行任务的史塔尔施密特和斯坦因豪森各击落2架，冯·列雷少尉（von Lieres）击落1架。双方战斗一共进行了7分钟，英方损失10架战斗机，德方无一损失。

这一天，马瑟里创下个人飞行员生涯中的最辉煌纪录：击落17架敌机，成为当时单日击落敌机数量的世界冠军，直到1943年冬天，德国飞行员埃米尔·朗格（Emil Lang）才在东线战场将其超越，后者的战绩是18架。不过按照当时德国飞行员中普遍流行的说法（正如大王牌JG52联队长埃里希·哈特曼在战后面对苏联审讯时所描述），"击落1架英国战斗机，等于击落3架俄国飞机"。

在马瑟里当日作战期间，留守基地的人们都麇集在无线电室门口，似乎预感到一个重要时刻即将来临。17:44，纽曼也来到这里和大家一起聆听战斗经过。17:47，当无线电中第一次传出"祝贺你，E1！"的声音时，大家都露出了欣慰的微笑。此后，无线电里不断传出飞行员们兴奋地喊叫："约亨，干得好！他被打下去了！""E4，赶快拉起，拉起！""见鬼，汤米从我手中逃掉了！""E1！祝贺你！第3架！"

到17:50，也就是马瑟里击落当天第16架战果时，纽曼点着了一支香烟，旁边的人看到他的手有点发抖。时间又过了三分钟，而这三分钟就像三个小时一样漫长。突然，人们听到施朗兴奋地狂呼："第5架！约亨！第5架！"纽曼摇了摇头，消失在机场跑道尽头——大家都看得出来，最担心马瑟里的人就是他了，有时竟如慈父一般。后来纽曼回忆说，那天晚上是他生平最紧张的时刻之一，生怕约亨的好运就此终结，因为很多飞行员在到达巅峰之时，往往会突然出现什么意外。

30分钟后，第一架德机出现在机场上空。战友们都未马上降落，而是在空中继续盘旋，把跑道让给"黄色14号"。当马瑟里如接受空中检阅般降落在地面后，纽曼立即像少年一样飞快地向他跑去，"这回他们该给你镶钻的家伙了！"联队长笑得合不拢嘴。实际上，要获得这枚德国最高军事荣誉，马瑟里还差4架战果。

当晚，基地里放映老电影《与皇帝共舞》，马瑟里只看了两眼便起身回到自己帐篷中，一屁股坐到沙发上，接过马蒂亚斯为他调好的饮料，准备好好喘口气。这时，大队指挥部来人通知他去接听一个重要的长途电话。

■准备进行地面校射的"寇蒂斯"P-40"战斧"式战斗机，该机不仅皇家空军多有采用，也是在北非作战的南非空军主力机型。

隆美尔与非洲军

电话那头传来的是他已经非常熟悉的声音："马瑟里中尉，我以个人名义祝贺你的胜利！今天你们一共击落了多少敌机？"

"26架，元帅先生"，马瑟里对凯塞林说。

"好好干！很快你就会听到好消息了。"凯塞林所指当然也是关于勋章之事。

9月2日，I/JG27和 II/JG27再次执行为俯冲轰炸机护航的任务，在伊玛伊德（Imayid）上空，马瑟里在两次战斗中击落5架敌机，时间分别是9：17、9：18、10：24、16：17和16：21——现在他已是德国空军里首屈一指的王牌飞行员了。9月4日，最高统帅部战报中再次提及这位空军英雄："马瑟里中尉，某战斗机联队的中队长，在9月1日击落了16架敌机（后来将数字更正为17架），连同前天战果，他已经击落了125架敌机。"

与此同时，在9月的最初两天里，隆美尔决定孤注一掷向英军发动最后进攻，试图饮马苏伊士运河。他动用了所有剩余物资，并将后续作战的赌注压在缴获开罗和亚历山大的物资仓库上，但由于英军的顽强抵抗，

■在北非战区，"飓风"式演变出携带2门40mm机炮的Mk.IID型，立即对德军III号和IV号坦克构成致命威胁。

■击落第125架敌机后的马瑟里，表情似乎还有些紧张。

"沙漠之狐"直到燃料用光也未能击溃蒙哥马利，不得不再次转入防御，等待本土运来补给。此时的马瑟里却是食髓知味，战绩扶摇直上，在9月3日的两次战斗中，他又在伊玛伊德上空击落7架敌机，其中包括2架"喷火"。9月4日从10：48-11：00，共击落4架"寇蒂斯"。9月5日，在阿拉曼上空的11分钟缠斗中击落4架"寇蒂斯"，6日又击落3架"寇蒂斯"和1架"喷火"，总战果上升到145架。

9月7日下午，史塔尔施密特少尉在执

218

行任务时失踪，此时他已经取得59架战绩，获颁橡叶骑士十字勋章，且不久就能提升为中尉。当时，马瑟里还在阿拉曼执行另一次护航任务并击落3架敌机，回到基地时才惊闻这个噩耗。"我马上回去找他！"马瑟里冲出帐篷，"他一定在沙漠里迫降了！"

但他跑到大队指挥部后，发现史塔尔施密特的僚机飞行员冯·列雷及另外两位目睹其迫降的飞行员正在那里描述作战过程——史塔尔施密特在回途中被一架经验老到的"喷火"偷袭，飞机受伤后迫降在战线后方约50公里的沙漠中。

"少校先生！我要带着中队过去救他！或者至少把队部的4架飞机给我，离天黑还有一小时，我们完全可能找到他！"马瑟里向纽曼请求说。

"你给我待在这儿，马瑟里！"纽曼瞪了他一眼补充道："第I和第II大队已经派飞机去搜救了。"马瑟里颓然回到自己的帐篷，虽然纽曼答应过一找到史塔尔施密特立即通知他，然而他完全失望了。当最后一架搜索机返回基地时，天色已全黑了下来，没有人发现史塔尔施密特及其座机的踪影，这位战友被列为"战斗中失踪人员"，从此杳无音信。

马瑟里默默地吃着晚饭，好友的失踪令他伤心欲绝，恰在此时，大队报务员走进帐篷，递过一封电报。这是帝国元帅戈林发来的，上面写道："……我为你感到骄傲和自豪的心情从未像今天这样强烈，你以大无畏的精神在空中与敌人战斗，无论在何时何

■马瑟里佩戴宝剑橡叶骑士十字勋章的标准像。

地均能将他们击败……带着感激和赞赏的心情，我荣幸地通知你，你已被元首提名授予德国最高军事荣誉。……好好休息，我亲爱的马瑟里！……希望你在士兵运气的保佑下继续战斗，直到我们赢得最后的胜利！"

当天晚上，其他祝贺电报也接踵而来。其中包括戈培尔的贺电、冯·里宾特洛甫的贺电、米尔契空军元帅的贺电以及非洲军团司令隆美尔元帅的贺电。然而第3俯冲轰炸机联队（3/StG3）一位中队长西格尔中尉发来的电报最能表达一般军人的心情："……我的联队向你表达最真挚的感谢，因为你的英勇战斗，我们才得以安全地完成自身任务。JG27为我们提供了最出色的护航，我也希望本联队全体人员的真心祝福能

成为你的守护神，使你从每一次战斗飞行中
安全归来……"

迷失的星辰

　　如今，马瑟里达到了其战斗生涯的顶
点以及荣耀的巅峰，9月2日他终于得到了
"镶钻的家伙"，此前德国军队里只有三人
荣膺该勋章：战斗机兵种总监莫德斯上校
（Werner Moelders，1941年7月16日，即
该勋章创立的第二天）、JG26联队长、战
斗机兵种总监阿道夫·加兰德上校（Adolf
Galland，1942年1月28日）、JG77联队长戈
登·戈洛布少校（Gordon Gollob，1942年
8月30日）。

　　9月11日，马瑟里在伊玛伊德又击落
了2架敌机，时间分别是8：40和8：42。9月
15日17：15，I/JG27的18架Bf109为"斯图
卡"护航时，于阿拉曼上空与36架"小鹰"
遭遇，至担任支持任务的第II和第III大队的
25架战斗机赶到战场时，马瑟里已在11分钟
内击落了7架敌机，其他战友击落4架。援
兵到来后，II/JG27击落1架，III/JG27击落
7架，但战斗中，　3/JG27中队的普里恩军
士驾驶的Bf109被英机击中，坠落过程中又
与同队的霍夫曼少尉（Lt. Hoffmann）相
撞，后者座机被切掉一侧机翼，在跳伞时双
腿被垂尾切断，而普里恩军士没有机会跳
伞，与飞机一道坠入沙漠。

　　如今，马瑟里已经拥有151架战果，
与戈洛布少校和赫尔曼·格拉夫中尉

■*拜访隆美尔元帅。*

（Hermann Graf）一同成为当时德国空军"三大天王"，而且他击落的全是英国飞机，"含金量"自然重于以击落大多为苏联飞机的其他二人。9月16日，最高统帅部再次公开宣布了马瑟里的最新战绩。

当晚，马瑟里在帐篷外散步的时候，第I大队车辆调配场（Kraftfahrtabteilung）的赫尔曼下士与他搭话。

"中尉先生，请允许我向您表示祝贺！"

"祝贺什么？"马瑟里好奇地问。

"我不能告诉您，上尉先生。"赫尔曼下士故意不小心改变了称呼，果然在一个半小时后，纽曼少校宣读了提前晋升马瑟里为上尉的通报。

9月17日，隆美尔元帅邀请马瑟里到"非洲军团"司令部做客，后者请求与几个战友同行，隆美尔愉快地答应了。于是，马瑟里开着那辆黄色的"OTTO"，里面坐着JG27第3中队的另外半打飞行员，来到隆美尔那辆著名的指挥车"猛犸"（即长毛象）跟前。元帅站在车前迎接马瑟里，向他伸出手来："祝贺你的成功！我很羡慕你，马瑟里，很高兴你能到这里和我们在一起。你和你的战友为'非洲军团'提供了第一流的帮助。"马瑟里向隆美尔介绍了自己的战友——他们每人都佩戴着铁十字勋章，隆美尔兴致勃勃地和他们聊了起来。大约半个小时后，隆美尔被值班军官紧急叫走，但邀请他们留下吃晚饭。负责接待的军官对这些飞行员说："你们真幸运！元帅刚从前线回来

几分钟就接见了你们，而且为了表示敬意，还特意穿上了最好的一套军服。以前我只见他穿过一次，就是接见一名受重伤后仍坚持继续作战的装甲兵少尉时。"

此后几天里，由于马瑟里在帐篷外绊了一跤，以前迫降时骨折的胳膊旧伤复发，遂被纽曼宣布停飞休养。直到9月23日，纽曼才允许他重新上天，但不能参加战斗任务，只能先在邻近的备用机场做一些恢复性试飞。

9月26日早晨，8架"飓风"和2架"喷火"飞到德军阵地上空骚扰，JG27第I大队由旧伤初愈的马瑟里担任领队，率领6架战斗机与其交战。双方在艾尔达巴（El Daba）上空展开激战，马瑟里于9：10击落一架"喷火"，9：13和9：15又各击落1架"飓风"，然后对其僚机发令："施朗，现在看你的。"经过长时间的耳濡目染，施朗少尉的格斗技术已有很大提高，没过多久，他就击中另外一架"喷火"的发动机。

"干得好，约斯特！"马瑟里向他祝贺，"这是你的处女作！接着就会打下更多飞机了！"

"谢谢你，约亨！"施朗愉快地在无线电里向长机表示感谢，但没有注意到一架敌机正悄悄逼近自己尾部，幸好马瑟里经验老道，在该机准备开火时，以一个点射将其打成一团火球。

当天中午在平静中渡过。16：00，JG27再次出动33架Bf109为"斯图卡"护

221

航，其中9架是JG27第I大队的，马瑟里再次担任领队，并在混战中击落两架"喷火"。当他接近第三架"喷火"时，第六感告诉他这个对手非同一般，果然，英国飞行员在空战中大胆与疯狂的动作和马瑟里不相上下，而且一次次作出眼花缭乱的急转弯和垂直爬升，频繁咬住马瑟里的机尾。两人从3000公尺高度一直打到距离地面只有100公尺，然后拉起再战。此时，"黄色14号"座舱里的红灯亮了：马瑟里还剩15分钟燃油。

恶斗又持续了11分钟，双方全无退出之意，马瑟里突然拉起机头向太阳方向飞去。耀眼的夕阳令骁勇的英国飞行员暂时无法看清对方的位置，但他还是执着地跟了上去，从而犯下大错。马瑟里见对方中计，遂利用爬升降低速度，直到接近失速时突然以一个俯冲反滚绕到英国人后方，并立即按下了机炮发射钮。"喷火"的默林发动机喷出一团灰烟，接着一侧机翼也被打断，这位不知名的英国飞行员终于成为马瑟里的第158个牺牲品。

随后的9月27－29日这三天里，3/JG27

■马瑟里的最后一夜，次日他即坠机身亡。

没有接到出勤任务，为"斯图卡"护航的任务交给了III/JG53、II/JG27和III/JG27。其间的9月28日，马瑟里忽然接到"非洲军团"司令部的一个电话：

"马瑟里，我想把你带到柏林去"，隆美尔元帅用他那带着士瓦本口音的德语说道：

"9月30日，元首要在柏林体育场发表演说，你将有机会坐在他的右边，我坐在左边。对咱们两来说都是殊荣啊，你觉得怎样？"

"可是，元帅，我实在不能离开，我们联队的每个人都被任务压得喘不过气了。"

"这用不了两天时间，到那里露个脸，然后坐我的飞机一起回来。"

"元帅先生，我计划在圣诞节回柏林一趟，因为上次回去时我已经订婚，打算在圣诞节完婚，我必须把我的假期留到那时候。"

马瑟里没有看见隆美尔在电话彼端的微笑：这个小伙子！宁愿和未婚妻在一起也不愿和元首在一起。邀请虽被拒绝，但他并不觉得恼火，反而很钦佩马瑟里的选择。

9月30日正是希特勒演讲的日子。那天早上，马瑟里一如往常执行护航任务。JG27的21架战斗机于10：47起飞，10：55与III/JG53的10架Bf109会合，一起向阿拉曼和伊玛伊德方向飞去，纽曼在联队指挥部用无线电进行指挥。III/JG53在阿布得维斯（Abu Dweis）上空发现一群英国飞机，但后者无心与其交战，一看到德国飞机的踪影立即向北方回避。马瑟里当时驾驶一架崭新的Bf109-G2，生产序号为Werk.Nr14256，他们再没有发现任何英国战斗机，于是在"斯图卡"扔下炸弹后准备返航。

11：30，JG27指挥部的无线电室里突然传出一声喊叫：

"发动机起火！"

"谁的发动机起火？"地面通讯军官问道。

"E-1！我的座舱全是浓烟，什么都看不到！"

大家听出这是马瑟里的声音，一下子紧张起来，纽曼看着地图，他们离德军防线还有5分钟路程。这时马瑟里座机的发动机开始"咳嗽"，飞机逐渐失去高度。

"还有3分钟就可以安全跳伞了，马瑟里，坚持住！"飞在旁边的施朗向他喊道。

这时，同伴都飞到马瑟里周围，组成紧密的引航编队，施朗和波特根通过无线电为中队长指导方向。他们看到发动机冒出的黑烟已经灌入驾驶舱，而中队长那苍白、焦急的面容忽隐忽现，11：35，马

瑟里焦急地发问：

"飞到我们这边了吗？"

"再过两分钟，约亨！"波特根喊道。

他听到纽曼在无线电里大喊：

"你能坚持住吗？E-1？跳伞！跳伞！"但是没有应答。

"黄色14号"越来越低，这时德国机群已经飞过海滨度假胜地西迪·拉赫曼（Sidi Abd el Rahman）的白色清真寺，他们终于跨过两军战线，来到德国控制一侧。

■马瑟里坠机现场，其座机残骸散落一地。

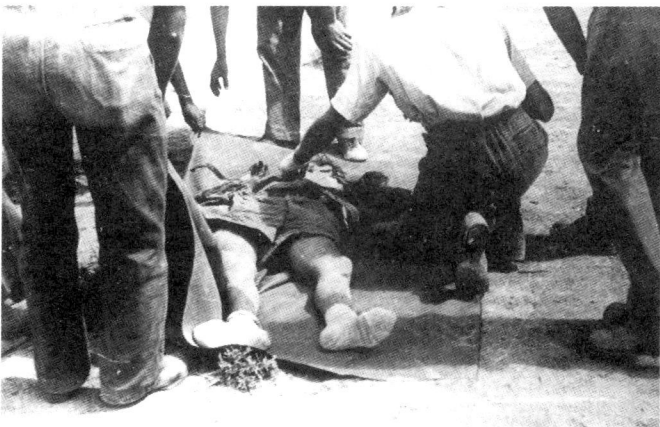

■温克尔曼医生正在查看马瑟里的尸体。

"引擎失效，准备跳伞。"

马瑟里向基地报告。这是人们最后一次听到他的声音。施朗和波特根依然在左右伴飞，他们看着他进入倒飞状态，接着推掉舱罩，顺利爬出了飞机。

"约亨出来了！"

波特根喊道，大家似乎松了口气，但紧接着施朗便用大家所能听到过的最为惊惧的声音尖叫道：

"降落伞！"

马瑟里并没有打开降落伞，而是像石头一样向地面坠去。JG27指挥部的无线电中传出一片飞行员们的惊呼，11：36，无线电中终于传出一阵悲咽：

"约亨完了！"

耳机从纽曼的手中滑落，JG27司令部里一片死寂，纽曼用难以置信的目光环视大家，人们的表情再次证实了他刚刚听到的话。纽曼低头默默地走出了无线电室。

马瑟里从200公尺高度，脸部朝下落向地面，他的降落伞没有打开，击落158架敌机的非洲雄鹰没有一丝生气地躺在北非沙漠中。

第115装甲掷弹兵团的军医比克上校（Dr Bick）在地面目睹了马瑟里坠落的全过程，他立即跳上吉普车赶到出事地点，他是第一个发现马瑟里的人，以下是他对当时情景的描述：

"这位飞行员脸部朝下趴在沙漠中，胳膊压在肚子下面，几百公尺外是他的飞机残骸。当我走近时发现其头部已经破裂，可

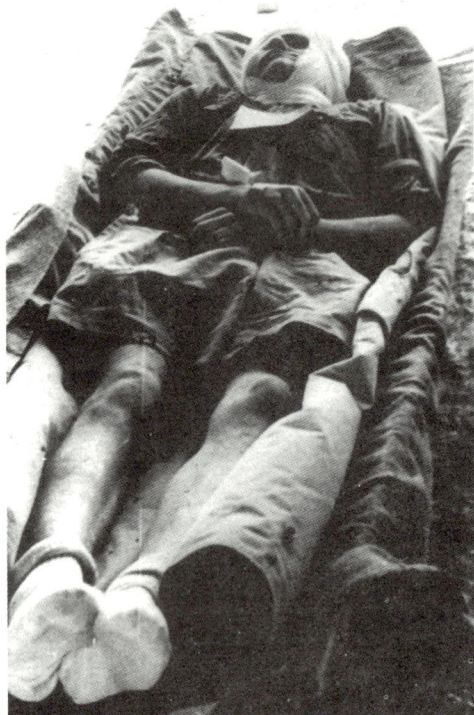
■马瑟里的尸体被抬上担架，头部被纱布包住，以免脑容物流出。

以看见脑容物，地面上有一滩血。髋部上方有一道大伤口，属于撕裂伤或者割伤，这样的伤口在坠落事故中不会出现，所以我推测他是在爬出座舱时与机身某一部位——很可能是与垂尾相撞，立即失去了知觉。"

"我走到距离更近的地方，看到降落伞包在旁边几公尺远的地方，只打开了40公分，估计是掉在地面上时摔开的，因为开伞拉环还保留在'安全'的挡位上。"

"我小心地把飞行员尸体翻过来，注意到他脸上几道割裂的伤口，不过闭着眼睛，表情很安详。当拉开飞行服的拉链，马上看到了配戴钻石宝剑橡叶骑士十字勋章，

我立即知道面前这个人是谁了。马瑟里上尉的手表显示时间为11点42分。"

"我暂时离开他的遗体去找人帮忙，当我和几个意大利工兵赶回现场时，发现那里已经有两名空军人员。"

开着"福斯"吉普赶来的弗朗茨克特上尉和温克尔曼医生（Dr Winkelmann）是最先到达现场的JG27军官，他们也注意到降落伞拉环没有打开，猜测一定是刚出座舱便被绘有158架战绩的垂尾重击而失去知觉，否则至少可以保住性命。

马瑟里的遗体被运回基地，意大利工兵则在其坠落地点修建了一座金字塔纪念碑。事后分析证实，Bf109-G2的滑油冷却器中乙二醇管路破裂，造成冷却系统失灵，进而引起发动机过热起火，是该机坠毁的直接原因。他的飞行日志最后一页是这么写的：

"388次战斗飞行，158架战果

飞行次数：第482次

飞行时间：54分钟

降落地点：在西迪·拉赫曼以南7公里处跳伞

备注：作战中引擎损坏。总飞行次数482，战斗飞行388，核实战果158，1942年9月30日。"

■马瑟里的墓地。

■葬礼上迈耶军士手捧马瑟里的所有勋章。

评价

JG27的全体人员都参加了马瑟里的悼念仪式，包括军官、飞行员、地勤人员和马蒂亚斯，帐篷里播放着马瑟里生前最喜欢的唱片——"Rhumba Azul"。很多人都毫不掩饰地哭泣，但他们不是为空军英雄马瑟里上尉而悲伤，而是为与他们吹牛、请他们喝酒、给他们讲笑话、跟他们搞恶作剧、一起度过沙漠中艰难时光的好友约亨而流泪。弗朗茨克特后来回顾失去马瑟里后的日子："我们每个人都觉得自己的生命仿佛随他而去，从此JG27失去了往日的欢乐。"

10月1日清晨，马瑟里的遗体被运到德尔讷的"非洲军团"军人墓地。在葬礼上，凯塞林元帅亲自致悼词："马瑟里上尉倒下了，但他永远不曾被击败。随着他的逝去，一位英勇的战士、一位非凡的同事、一位空中的天才永远离开了我们。"此时，JG27第I大队所有飞机编队掠过墓地上空，向战友致以最后的敬意。

当天的最高统帅部战报也对马瑟里之死做出通报："星期四，1942年10月1日：汉斯－约辛·马瑟里上尉，德国最高军事荣誉获得者，在北非英勇牺牲……国防军对这位武士的离去致以最深切哀悼。"

马瑟里战死前一共击落158架敌机且从未被对方击落过（战果中包括101架P-40B/C"战斧"式和P-40D"小鹰"式、30架"飓风"式、16架"喷火"式战斗机及4架轰炸机），很多战史专家认为他是德国空军中飞行技术和射术最佳的飞行员，甚至猜测假如他能幸存到战争结束，极可能超越哈特曼和巴克霍恩两位战绩300架以上的大王牌，而铸就空前绝后的传奇。阿道夫·加兰德在战后仍盛赞其为："二战中无人企及的飞行员"，而马瑟里热情、幽默和活泼好动的性格也赢得了很多战友的喜爱。

后记

1942年秋天，隆美尔于阿拉曼战败，JG27的三个大队被再次拆开作战。JG27第I大队于1942年11月调往克雷菲尔德

■马瑟里的葬礼。

■西柏林夏洛滕堡区公墓中马瑟里及其父母的纪念碑。

■马瑟里的金字塔纪念碑。

■1989年10月21日，JG27的老飞行员在埃及阿拉曼附近马瑟里坠落地的金字塔纪念碑前举行纪念仪式。

（Krefeld），然后进驻法国；第II大队调到杜塞尔多夫换装新机，随后转战西西里岛和意大利；第III大队和1943年6月新组建的第IV大队调往克里特岛和巴尔干地区。到战争末期，这些大队都撤回到本土或奥地利，在德国投降后解散。

1975年10月24日，联邦德国国防军空军的一座新兵营以马瑟里名字命名，已退役的纽曼上校接受空军司令伯尔尼哈德中将邀请出席了命名仪式，并发表了纪念马瑟里的演讲。

1989年10月21日，纽曼以及JG27、JG53和JG77所有尚在世的老飞行员到达北非，参加"非洲军团"的纪念活动。他们在图卜鲁格祭奠了"非洲军团"墓地，在那里安葬着JG27殒命于非洲的大多数飞行员，包括：博登（Werner Boden）、伯格（Wolfgang Burger）、卡尔斯滕森（Cay Carstensen）、霍夫曼（Friedrich Hoffmann）、库格尔包厄（Karl Kugelbauer）、穆勒（Heinrich Muller）、

227

普里恩（Heinrich Prien）、萨瓦利希（Erwin Sawallisch）、施密特（Eberhard Schmidt）、施迈尔（Hans Schirmer）、塔格丁（Hermann Tagerding）、符尔辛格（Hans Wuerschinger）、扎恩（Gunther Zahn)以及马瑟里。

当时在阿拉曼，英国、澳大利亚、南非和意大利的老飞行员也向马瑟里失事地献上了花环，那座金字塔纪念碑上的墓志铭依然质朴而简单——"勇者无敌"。

■ "黄色14号"的尾翼记载着马瑟里光辉的战绩，也是夺取其生命的祸首。

JG27的骑士十字勋章获得者（北非战场）

钻石宝剑橡叶骑士十字勋章	授勋日期	钻石宝剑橡叶骑士十字勋章	授勋日期
Hptm. Hans-Joachim Marseille（4）*	1942.09.02	Oberst Gustav Rodel	1941.06.22
宝剑橡叶骑士十字勋章		Major Karl-Wolfgang Redlich	1941.07.09
Hptm. Hans-Joachim Marseille（12）	1942.06.18	Major Ernst Franzisket	1941.07.20
Major Werner Schroer（144）	1945.04.19	Hptm. Erbo Graf von Kageneck	1941.07.30
橡叶骑士十字勋章		Oblt. Fredrich Koerner Hptm.	1941.09.06
Hptm. Wihelm Balthasar（17）	1941.07.02	Hans-Joachim Marseille	1942.02.22
Hptm. Erbo Graf von Kageneck（39）	1941.10.26	Oblt. Otto Schulz	1942.02.22
Hptm. Hans-Joachim Marseille（97）	1942.06.06	Oblt. Hans-Arnold Stahlschmidt	1942.08.20
Major Heinrich Setz（102）	1942.06.23	Oblt. Willy Kientsch	1942.09.06
Major Gustav Rodel（255）	1942.07.20	Major Werner Schroer	1942.10.20
Hptm. Joachim Kirschner（267）	1942.08.02	Ofw. Heinrich Bartels	1942.11.13
Oblt. Wolf-Udo Ettel（289）	1942.08.21	Oblt. Karl Heinz Bendert	1942.12.30
Oblt. Hans-Arnold Stahlschmidt（365）	1943.01.03	Hptm. Hans Rommer	1944.06.30
Oblt. Willy Kientsch（527）	1944.07.20	Major Ernst Dullberg	1944.07.20
骑士十字勋章		Major Ernst Boerngen	1944.08.03
Hptm. Wihelm Balthasar	1940.06.14	Lt. Fritz Gromotka	1945.01.28
Generalmajor Max Ibel	1940.08.23	Hptm. Herbert Schramm	1945.02.11
Major Gerhard Homuth	1941.06.14	Major Dr. Peter Werfft	1945.02.22

*括号内的数字为在该勋章获得者中的位次，例如（4）意为钻石宝剑橡叶骑士十字勋章的第四位获得者。
军衔缩写：

Generalmajor＝少将　Major＝少校　　　Oblt＝中尉（Oberleutnant）Ofw＝上士（Oberfeldwebel）
Oberst＝上校　　Hptm＝上尉（Hauptmann）Lt＝少尉（Leutnant）

沙漠之狐
——隆美尔小传

对于我，

历史将作出怎样的裁决？

如果我在这里胜利了，

谁都会说

一切全是光荣

倘若我失败，

那么，任何人又都会

因此而责备我。

——未发表的隆美尔日记

1944年4月16日

埃尔温－隆美尔（Elwin Rommel）1891年11月15日出生于德国符腾堡邦首府海登海姆市，其祖辈和父辈都是中学校长，母亲是符腾堡州州长的长女。隆美尔在四个孩子中排行老二。哥哥卡尔为逃避考试而参军，后来成为陆军侦察机领航员，参加过一战。妹妹继承父业教书，终身未嫁。弟弟杰哈德是一名歌剧演员。

隆美尔出生时正值"铁血宰相"俾斯麦下台的第二年，当时的德国是一个封建

隆美尔与非洲军

残余色彩浓厚的帝国主义国家，在这个有军国主义传统的国家里，军队在社会中有优越地位，并享有许多特权。隆美尔年轻时的理想是成为一名工程师，不过在当时大环境的影响及父亲的鼓励下，他于1909年入伍，在伍尔登堡的124步兵团服役。1911年3月，他被幸运地送进但择皇家军官候补生学校，并在一次正式舞会上认识了比他小3岁的终生伴侣露西－默琳。1912年被授予中尉军衔。

■1910年身着新德军制服的隆美尔与两个弟弟和姐姐的合影。

1914年，一战爆发，隆美尔随部队开赴法国。在法国战场，隆美尔锋芒初露，9月在瓦伦尼斯，他用一支没子弹的步枪孤身勇斗3名法军士兵，左腿被流弹击中而负伤，为此获得了二级铁十字勋章。随后在1915年1月阿恭纳斯森林一带的作战行动中，率部占领了4座敌军碉堡，之后又在没有后援部队的情况下撤出阵地，仅损失12人，这次战功他获得了一枚一级铁十字勋章，授予一名中尉如此高的荣誉在124步兵团尚属首次。1915年9月，隆美尔晋升上尉，10月他被派往新成立的伍尔登堡山地营任第2连连长，1916年调往东线与罗马尼亚人和意大利人作战。当年11月27日，25岁的隆美尔与露西在但泽完婚。1917年隆美尔在一次战斗中率部俘获了400名罗马尼亚人。在8月的一次战斗中他被子弹打穿了左肩，可还是忍住伤痛坚持战斗了2个星

■1912年，身为新兵教员的隆美尔，眼神中透露着孤傲和自信。

■一战中，24岁的隆美尔在法国作战。刚刚伤愈的隆美尔在战壕中摆出一副永不服输的斗士姿势。

1929年10月1日，他被调入德累斯顿步兵学校任教官。4年后又被调到德国中部哈兹山区的戈斯拉，升任第17步兵团第3营营长。

1934年，一部德国彩色电影记录下了希特勒在戈斯拉检阅第17步兵团3营，当时在希特勒身旁笔挺地站着一位头戴尖顶钢盔、脚穿一双擦得锃亮的马靴的矮小、看上去有些瘦弱但却目光坚毅、果敢的少校军官，站在他身旁，身材平常的希特勒显得特别高大，他就是3营的营长隆美尔，这也是隆美尔和希特勒的第一次相遇，就在这次检阅中，希特勒第一次发现了隆美尔的军事天才。

期，随后其所在的部队于9月26日被调往了战局更为紧迫的意大利北部战场。后因在攻占隆格诺恩一役中作战英勇，获得功勋奖章。

一战结束后的两年，隆美尔调到驻守斯图加特的第13步兵团任连长，一呆就是9年。1928年底隆美尔初为人父，独子取名为曼弗雷德。隆美尔显然深得上司的赏识，他的人事档案中有一段上级的评语："性格文静、心地纯洁、举止周正、态度谦虚庄重，有出色的军事才能，尤其对地形有极正确的判断力，他在战斗中的表现已经证明他是一个模范的战斗教官，他对士兵的培训和操练成效显著。总之，这位军官具备优异的素质。"

1935年，隆美尔被派往波茨坦陆军学院任教，在那里，他仍强调学员体能素质的重要性，要保持个性、用自己头脑思考问题的重要性，强调勇气和毅力的重要性。学员们记得他有一句格言："要勇敢不难，只要克服第一次的恐惧就行。"在教学中，隆美尔最反对的就是教条，他心目中的偶像就是以行动果敢著称的拿破仑。在学院任教期间，他编著了一本题为《步兵攻击》的教科书，该书以他个人在战场中的经历为主要内容，全书贯穿了德国军事理论的进攻精神，提出"进攻、进攻、进攻！"的口号。此书实际上是对他在一战中所用战术的总结，有的军事评论甚至认为，这也是隆美尔后来在法国和北非运用的战术。

1938年，备受希特勒宠信的隆美尔升任元首大本营司令官，并晋升少将军衔。1939年纳粹德国入侵波兰，二战正式拉开了序幕。1940年隆美尔出任第7装甲师师长。

第7装甲师只有1个团的编制，即第25装甲团，该团的218辆坦克有一半以上是捷克制造的轻型坦克，官兵作风也较散漫。而隆美尔的到来彻底改变了这支部队的面貌，5月在德军闪击西欧的侵略战争中，隆美尔指挥装甲第7师冲在最前面，攻克了比利时、卢森堡和荷兰。

作为先头部队的第7装甲师，从5月10日到29日一直以非常惊人的高速度冲在最前面，他们以迅猛的攻击姿态打乱法军的阵脚，用猛烈的火力压制敌人的反击，直至彻底摧垮敌人，而隆美尔也一次次在对法军大胆的突袭中大难不死。他像指挥步兵的突击

■深受赏识的隆美尔受到希特勒的接见。

■在英军攻陷意大利军大本营的前一天早晨，统领英军沙漠军的理查德－奥康纳中将与阿齐贝亚德将军商谈作战计划。

行动一样去指挥坦克，以前所未有的方式运用装甲部队，以大胆神速的行进为第7装甲师赢得"魔鬼之师"的美誉。到6月18日，第7装甲师已抵达瑟堡外围阵地，隆美尔在空军配合下于第二天拿下防御坚固的瑟堡港。在法国战役期间，他的魔鬼之师共俘虏97000名人，缴获坦克和装甲车400多辆，其他车辆近3500辆，而自身损失死伤失踪共2500人，坦克42辆。可谓战果辉煌，风光无限。

1941年2月6日，隆美尔领受了新的任务——开赴北非。希特勒任命他为新组建的"德国非洲军"（Deutsches Afrika Korps，简称DAK）司令，以挽救他们的"面条"盟友意大利在北非地区惨败的战事。而希特勒向他交代了两个明确的目标：固守利比亚首都的黎波里和确保利比亚中部的苏尔特湾。隆美尔到北非后，立即对前线地区作了空中侦察，他认为"最好的防御就是进攻"。2月16日，他正式接管了前线的指挥权。3月，隆美尔利用英军调防，而且轻敌的有利时机，大胆行动，把数量不多的德军和意军组成混合纵队，沿一条古代阿拉伯人的商路直接穿越沙漠，9天之后，他又指挥部队攻占了艾尔阿格拉地区的要塞、水源和机场，占领了马萨布莱加，把英军逼到阿杰达比亚地区。隆美尔不给英军以喘息机会，乘英军立足未稳，又于4月2日攻占了阿杰达比亚。他不顾意大利最高统帅部的阻止，继续前进，经过艰苦战斗攻陷了那迈基利，使整个巴尔塞高原落入轴心国军队之手。英军只

■利比亚的首府的黎波里，船坞码头情景，1941年。

剩下了一支被围困在托布鲁克的部队。隆美尔的进攻使英军损失惨重，曾指挥英军大败意军的奥康纳将军也成了德军的俘虏。

就这样，隆美尔在一周之内成功跨越席兰尼加半岛，从英国人手中夺回整个巴尔塞高原。此时的英国人已成功破解了德国的艾尼格玛密码，对最高统帅部下达给隆美尔的命令了如指掌，认定他不会东进，却不料他根本不听从命令，完全自行其是，所以德军所到一处，英军都是毫无防备，换句话说，英军的一路溃败，根本原因是隆美尔的一路违令抗命。

一路顺风的进攻使隆美尔更加确信时间决定一切。疲惫的非洲军接到命令：不得休息，继续前进，向托布鲁克进发。因为英军残部都撤向这个港口城市，隆美尔希望乘胜追击，抢在英国人进入托布鲁克港之前占领该港。另外这个港口是席兰尼加最具战略意义的港湾，在整个北非也找不到比它更好的港口。此外这个城市还控制着一条32英里长的海岸公路，迫使隆美尔的给养运输车队不得不向前开往埃及边境，再绕过一条长50英里的沙漠小道。英军只要守住这个要塞，就能自身有充足的资源保障，同时也掐住了德军的脖子，使

■隆美尔与士兵同甘共苦，深受中下层官兵拥戴。

之不敢进入尼罗河流域。4月7日，英军中东军总司令韦维尔已接到丘吉尔的命令要死守该地。

4月20日才拿到托布鲁克要塞详图的隆美尔明白得太晚了，此前他把这座要塞看成一般的要塞，以为例行的空中侦察和望远镜观察，就可以搞清楚其防御部署状况。其实，意大利人修建的托布鲁克要塞工事外围是55公里长的"环行要塞"，分内外两道防线。第一道防线由地堡加反坦克壕组成；第二道防线距第一道防线约2500米，由暗堡组成，每个暗堡直径达百米，设有机枪射击孔、反坦克炮和迫击炮位，各地堡之间有暗壕相连。地堡前有两道铁丝网。反坦克壕深2.4米，表面盖有木板，

伪装严密。

依隆美尔的计划，在9号这天就应当发动进攻。具体安排是意军布雷西亚师和塔兰托师从西进攻，扬起沙尘，吸引要塞守军注意力；第5装甲师由迈基利经特米米尼进入加扎拉，迅速绕至托布鲁克东南面发起进攻，第3侦察营等部由南端绕过托布鲁克，经巴迪亚攻占两个据点：萨卢姆和卡普措堡，从南面牵制托布鲁克守军。可是东南路的施特莱彻的第5装甲师未能及时到达指定地点。而紧紧尾随澳大利亚后卫部队的第3侦察营直到10日凌晨还在托布鲁克以西。进攻被迫推迟。4月11日，空军侦察报告说，英军正在撤出，隆美尔生怕英军逃脱，立即命令刚刚赶到的第5轻装师扬起沙尘，制造德军主力已到的假象。傍晚时分，之前的包围计划已完成，布雷西亚师从西面占领了阵地。托布鲁克的陆地补给线已被切断，空军前进机场已修建好，制空权到手。巴迪亚也被德军占领。12日下午，隆美尔在风暴的掩护下组织了新的突袭，仍没有成功。4月30日，德意军队对托布鲁克发动了第4次攻势，占领了托布鲁克西部重要的制高点209高地，在澳大利亚人的防守阵地上打下了一个楔子，但是在澳大利亚军队的不断的顽强反击和坚决抵抗下，依然无法取得进一步的进展，德国人一筹莫展，只能暂时停止进攻。

5月3日晚上，澳大利亚军队对209高地发动反击未果，不过却让德国人总算是对托布鲁克的守军有所认识。其余德军还

在继续向东挺进，第5轻装师的第3侦察营和刚到北非的第15装甲师第15摩托化营，4月25日继续向东进攻，击败了英军第22近卫旅，占领了埃及境内要地哈尔法亚隘口（Halfaya Pass），第22近卫旅退向布格布格。

5月15日英军发动了代号为"短促"（Brevity）的反击行动，不过这次行动仅仅持续了2天就结束了，倒实在是名副其实。6月15日，英军发动了"战斧"行动，这个行动的目标就是"摧毁隆美尔的部队，在北非战场上取得决定性胜利"，无疑英国人过于高估了自己的力量，而且迂回和正面攻击哈尔法亚隘口又使英军分散了本来就脆弱的装甲数量优势，使得三路英军都没有了胜机。德国人13门威力强大的88mm高射炮在"战斧"行动中就已经几乎决定了整个战局。16日在持续了一天的激烈战斗后，英军因坦克损失严重，担心在

■英军指挥官克劳德-奥金莱克将军。

235

隆美尔与非洲军

正面和侧面同时受袭，于17日上午下令撤退。德军第15装甲师和第15轻装师在隆美尔的不断催促下拼命追击，隆美尔的这一招正打在英军的软肋之上，英军总是顾忌自己的侧翼，始终不敢大胆机动突进，最后把主动权拱手让给了隆美尔。战后有的战史专家把隆美尔在"战斧"行动中的这个决定称为他一生中最重大的决定之一，是的，因为它的效果，也因为它需要的勇气。至此，英军全线溃退至埃及境内。7月1日，对非洲军所取得的成就喜出望外并且心怀感激的希特勒不顾陆军总司令勃劳希奇等人的极力反对，晋升隆美尔为陆军装甲兵上将（General der Panzertruppe）。此时，隆美尔只有49岁。

1941年8月15日，在希特勒的直接推动下，由德国非洲军扩编而成的非洲装甲军团成立，隆美尔升任司令官，他的手下此时汇集了一些能为他所用，和他关系也较融洽的军官。隆美尔的非洲装甲军团的实力达到了最高峰时的3个德国师和5个意大利师。英军方面，英国第70步兵师和波兰卡帕西亚（Carpathian）旅奉命接替澳大利亚军队在托布鲁克的防务。8月18日到25日，卡帕西亚旅（288名军官和4777名士兵）分成7个船队，在高度保密的情况下，到达了托布鲁克，而澳大利亚第9师也分批在每个月

的月朔之时安全地撤到了巴勒斯坦休整，"托布鲁克老鼠"完好地从隆美尔的手心里溜走了。隆美尔的补给问题依然没有解决。希特勒向地中海增援海空军的诺言尚未付诸行动，地中海的制海、制空权完全被英国人掌握，运往北非的物资9月损失了35%，10月则达到了63%。为此他于9月14日实施了"仲夏夜之梦"的行动，企图占领离边境不到30公里的一个庞大的英军补给站，可谁知却差点钻进了英国人的口袋，被英军飞机一顿猛轰，灰溜溜地撤回了利比亚。9月下旬，柏林和罗马先后警告了隆美尔英军可能发起大规模的进攻，但他还是一心想着攻克托布鲁克。

11月初，英军的"十字军"行动（Operation Crusader）开始实施。18日，

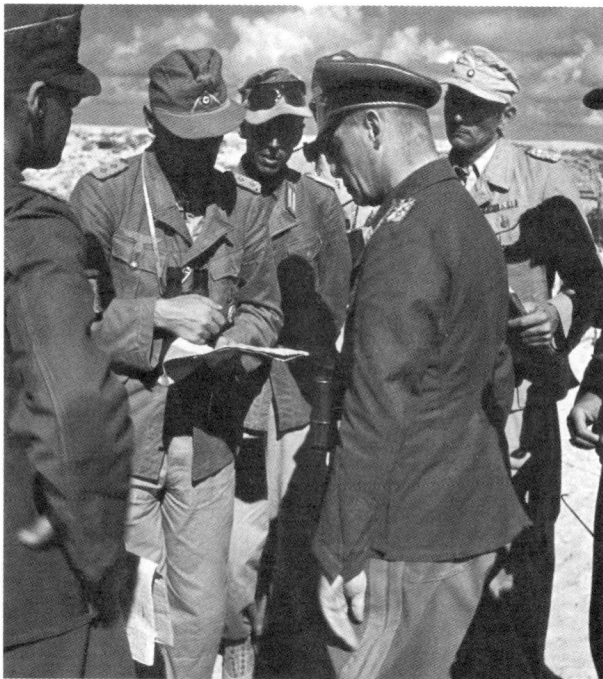

■隆美尔与幕僚研究战场形势。

英军第30军已绕过南端，开始与德第15和21装甲师的前哨部队遭遇，非洲军军长克鲁威尔向隆美尔报告紧急情况却被训斥了一顿，仍蒙在鼓里的德军却不知英军此刻已占领了西迪拉杰格机场。直到11月20日晚，他才终于明白过来，命令部队作好战斗准备。第二天，"十字军"行动正式打响，非洲装甲军团情报处长默林津少将在写作著名的《坦克战》一书中有关"十字军"行动中锡迪－拉杰格战斗这一段的历史时是这样写道的：第7装甲旅的指挥官决定把第6皇家坦克团和师支持部队留在锡迪－拉杰格机场，用第7轻骑兵团和第2皇家坦克团去迎击2个德军装甲师的进攻，这是那时典型的英国战术——他们的指挥官不会集中他们的坦克和炮兵来进行一次协同作战。很快第7轻骑兵团的坦克就纷纷着火，第15和第21装甲师的坦克到达了可以从南面俯视机场的高地，非洲军试图从东南方向攻击机场，在坎贝尔准将指挥下的第7支持集团和第6皇家坦克团的坚决抵抗使得这种努力失败了。英国炮兵部队是英国陆军中训练和指挥最好的单位，这些炮兵们11月21日在锡迪－拉杰格机场的不屈服的战斗就证明了这一点。

23日晚上，从抵抗新西兰师的战斗中回到非洲军指挥部的隆美尔下了决心，要对英军实施坚决的反击。这无疑是一个正确和果敢的抉择，问题是隆美尔过于进取和自信，选错了反击的方向，他决定对第8集团军的后方进行一次长途奔袭，以

迫使英军全面撤退。24日，德军装甲部队主力（此时已不足100辆坦克）在隆美尔和高斯的带领下开始了大规模反击，这一天，隆美尔的冲动使他和胜利女神擦肩而过。首先，由于英国第70师此时已经在非洲军还完整的情况下过早地冲出了托布鲁克，使隆美尔完全可能轻易地拿下他梦寐以求的这个港口，这样的话，"十字军"行动就将宣告完全破产；其次，如同克鲁威尔建议的那样，他可以继续对锡迪－拉杰格的英国军队施加强大的压力，收拾这里的战利品并彻底消灭这里残余的英军装甲部队主力，把英国第8集团军打瘫，从而一举奠定胜局。可他把这两个机会全都放弃了，而是采取了一个风险最大的举动，将非洲军全军向第8集团军背后的埃及境内进发，这在他的供应已经捉襟见肘的情况下，虽然并不是说没有一点成功的可能性，但是在某种程度上也可以说接近于自杀。性格决定命运，隆美尔的性格决定了任何四平八稳的方案都是为他所排斥的。11月25日，第21装甲师打到了哈尔法亚隘口，但是第15装甲师在锡迪－奥马尔被击退，德军由于在装备的数量上与英军相差十分悬殊，所以即使在这之间与英军的战斗中取得胜利，却也因为缺乏充足的补给做保障，所以到最后往往也是与英军形成对峙局面，而无法尽力消灭对手。结果到了12月4日晚，隆美尔只得忍痛放弃了对托布鲁克长达242天的包围。12月7日前，非洲军团撤出席兰尼加，准备在加扎拉一

隆美尔与非洲军

■隆美尔的坐车——猛犸。

线组成新的防线。意大利人在隆美尔的淫威下，最后也只能交出了军队的指挥权，被迫和隆美尔一起撤退。在隆美尔的一生中，这是他第一次撤退——一次令人感到屈辱的经历。"人得学会多么的谦虚啊"，他在给妻子露西的信中如是说。

隆美尔二战经历中最惊险的一幕就发生在这次战役中，11月24日晚，隆美尔和他的"猛犸"指挥车在英军后方呆了整整一个晚上，整个晚上英军的车辆川流不息地从他身边不远处驶过，也许是隆美尔的"猛犸"指挥车是缴获自英军的战利品，所以没有引起注意。第二天隆美尔又误入了一所英国野战医院，他还以为这是一所德国的野战医院，便轻松地走下了车，还和几名德国伤兵（实际上他们已经是被英军俘虏的！）交谈了一会，那些德国伤兵俘虏们目瞪口呆，看着他们的最高指挥官

几乎说不出话来。而医院里的英国人在黄昏的暮色中，显然也没有注意到这辆"猛犸"装甲车车身边上醒目的黑白两色的纳粹万字标志，很可能把隆美尔当成了波兰军官，隆美尔很快就意识到了自己的处境，不动声色地悄悄地溜走了！

1942年1月5日，希特勒给隆美尔的新年礼物到了：2艘运输船"安卡拉"号和"蒙吉弗罗"号运来了55辆坦克、20辆装甲车以及大量弹药、食品和医疗用品，使得非洲军的坦克实力达到了111辆III号和IV号坦克。1月29日，希特勒提升隆美尔为陆军大将。在北非战场德军形势不太妙的时候，戈培尔博士终于找到了一个施展的机会，他向德国人民大力宣传隆美尔的伟大成就，宣称隆美尔是"连美英报纸都不得不争相追捧的有着模范质量的一位杰出的战士，是德国陆军中有着国际声望的几位

■英军亚历山大将军（左）和蒙哥马利将军（右）在北非战场上。

将领之一"。

1942年春，双方暂时都按兵不动。德意轴心军和英军在托布鲁克以西30英里处的加扎拉一带形成对峙。到1942年5月，对阵双方都在紧锣密鼓地准备进攻，英军的目标是收复席兰尼加而隆美尔则准备拿下托布鲁克。

5月26日，隆美尔又开始进攻了，他命令意大利第10军和第21军按照计划沿着海岸公路向加扎拉首先发起进攻，造成主攻的假象，以便把加扎拉防线后面的英国装甲部队吸引过来。而隆美尔的主力则在夜间和第二天凌晨兵分三路向比尔哈凯姆

（Bir Hakeim）方向实施大迂回，准备直插英军防线背后的海岸地区。隆美尔主力的左翼是意大利第20摩托化军，右翼是德国第90轻装师，中间则是非洲军。然而在之后几天里，非洲军的损失越来越大，战果却很不理想。31日，隆美尔指挥部队对西迪穆夫塔发起猛攻，守军英军第150步兵旅于次日在德军的强大压力下被迫投降，非洲军由此获得了一个宽达16公里的突破口，补给状况大大改善。6月10日，比尔哈凯姆的守军投降，但同时英军装甲部队开始反击，但被非洲军组织完善的反坦克和坦克火力网所挫败。6月11日，隆美尔在

■阿拉曼战役之后，隆美尔渐渐失宠。

239

隆美尔与非洲军

粉碎英军反攻后，率部向骑士桥以南推进，从后面攻击英国第2装甲旅和第22装甲旅。当晚骑士桥守军被迫突围，弃守加扎拉防线。6月15日，隆美尔又把主攻点指向防守托布鲁克的关键之所在阿德姆（Adem）高地，16日阿德姆守军第29英印旅突围，使托布鲁克失去了防御的屏障。

6月21日，托布鲁克守军3.3万人投降。6月22日，隆美尔晋升为陆军元帅，成为德国陆军中最年轻的元帅。但是隆美尔在达到了一个德国军人所能期望的个人军事生涯的顶峰（当然，除了那位帝国元帅赫尔曼－戈林）时的反应则是一个真正的军人的心声"我倒宁可他多给我一个师"。

■负责构筑大西洋壁垒时期的隆美尔元帅。

但是好景不长，在1942年10月底至11月初北非战场上重要转折点的阿拉曼战役中，以英军胜利告终，这次战役也成为德意轴心国军队在北非覆灭的开端。在阿拉曼战役中隆美尔的撤退命令沉重地打击了非洲军的士气。也正是从这时起，隆美尔逐渐失去了希特勒的信任。

1943年3月，随着盟军在法属北非的登陆，而且牢牢控制了北非战场的制空权和制海权，北非的德意部队又难以得到补给和增援兵力，隆美尔意识到北非的德意军已濒于绝境，继续留在突尼斯等于自杀，因此向希特勒提出了将北非部队撤回欧洲的建议，这一建议为希特勒所拒绝，而且被希特勒认为是"悲观主义者"而剥夺了北非德意军的指挥权，遗缺由阿尼姆接任。

1943年5月13日，也就是隆美尔离开北非仅2个月，北非轴心国军队便全部投降。戈林、凯塞林等人因为促使希特勒向北非投入大量生力军而受到激烈指责，隆美尔虽当时不在场，没成为众矢之的，不过仍

240

心如刀绞，坐卧不安，那是他曾经浴血奋战之地！

1943年8月，希特勒又起用隆美尔为驻意大利北部集团军司令。1943年12月又任命他为驻法国的B集团军群司令，并负责"大西洋壁垒"的构筑。1944年6月6日，盟军在诺曼底登陆。7月17日，隆美尔乘车视察前线返回途中遭美国飞机袭击，他被摔出车外而负重伤。

1944年7月20日，从这一刻开始，隆美尔的生命历程进入倒计时。这一天发生了著名的刺杀希特勒的行动，史称"7·20行动"。9月1日，隆美尔的参谋长斯派达尔被免职，并被盖世太保带到柏林。9月9日，隆美尔被正式解除B集团军群司令官的职务。随着对密谋分子的深入审讯，希特勒对隆美尔产生了怀疑，因为通过斯派达尔的引见，隆美尔的确同不少密谋分子见过面。10月1日，隆美尔给希特勒写信，为斯派达尔说情，因为保住斯派达尔就等于保住了自己，同时他也担心斯派达尔说出对自己不利的话，提前给希特勒打预防针，表明自己的忠心。10月4日，在陆军荣誉法庭召开听证会审判隆美尔，而审判他的人大都是以前与他有过节的人，其结果可想而知。10月7日，凯特尔给隆美尔打电话让他于10日到柏林参加重要会议，然而隆美尔却深知暗藏其中的阴谋，所以就请自己的主治医生为自己开了不适宜长途旅行的证明。10月12日，卢格将军来到隆美尔家，喜出望外的隆美尔亲自驾车

与卢格一同到90多公里外的奥格斯堡，这次出游与他身体不适不愿去柏林参加会议的托辞矛盾，被监视的盖司太保特务发现上报后，希特勒更加怀疑隆美尔。与此同时，斯派达尔的朋友密谋分子霍法克的供词对隆美尔非常不利，说隆美尔保证一旦谋杀得手后，他将积极支持他们。当日，希特勒示意凯特尔，把霍法克的供词给隆美尔看，若其认为自己无辜就必须亲自向元首交代；否则将会被捕并接受审判。10月14日，希特勒派布格道夫送毒药给隆美尔，并传达了希特勒的允诺：如果服毒自尽，将对他的叛逆罪严加保密，并为他举行国葬，其亲属可领取陆军元帅的全部抚恤金。此时是中午12点，隆美尔听完后，步履沉重地上楼向妻子道别："我将在15分钟内死去。"而他的儿子还不知道发生了什么事，隆美尔告诉其实情，并要儿子发誓保密。说完便转身下楼离去，长期跟随他的仆人帮他穿上大衣，递给他帽子和元帅令牌，一切似乎都像以往那样，隆美尔与他的助手们握手告别，便大步走出家门钻进布格道夫的车，车行了三四公里后停在了一片森林旁，司机与布格道夫下了车，过了几分钟后两人再回到车上，隆美尔已经停止了呼吸。而乌尔姆医院的主治大夫则后来打电话告诉隆美尔夫人露西说，隆美尔元帅因大脑栓塞死亡。

隆美尔死后希特勒果然下令为隆美尔举行国葬，陆军元老龙德施泰特元帅致悼词，希特勒为其送葬。此时此刻，希特勒

还在利用隆美尔的声誉为其摇摇欲坠的第三帝国效劳。

虽然隆美尔至死都在为第三帝国效劳，但他仍不失为一位战绩显赫的传奇式人物。在西方军界，有人称他为"战争动物"，称他指挥的第7装甲师为"魔鬼师"，英国人送给他"沙漠之狐"的美誉，有人甚至称他为"二十世纪的汉尼拔"。这些显然都是对于他出类拔萃的军事造诣和战术天才的肯定。

从战术角度讲隆美尔是一个不可多得的军事天才，但是从战略角度却是目光短浅。1941年，德国的战略重心在苏联战场，北非战场从战略角度讲只能算是次要战场。而隆美尔却一味地在北非战场上迅猛推进，直接影响了纳粹德国在一个没有过多利益的地方投入了大量的战争资源。虽然取得了一定的胜利，但在战争大局上得不偿失。而且直接减少了德国向苏联战场投放战争资源的力度，导致德国没能在苏联战场上实现速战速决，为后来德军的失败埋下了隐患。隆美尔作战勇猛，不知疲倦，而他在非洲取得的胜利仔细分析便可看出几乎都是凭着大胆的冲劲得来的，然而却从来没有服从过上级的命令，不能明白高层对于非洲的战略意图，一味猛冲猛打，"管中窥豹，可见一斑"，甚至可以从某个角度说他是一个极其看中荣誉和战绩的自私者，丝毫不懂得顾全大局。因此从某种意义上可以说隆美尔是战术上的巨人，战略上的矮子。

■战争间隙，隆美尔休假回家看望妻儿。

附录：德军陆军501重型坦克营非洲战史

501重装营虽然不是最早成立的（最早的是502营），但是由于阿拉曼战役的失利，加上盟军有了"谢尔曼"坦克的加入，遂加快了501营急赴北非的作业。虽然虎式坦克的威力无人可挡，但是对北非的战局已无太大帮助，尽管在当时也的确在盟军中造成"虎式恐惧症"。本附录详细描述了非洲军在最后由虎式坦克所做的最后一搏。

诞生

1942年4月，随着第一辆虎式坦克的隆隆服役，这款日后让盟军谈"虎"色变的坦克的编制工作也被提上了德军指挥部门的议事日程。希特勒在1941年便准备为每个准装甲师装备20辆新式的坦克作为"突击的矛头"，但到了1942年，由于虎式坦克过低的产量和许多复杂的技术原因使得德军统帅部改变了他们原先的决定，他们决定将虎式坦克集中使用，这样就催生了之后赫赫有名的德军"重型独立坦克营"，又被称为"独立坦克大队"。这些部队一般都作为集团军群的直属部队，扮演着进攻中的

先锋和防守时的"消防队"的角色。而作为所有9个国防军的独立重型坦克营的老大哥，第501重型坦克营的历史无疑也充满了传奇的色彩。

装备

在1942年秋季，501重型坦克营得到了首批45辆及初期生产型虎式坦克中的20辆。由于这批坦克投入使用太过仓促，所以在坦克的细节处理方面非常杂乱，比如平载、工具，炮塔储藏箱的位置和样式以及排气管外罩的形状等等。

由于早期虎式坦克极低的产量，501营在接收到虎式坦克的同时还接收到了38辆Ⅲ号J型坦克（装备有60倍径口径50mm坦克炮）与8辆Ⅲ号N型坦克（装备24倍径口径的75mm炮，可发射高爆弹和穿甲弹，并

■1942年8月，501重型坦克营得到了首批45辆及初期生产型虎式坦克中的20辆。

■501营同时配备8辆Ⅲ号N型坦克（装备24倍径口径的75mm炮）。

在车体两侧添加了装甲侧群板），第3连于1943年6月接收到14辆虎式坦克后便被转交到了大德意志装甲团。

在经过重建以后，501坦克营又于1943年10－11月再次接收到了45辆新的虎式坦克，这批都属于中期型的虎式坦克。这个型号老虎的生产从1943年7月开始，最显著的变化是车长的指挥塔由半球状改成了圆形，而主炮的反向助力稳定器也从炮塔的右侧转移到了后部。而这批坦克在交付501营之前还被拆除了泅渡设备和车尾的空气滤清器，但在到达训练营地之后，工程部门却给车体上涂布了具有防磁性的水泥装甲，主要用来对抗盟军的反坦克雷达，此外车体的两个车前灯也只剩下了一个。

最后六辆虎式坦克是在1944年6月提供给501营的，都是虎式的后期型。这一时期的虎式坦克为了增加产量，对生产的步骤，工艺进行了大幅度的简化。为了减轻后勤部门的负担，还采用许多和虎王、黑豹可以通用的零部件。而这次接收的六辆还采用了虎王的全钢制负重轮，其他一些繁琐的部件也被尽可能地简化。

在经历了1944年夏季东线中路中央集团军群的覆灭之后，整个坦克营又重新接收了45辆虎王式坦克。这是该坦克营历史上第一次也是唯一一次达到满编。

涂装与标记

介绍完"老虎"的性能，让我们再来看看它的涂装和车辆上的标记。在501

【虎Ⅰ型坦克花絮】

作为对在东线给德军带来巨大震撼的苏军KV-1和T-34/85的响应，虎式坦克的设计命令是在1941年同时下达给保时捷和亨舍尔两家公司的，计划于1942年7月正式投入大规模生产。在经过一番激烈的竞争之后保时捷博士的"电驱动"的老虎由于设计太过超前，性能还不成熟，故障率太高而败北，而相对稳定可靠的亨舍尔的老虎则在获得了德军负责部门的首肯后获准投产。

虎Ⅰ型坦克采用了8对负重轮和扭杆悬挂装置来承受它57吨的庞大身躯，性能优异的KwK36型88火炮和MG34机枪并列安装在了垂直的外部火炮防盾的后面，炮塔后部的装甲板弯曲成马蹄形，塔内后面和右侧还分别装有手枪射击孔和逃生舱口，顶部带有观察缝的圆柱形车长指挥塔也被装上了潜望镜。装有车载电台的虎式指挥坦克在携带的炮弹数量上要少于标准的老虎，其他部分区别不大。

虎Ⅰ型坦克的性能诸元	
乘员：	5人
车重：	57吨
车长：	8.45公尺
车宽：	3.7公尺
车高：	2.93公尺
发动机：	梅巴赫HL210P45 传动
装置：	8个前进挡，4个后退挡
最大速度：	38公里/小时
行程：	140公里
无线电：	FUG5型
主要武器：	KWK36型56倍径口径88mm
主炮 辅助武器：	MG34型7.92mm机
枪2挺 旋转范围：	360°
俯仰范围：	−9°到10°
瞄准具：	TZF9b；后期型TZF9c型
备弹量：	92发炮弹，4800发机枪弹

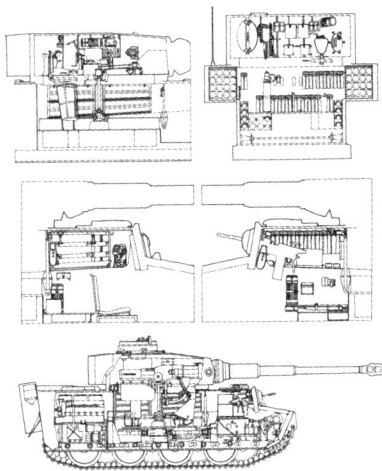

■虎Ⅰ型坦克内部结构图。

营被运送去非洲之前，整支部队的所有车辆都披上了一层类似于沙漠的黄褐色"外套"，第1连的所有"老虎"都在它们的车体两侧的中部涂上了帝国铁十字标记。而为了便于己方识别，营部命令所有虎式坦克的炮塔侧面刻上几乎与炮塔等高、白色轮廓的巨大数字编号，部队的老虎标记则被画在了每辆坦克的车体前装甲上。对于虏获的美军车辆和后续车辆，德军将其重新涂装成更类似于突尼斯北部地区植物的土褐色，这种颜色要比原先的黄褐色更深一些。在501营的两个虎式坦克连被并入第

7装甲团之后，将虎式坦克的编号重新编排和涂装自然是必不可少的，炮塔两侧的数字码大小保持不变但使用了红底白边的字样，第1连（此时已被改名为第10装甲师第7连）的大部分"老虎"都在它的车体前装甲右侧还有一很小的字母S，代表了重型装甲连。

在经过重建之后，所有新来的虎式坦克都使用了标准的橄榄绿色的涂装，车体中部侧面的铁十字标记依然可见，炮塔上的编号则改用了红褐色的轮廓，当然这种涂装仅限于夏秋季节，冬季的时候德军坦

克开始涂布白色的水性涂装，到了初春的
融雪季节，这层已经很脏的白色外衣粘上
了一片片的泥土，又恰巧能与周围的景色
融为一体。

而之后到来的虎王坦克也同样涂上了
标准的橄榄绿色的外套，唯一区别只是适
当的斑纹和棕色斑点。红底白边的十字架
则被挪到了炮塔的侧面中部，与之前不同
的是炮塔上的车辆编号这次只占用了整个
炮塔一半的高度。

总之，为了适应多样的战术和地形，
501营在装甲车辆的色彩伪装方面还是相
当有心得的，非常灵活地安排了部队的迷
彩涂装方案，而在两次重建之后营部还能
按照各连队所处情况不同来决定其迷彩形
式，为成功地掩护和隐蔽至关重要的装甲

部队立下了汗马功劳。

编制

在使用虎式坦克的数年中，重型坦克
营的编制几经改变。尤其在开始时，所有
虎式坦克营的编制有很大的随意性，由于
缺乏虎式坦克，按计划新成立的每个虎式
重型坦克营都装备有两个坦克连、一个指
挥连和一个修理连。指挥连由军官、通信
兵、侦察兵、工程兵、防空排、医疗单位
和后勤部队组成。而随着产量的增加重型
坦克营的编制扩大到三个坦克连的时候，
其修理和后勤部门也进行了重组，并且建
立独立的后勤连。随后修理连也进行了扩
充，并拥有三个修理排和一个补充排的规

■1942年11月运送去非洲的501重型坦克营。

246

■虎式坦克的炮塔侧面刻上白色轮廓的巨大数字编号，车体中部侧面的铁十字标记清晰可见。

模。每个坦克连还都有一个指挥部、救护部门、修理组和训练部门。这样，除了14辆坦克之外，整个坦克连还有22辆轮型车辆，一共113名作战人员，而一个完整建制的重型坦克营共有28名军官、274名士官、694名士兵、7名军部人员以及90名除苏联外来自不同国籍的志愿人员。到了战争后期，整个重型坦克营部队的实力有所下降，每个坦克连下降到了88人（4名军官，46名士官，38名士兵）。这主要是由于战斗训练被统一转移到了后勤连中（拥有5名军官，55名士官，188名士兵）。指挥连的实力是9/37/130，总计176人。修理连人数相应变为3/37/167，共207人。整个营一共897人。

对于本文的主角国防军第501重型坦克营而言，起初该营装备两个各有4个排的虎式坦克连（包括两个虎式排和两个Ⅲ号坦克排），并且每个虎式连连部都有一辆虎式坦克。在营部也有两辆虎式坦克。而该营的坦克编号也是相当有规律的。1942年底，由于作战需要随营部主力先行坐船抵达突尼斯的第1坦克连由两个满编的虎式坦克排和两个Ⅲ号坦克排，外加连部的两辆虎式坦克，整个连达到满编。该连虎式坦克炮塔上编号分别为（100，200，111，112，121，122，131，132，141，142），Ⅲ号坦克编号为（113，114，123，124，133，134，143，144），而直属营部的两辆"老虎"编号分别为"01"与"02"。一同抵达的其他8辆Ⅲ号坦克都集中在轻型装甲排中，编号分别从"03到10"。而当时还在法国进行训练的第2连的8辆虎式坦克的编号分别为（211，212，221，222，231，232，241，242），编成两个排，每排4辆坦克。由于在1943年1月的行动中失去了两辆坦克（121和142），第1坦克连又重新编成为3个坦克排，每排有5辆坦克。在1943年2月两个坦克连随501营一起转入第7装甲团作为它的第3营（而第1、2连也分别改称为第7装甲团第7连和第8连）并再次重新进行改编。第7连仍然拥有每排5辆坦克的3个坦克排，第1和2排有3辆、第3排有2辆虎式坦克，其余7辆均为Ⅲ号坦克。结果，8辆虎式坦克的编号分别改为"711，712，714，721，722，724，731，732"，3号坦经过1943年秋的重建，501营获得了规定建制内的坦克数量，共有45辆"老虎"。它的编号系统也得到进一步的完善。即使是日后接收到虎王坦克的时候，也是照此编制和编号。此时营部坦克的编号为"001，002，003"。到了1944年夏，德国中央集团军群遭遇毁灭性打击，1944年8-9月装备虎王坦克的501营也在利沃夫前线遭受重大损失，但随着大约20辆来自509重装营的虎式坦克并入，501重装营的实力总和居然达到了53辆虎／虎王坦克，甚至在一个排中也出现了虎与虎王混编的现象。而其余的坦克则被编入营部（编号为102，202，302等）。

部署非洲

501重型坦克营于1942年5月10日由第9军区的第1和第2补充训练营的两个连组成，按计划该营将装备虎（保时捷型）坦克，并从5月23日起其所属技术人员和驾驶者在尼伯卢根威克开始进行训练，而到了8月份，501营又奉命改装亨舍尔型虎式坦克。8月底，终于有第一辆虎式坦克交付到了部队的手里（其他已经生产的都优先给了502重装营）。直到1942年10月，501重型坦克营才终于全部得到了计划中的20辆"老虎"与16辆Ⅲ号坦克，并将这些坦克组成两个坦克连，营里所有坦克兵都已经为即将开始的战斗作好了准备。而第2连的

■可清楚看见虎式坦克的排气管以及下方备用的履带。

克的编号为"713，715，723，725，733，734，735"，而第8连同样拥有三个排，只是构成有所不同，虎式坦克编号为"811，812，813，821，822，823，831，832"，其他均为Ⅲ号或Ⅳ号坦克。在突尼斯贝加（Beja）的战役之中，损失了7辆虎式、4辆Ⅳ号坦克和8辆Ⅲ号坦克，大多来自原第2连。（故此贝加也有了虎冢之称）。不久，原501营的所有虎式和Ⅲ号、Ⅳ号坦克又于1943年3月17日转属到第504重型装甲营，但出于混淆视听的目的，此后501营仍被称为是一个独立存在的装甲单位，其实此时504装甲营已经接收了501装甲营建制内所有的战斗车辆。

第501重型坦克营

——1942年10月

营部
01   02

轻型装甲排 03   04   05   06   07   08   09

10

1.
第1连
100

111   112   113   114

121   122   123   124

131   132   133   134

141   142   143   144

2.
第2连
200

211   212

221   222

231   232

241   242

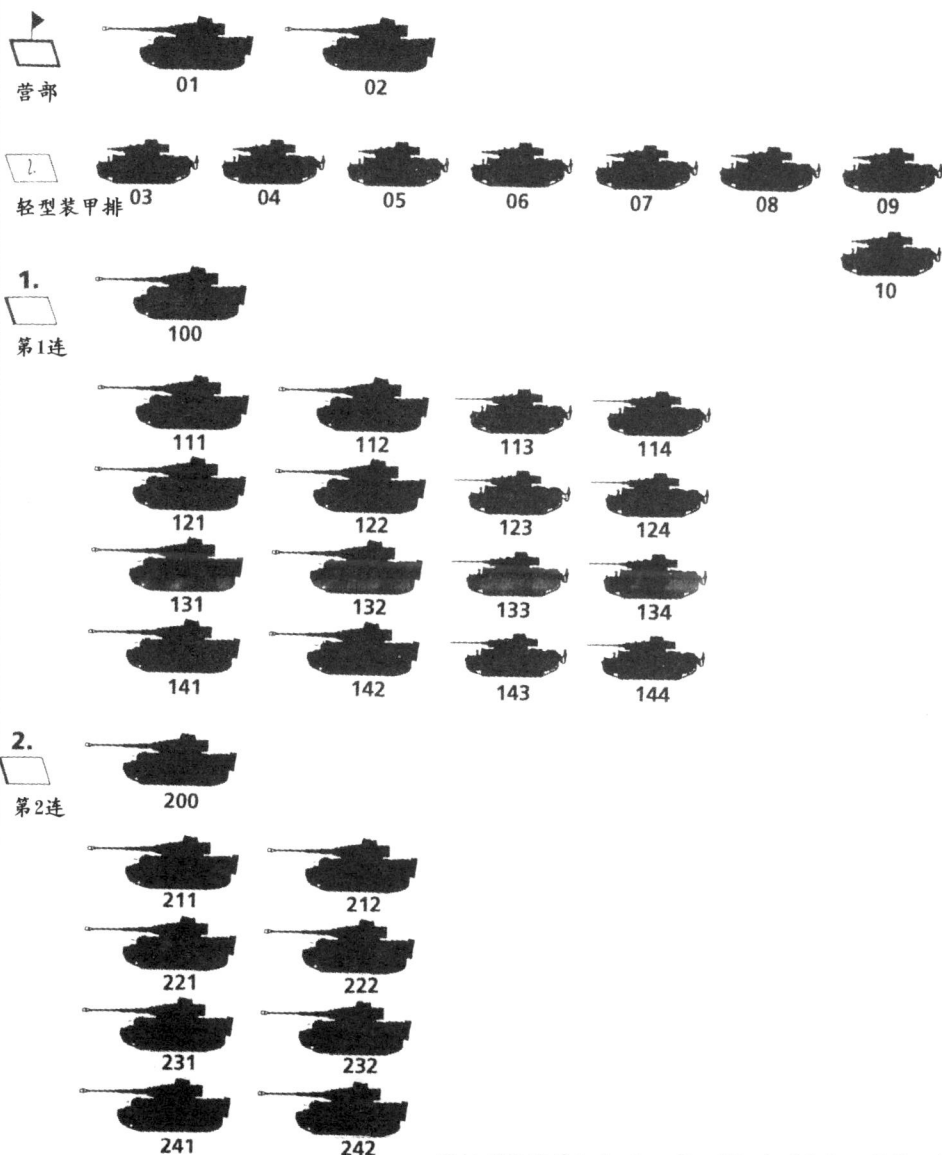

■轻型装甲排配备8辆Ⅲ号N型坦克（装备24倍径口径的75mm炮）第1坦克连的两个Ⅲ号坦克排配备Ⅲ号J型坦克（装备有60倍径口径50mm坦克炮）。

部分部队（第1排与2排）还奉命转移到法国南部进行训练。

终于，希特勒坚守其在非洲最后的桥头堡——突尼斯的决定给了501重型坦克营表现的机会，11月10日，部队在缺少第2连的情况下准备用火车运送到意大利的雷吉奥。11月18日，满载501营士兵的第一辆军列抵达了雷吉奥（Reggio）。两天后，部队终于踏上了前往非洲的征程，营里所有的装备通过海运运抵突尼斯，步兵则将通过Ju52运输机运抵，在此后的日子里，他们将给予英、美装甲部队血淋淋的教训，盟军"谈虎色变"的历史也将从此开始。到了23日，第一批3辆虎式坦克总算顺利抵达比塞大（Bizerte）。而在所有虎式坦克到达之前，由第501营营长鲁德尔少

校率领的这第一批虎式坦克，再加上从第190反坦克营的两个连和一个来自第10装甲师的坦克连组成的战斗群于25日11点在朱代伊德（Djedeida）便已对英军展开行动，到傍晚的时候，已经进行了一次成功的反击，并在第二天撤回圣·塞浦瑞恩（St Cyprien）至朱代伊德一线。27日，鲁德尔的部队在朱代伊德重新完成集结后，战斗群又对泰博拉地区发起了大规模的进攻，与英军防御部队的战斗一直持续了好几天。与此同时由于北非的维基法军不战而降，在摩洛哥登陆的英美军队已经顺利控制了阿尔及利亚，在突尼斯的德军不得不陷入两线作战，令德军统帅部门稍感安慰的是相当数量到达非洲的501重型坦克营的坦克已在突尼斯完成集结，蓄势待发。12

■501营步兵则透过Ju52运输机运抵突尼斯。

250

■501营轻型装甲排Ⅲ号N型坦克，可看出07编号字样。

月1日，来自第1坦克连（指挥官冯·诺德尔）的3辆虎式和4辆Ⅲ号坦克也从德斯切代伊德（Dschedeida）以东7公里的集合地域开始了一场救援自己受困同胞的战斗，在这场首次完全由501重型装甲营的部队进行的战斗中，虎式坦克初露锋芒，9辆美军坦克被击毁。但令人沮丧的是，连队的指挥官在战斗中阵亡，O．迪屈曼接过了指挥鞭，然而他也是一位短命连长，在击毁两辆英军坦克之后，自己也命丧英军狙击手的手中。一天以后，鲁德尔的坦克部队受第10装甲师的指挥从北面经过舒伊古（Chouigui）向在泰布勒拜（Tebourba）一带突破的美军进行反击。尽管付出了16架斯图卡、4门战防炮和3辆Ⅲ号坦克的惨

重代价，反击却成功阻截了美军向西的突破。而由于配合作战的掷弹士兵缺乏作战士气，攻势不得不告一段落。到了3日，在刚刚登陆比塞大就直接开赴埃尔贝坦（EL Bethan）南部集结的3辆虎式坦克的配合下，鲁德尔完成了对泰布勒拜的包围。一天以后，泰布勒拜便被由斯图卡战机支持下的德军攻占，虎式坦克的包抄无疑起到了至关重要的作用，盟军至此损失了在该地区182辆坦克中的134辆。而表现突出的鲁德尔坦克群也于当天被解散。到了1942年12月9日，在又得到一辆虎式坦克和一辆Ⅲ号坦克的补充之后，已经投入战斗的第501重型坦克营的部队达到了9辆虎式坦克和5辆Ⅲ号坦克。第2连的部分作战单

位（第3和4排）正从法灵博斯特尔直接运往意大利的特拉帕尼，而连队中的法国志愿兵也直接从西西里坐船来到了突尼斯。尽管兵容不整，但整个营的作战士气相当的高昂，部队在10日又配合第10装甲师的部分作战单位，沿着前往梅德斯切兹·艾尔·巴布（Medschez El Bab）的方向突进，他们以2辆虎式坦克为先导，在连续一天的战斗中向前推进了13公里，并消灭了14辆史都华轻坦克。而坦克营完成了在南部侧翼攻击之后，于11日傍晚转入距离德斯切代伊德东部7公里地区进行休整。德军缓慢的补充速度简直让人无法忍受，到了12月25日，身处一线作战的501重型坦克营仅仅得到了12辆虎式和6辆III号坦克，连续进行运动作战的虎式坦克也没能得到应有

的维修，唯一能令人感到兴奋的是第1连此前所有在突尼斯的战斗中，还没有一辆虎式坦克被除籍，而第1连的装甲兵们依靠自己为数不多的坦克已经取得了相当不错的战绩，显然盟军在"老虎"面前还只有挨打的分。

到了1943年1月初，501重型坦克营终于结束了其只有一个连在非洲孤军奋战的日子，拥有8辆虎式坦克的第2连总算也悉数抵达突尼斯。1月中旬，齐装满员的501重型坦克营奉命转移到蓬迪·法赫斯·扎格万地区（Pontdu-Fahs-Zaghouan），从而备战即将开始的"埃尔博特"行动，并且从此刻开始隶属于韦伯少将指挥的334步兵师。而韦伯将334师所属的756团分割成各有4辆虎式和4辆III号坦克支援的两个战

■装甲兵乘员利用休息时间清理尘埃，这是北非战场的特色。

■1943年1月初拥有8辆虎式坦克的第2连总算也悉数抵达突尼斯。

斗群。而剩下的5辆虎式和10辆Ⅲ号坦克则去增援在蓬迪·法赫斯南部的第69装甲掷弹兵团的第2营。

1月18日进攻开始以后，756团顺利夺取了曼索尔山的东部一带。到了中午，在突破了敌军有雷区掩护的强劲的防线之后，控制了横跨凯比尔（Kebir）河西南的湖泊。在突破过程中，一辆老虎撞上地雷而不得不报废。这是整个营损失的第一辆虎式坦克，而这要"归功于"在突尼斯极度缺乏的修理维护设备。第二天，鲁德尔的部队又转向南面占领了希尔穆萨，并在那摧毁了25门战防炮。而在第2连沿着罗拜（Robba）的道路向前推进的过程中，第"231"号虎式坦克遭到一门英军6磅炮的偷袭而毁。至此，营里可以运行的坦克还剩12辆虎式和14辆Ⅲ号坦克。

（501营战斗报告，除籍2辆，余18辆（该报告仅限虎式坦克））

到了21日，在成功夺取从克塞尔提亚到凯鲁万的交通要道之后，第1连第2排击退了一支由12辆英军坦克发起的反击，并且击毁其中的3辆坦克，而德军也在战斗中付出了1辆Ⅲ号坦克。而敌人于次日试图夺回该交通要道的第二次进攻也被击退了。由考达尔指挥的轻型装甲排（8辆Ⅲ号坦克成功地击退了敌人从侧翼的包抄，但令人遗憾的是，该排的指挥坦克却在战斗中被敌军击毁。此刻，坦克营与进抵苏拜亥（Sbikha）和凯鲁万一带的友军部队取得了联系。而在当天晚些时候的一场与英军部队的遭遇战中，编号"121"的虎式坦克由于被击中发动机而不得不报废，从编号中可以看出这是第1连第2排的指挥坦克。在整个"埃尔博特"的行动中，虎式坦克击毁7辆敌军坦克与30门战防炮，自己也付出了相当的代价。

（501营战斗报告，又有一辆除籍，余

17辆）

1月31日501重装营又继续追随韦伯少将指挥的战斗部队，参加即将开始的"坎尔伯特2号"行动。此时，整个营有11辆虎式和14辆Ⅲ号坦克可以开动，其他的坦克尚在修理之中。再一次，501营被分散到了两个不同的攻击群（第69装甲掷弹兵团的第2营和第756兵团）。在随后的日子里，敌军强大的反坦克力量和密布的雷场使得攻击部队不得不停下来。在这里，也是第一次有2辆虎式坦克的装甲被击穿（其中一辆由于发动机起火而不得不彻底弃车），为避免落入英军之手，德军在坦克内装满炸药将其炸毁。这一次，以往攻无不克的"老虎"群终于首次败退下来。

（501营战斗报告，发动机起火自毁一

辆，余16辆）

2月8日，为了配合在苏拜亥的第10装甲师代号为"春风"的作战行动计划，第1连被调到了该师的编制下，经过几夜急行军后，第1连（6辆虎式坦克和9辆Ⅲ号坦克）加入了位于布特迪（Bouthadi）附近森林地带的雷曼战斗群，在这里——突尼斯的卡萨林山口，501营的虎式坦克及老辣的非洲军团将给初生之犊的美军装甲部队上最为生动的一课。

在14日开始的这次行动中，伴随第501重型坦克营这支令人生畏的装甲部队一起前进的还有第7装甲团和第86装甲掷弹兵团，目标是美军第1装甲师A战斗群（相当于旅级规模）控制的两个战略要地——勒西达山和克萨瑞山。德军兵分四路，在北

■在1943年2月两个坦克连随501营一起转入第7装甲团作为它的第3营（而第1、2连也分别改称为第7装甲团第7连和第8连）。

面，第10装甲师的格哈德战斗群从勒西达山北侧突破，配有第1连虎式坦克的雷曼战斗群直接从法德隘口沿公路攻击前进，以便吸迎正面美军的注意力；而负责南侧包抄的第21装甲师的部队在穿过马扎拉隘口后分两路从北面和西面迂回包围西杰布吉特村。德军的进攻大大出乎了盟军的意料之外，到了下午就分割包围了部署在勒西达山和克萨瑞山口美军第168团的2000多人部队，不明敌情的美军指挥部门在正午的时候决定由隶属于A战斗群的第1装甲团第3营的51辆M4谢尔曼坦克对从至关重要的

法德隘口突破的德军装甲部队展开了反冲击，营长路易斯·海托尔中校亲自指挥了这场战斗。但美军的反击恰巧撞在了虎式坦克的炮口上，其KWK36型56倍径口径88mm炮，再配上德国人举世闻名的观瞄系统，对美军坦克形成了压倒性的优势，而德军坦克兵丰富的作战经验也更是不会给初来乍到的美国人任何的机会。在经过近一个小时激烈的面对面坦克对攻战之后，美军为他的鲁莽付出了高昂的代价，44辆坦克被摧毁，兵员损失超过50%，而德军仅有数辆IV号坦克在战斗中被毁，强大的

第10装甲师第7团第3营

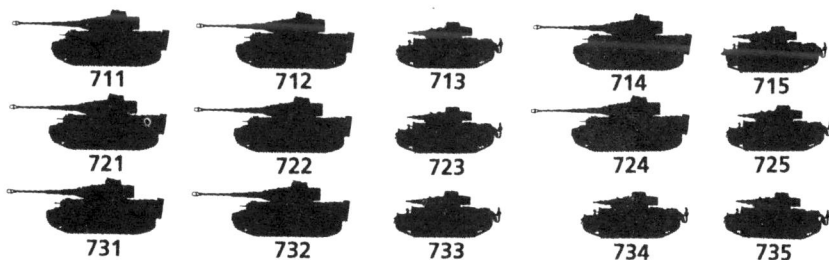

7.

第7连

711	712	713	714	715
721	722	723	724	725
731	732	733	734	735

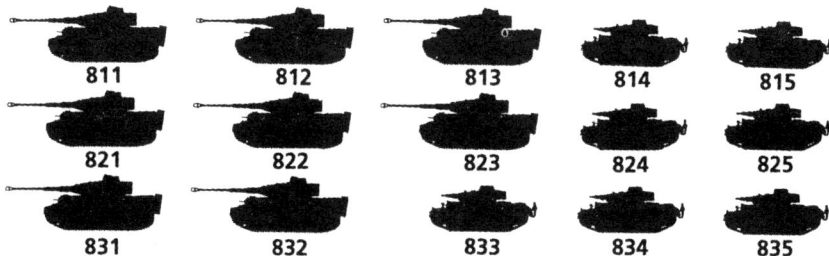

8.

第8连

811	812	813	814	815
821	822	823	824	825
831	832	833	834	835

■正在路上修理的虎式坦克，北非战场轮轴缺乏相当严重。

"老虎"则无一受损，更令人感到神奇的是，在这次战斗中来自501营第1连的士官长奥古斯丁的虎式坦克居然在2700公尺的距离上击毁了一辆正在败退中的谢尔曼坦克，经此一役盟军部队中弥漫的"虎式恐惧症"更加愈演愈烈。

随着A战斗群坦克部队反击的惨败，美军在整条战线上的抵抗很快就失去了组织。德军坦克和步兵共同组成了一个开口大约16公里的铁钳，左翼进攻的德军第21装甲师的部队成功地利用战斗里扬起的沙尘作掩护很快就攻占了西杰布吉特村。负责右翼迂回的格哈德战斗群的部分部队则到达了位于勒西达隘口以西16公里的道路交叉口附近。尽管主力部队遭到毁灭性打击，但被包围的美军168团第3营表现相当

的顽强，仍牢牢地固守着在加特·海迪德山和克萨瑞山上的阵地。

尽管第一天的战局以美军的惨败而告终，但当时作为美国第2军军长的劳埃德·弗雷登多尔少将并不甘心（因此次作战失败，被大名鼎鼎的小乔治·巴顿将军代替），14日晚，他命令由詹姆斯·阿尔基中校指挥的C战斗群（主力为美军第1装甲师第2营）从在哈德杰巴·艾尔·艾奥的集结地点星夜赶来支持A战斗群，夺回西杰布吉特村。但不幸的是，德军的侦察机飞行员早已将美军的行动意图传达给了德军指挥部门，他们马上用突破法德隘口的德军精锐装甲部队代替驻守在那里的第21装甲师的掷弹兵，将装备虎式坦克的部队隐蔽在村子东面，来自雷哈格战斗群的25

■北非战场的开阔相当适合坦克作战。

辆Ⅳ号坦克则奉命沿公路从北向南，隶属于第21装甲师的斯坦霍夫战斗群将从南向北，在美军抵近西杰布吉特村以西的开阔地带的时候两面夹击C战斗群，而从中路突然杀出的虎式坦克无疑将给予陷入南北两线作战的美军以致命的一击。15日下午3点左右，一路风尘仆仆赶来的美军C战斗群在接连拿下德军的几个前哨阵地之后（典型的隆美尔式的拖刀计），如德军预料的那样来到了西杰布吉特村以西一带，一场类似于狩猎的战斗即将打响。在离村子大约5000公尺远的地方，美军首先与在北侧的雷哈格战斗群的装甲部队交上了火，没过多久，从南面杀出的斯坦霍夫战斗群的坦克部队又一鼓作气冲入了美军作战队形之中，一场混战已经开始，而正在村内高地上进行观察的501营的指挥官们惊讶地发现此时美军的坦克部队正把全部的注意力都放到了南北两线和友军部队的战斗之中，全然不顾自己脆弱的侧翼正暴露在虎式坦克的88mm炮面前，机不可失，501营的坦克兵们马上一个个精神抖擞地发动起自己的"老虎"，此时双方相距还有2500公尺，为了保证一击必中，他们利用前方布下的一道道弹幕作掩护，神不知鬼不觉地向前推进了近2000公尺，营长一声令下，全部的坦克把早已上膛的穿甲弹悉数齐射出去，顿时地平线黑烟滚滚，爆炸声不绝于耳，阿尔基中校惊恐地发现自己的装甲部队已经陷入到了一个经典教科书式的圈套之中，等待着他的将是一场灾难。此时，三面出击的德军坦克部队已经彻底压垮了C

战斗群，战场上燃烧着的"谢尔曼"坦克的残骸随处可见，"屠杀"还在继续，到了夜幕降临的时候整个战斗群只有4辆来自第2营的坦克撤回到了友军阵地上，就连阿尔基中校自己也成为了501营的战利品。值得一提的是虎式坦克在15日又两度上演了2000公尺外击毁美军装甲车辆的好戏，不同的是这次的目标是两辆位置靠后的美军自走炮，不难想象当时周围美军士兵惊慌失措的表情。

　　无奈之下盟军指挥部不得不命令已经消耗殆尽的A、C战斗群所有剩下的部队向法德隘口以西的凯萨林山口撤退。短短两天之内美军精锐的第1装甲师便损失了98辆坦克和约1000名士兵，而其中有近40辆的坦克将被记录到501营的成绩册上，而整个营自身在凯萨林之战中的损失几乎可以忽略不计。

　　2月16日为了支持隆美尔向加夫萨（Gafsa）发动的攻势，部队不得不停止了进一步的攻击，将攻击的矛头转向了特贝萨山。此时，第1连又加入到了第7装甲团的序列之中，并且与散布在迪迪·布·兹德（Didi Bou Zid）交通线上的敌军进行了激烈的交火。战斗中，营高级指挥官O.S.博纳右斯遭伏击身亡。此后几天第1连和第2连都在各自的作战区域与盟军部队激烈交火，但损失不大。

　　到了2月26日，出于进一步军事行动的需要，两个连又接收了15辆IV号坦克，并且与第7装甲团的第2营一块组建了一个新的战斗群。501重装营也被重新命名为"第7装甲团第3营"，而该营所属的第1连则成为了第7装甲团的第7连，第2连也被改称第7装甲团第8连。当天，新组建后的第7装甲团就向贝加发起了进攻，并且于晚些时

■为了配合在苏拜亥的第10装甲师代号为"春风"的作战行动，501营第2连改编为第7装甲团第8连编号813的虎式坦克。

候成功夺取了塞迪·恩·西尔（Sidi Nen Sai）。27日，进攻仍在继续，但由于泥泞的地形和盟军猛烈的空袭，部队不得不在本戴拉山一带放慢了他们前进的步伐。当天，还有一辆虎式坦克触雷。28日夜晚，休整一天后的德军利用夜色再度吹响了进攻的号角，而在距离贝加12公里远的地方，居然连续有7辆老虎由于触雷而无法动弹。此时，整个营只有2辆虎式、3辆Ⅲ号和2辆Ⅳ号坦克还能继续行动，更不幸的是，营指挥官鲁德尔少校、科达尔和哈特曼又在位于塞迪·恩·西尔南15公里地区相继负伤，但令人稍感安慰的是，有2辆新抵达北非的虎式坦克及时赶到了战场。

（501营战斗报告，由于有2辆新坦克到来，数量又回到18辆）

到了3月1日，由于盟军的猛烈反击，德军不得不停止攻势，撤出战场，所有不能动弹的坦克也不得不被放弃。只有1辆完成了修理的老虎得以逃过一劫，这一天无疑是501营建军以来最为黯淡的一天。时至今日在突尼斯的贝加仍然树立着一块刻有"虎冢"之意的墓碑，以纪念当年在此处所发生的这场战斗。

（501营战斗报告，由于放弃了7辆不能动弹的"老虎"，营属虎式坦克数量骤降到11辆）

此后的半个月的时间里，损失惨重的501营不得不撤出战场进行休整，整个部队的所有作坦克辆几乎都需要进行修理，而在此期间部队奉命抽调出其所有能够出动

的坦克——3辆虎式、10辆Ⅲ号和5辆Ⅳ号坦克加入到了步兵部队的行列中，并配合友军成功地进行了几次防御作战。

在3月17日当天，德军指挥部门将剩余的11辆虎式和该营其他的部队都转移到新到达非洲的第504重装营旗下，开始随同504重型坦克营作战，501营的第一次出征就这样画上了句号。大约两个月之后，整个重装营剩余的部队在提卜角向英军投降，而501重型装甲营还在德国进行训练的第3连（成立于1943年3月6日，所部人员抽调自第5装甲师），也奉命转调给了"大德意志"装甲掷弹兵师，成为了该师的第10连。